古典文獻研究輯刊

初 編

潘美月・杜潔祥 主編

第3冊

《四庫全書》之纂修與清初崇實思潮之關係研究
——以經史二部爲主的觀察

曾紀剛 著

國家圖書館出版品預行編目資料

《四庫全書》之纂修與清初崇實思潮之關係研究——以經史二部為主的觀察／曾紀剛著 — 初版 — 台北縣永和市：花木蘭文化工作坊，2005〔民94〕

目 1＋174 面；19×26 公分（古典文獻研究輯刊 初編；第 3 冊）

ISBN：986-81154-3-4（精裝）

1. 四庫全書－研究與考訂 2. 學術思想－中國－清（1644-1912）

112.7   94018878

ISBN 986-81154-3-4

古典文獻研究輯刊
初 編 第 三 冊   ISBN：986-81154-3-4

《四庫全書》之纂修與清初崇實思潮之關係研究
——以經史二部爲主的觀察

作　　者　曾紀剛
主　　編　潘美月　杜潔祥
企劃出版　北京大學文化資源研究中心
出　　版　花木蘭文化工作坊
發 行 所　花木蘭文化工作坊
發 行 人　高小娟
聯絡地址　台北縣永和市中正路五九五號七樓之三
　　　　　電話：02-2923-1455／傳眞：02-2923-1452
電子信箱　sut81518@ms59.hinet.net
初　　版　2005 年 12 月
定　　價　初編 40 冊（精裝）新台幣 62,000 元
版權所有・請勿翻印

《四庫全書》之纂修與清初崇實思潮之關係研究 ——以經史二部爲主的觀察

曾紀剛　著

作者簡介

曾紀剛，湖南省武岡縣人，1976 年生於臺南市。輔仁大學中國文學系學士（1998）、碩士（2002），1998 年獲趙廷箴文教基金會全國中文系所特優學生獎學金，2004 年考入輔仁大學中國文學系博士班，兼任北台科學技術學院通識教育中心講師。研究方向為文獻學與清代學術思想。

提　　要

　　本文針對清高宗纂修《四庫全書》此一文化工程與清初崇實思潮之間的關係進行探究。首先回顧多種思想史、哲學史以及學術史類的研究論著所陳論的清初學術轉衍脈絡，可以看出崇實黜虛的學術理念與知識品味，實是明清之際乃至漫衍於整個十八世紀學術思想形態的一大轉向；此一思潮與轉向得到學者以不同偏向與程度的普遍關注，同時可見在眾多史類論著中此一議題發展所遭遇的侷限。其次，以康、雍、乾三朝《聖訓》與《實錄》所載聖諭為基本材料，著眼於乾隆朝所擘畫推行的文教政策，從幾個措施面相討論崇實精神貫注於制度語境的影響脈絡。之後，進入《四庫全書總目》對於傳統知識文化的重構工程與再現體系，以經部與史部作為主要的觀察對象，先就《總目》的小序系統析論其著錄準則與思想取向的大體趨勢暨其異趣，再以提要當中的評論措辭作為一種精神或思想徵狀的閱讀理解，考求並論證四庫館臣在詮釋所面對知識對象的同時，如何呈顯其以「崇實」為群體共識的圖書擇存內涵與學術批評意態。本文認為，崇實精神是透過多面相與多層次的散射方式，進入經部與史部的學術批評場域之中；從人品學養、著作內涵、時代學風、知識指向等宏觀的體探，以至於研究方法、取材觀點等細部考察。作為一種思想文化的集體再現表徵，崇實精神堪稱纂修《四庫全書》與《四庫全書總目》的思想基調，並藉《全書》與《總目》為文化傳播與流動的載體，將深蘊其中的價值內涵浸滲入建構思想世界與知識秩序的核心，不斷散放其暢通文化生命、形塑理想社會的豐沛能量。

目錄

第一章 緒 論 ……………………………………………… 1

第二章 想像與再現：
論四十五種學術論著中的「清初」論述 …………… 7
第一節 十五種「思想史」對於「清初思想」的陳論 …… 8
第二節 二十三種「哲學史」對於「清初哲學」的陳論 ‥ 18
第三節 七種「學術史」對於「清初學術」的陳論 ……… 30

第三章 乾隆時期強化崇實觀念的幾個面相：
從上諭檔略論清高宗「崇實黜浮」的文教精神 …… 37
第一節 對教育宗旨的揭示 ……………………………… 37
第二節 對科舉現象的檢討 ……………………………… 42
第三節 對經筵講論的期許 ……………………………… 50

第四章 《四庫全書總目》經史二部的著錄取向 ……… 55
第一節 經部小序系統所標舉的著錄準則 ……………… 56
第二節 史部小序系統所反映的著錄取向 ……………… 66

第五章 經史二部提要的措辭與崇實內涵的呈顯 …… 79
第一節 「徵實不誣」的研經內涵 ……………………… 79
一、「篤實」與「淳（醇）實」 …………………… 79
二、「實行」與「實用」 …………………………… 86
三、「切實」與「實際」 …………………………… 88
四、「徵實」 ………………………………………… 90
五、「實學」 ………………………………………… 91
六、其 他 …………………………………………… 93
第二節 「務切實用」的經世史學 ……………………… 95
一、「實用」與「實行」 …………………………… 95
二、「切實」與「近實」 …………………………… 105
三、「摭實」與「得實」 …………………………… 111
四、其 他 …………………………………………… 115

第六章 結 論 …………………………………………… 121

附 錄
一：兩岸四庫學研究論著目錄簡編（2000.03～2002.02） 125
二：《四庫全書總目》經部提要崇實措辭匯表 ………… 129
三：《四庫全書總目》史部提要崇實措辭匯表 ………… 149

參考書目 …………………………………………………… 165

第一章　緒　論

　　《四庫全書》的纂修是中國古代帝王所推動最具規模的叢書徵集工程，而《全書》的纂成暨《四庫全書總目》、《四庫全書考證》、《簡明目錄》、《分架圖》等配件的相繼纂編再加上南北七閣的抄副貯藏，則共同造就了歷史上卷冊編制最爲龐大、裝潢體式最爲精緻的官方叢書。《四庫全書》以四部四十四類六十六屬的部次體例，著錄圖書 3471 種（若包含「存目」書籍則在萬種以上），精抄爲 36381 冊〔註 1〕，不僅匯聚了傳統文化的精萃，並且藉學術精英的眼光重構了中國古代知識世界〔註 2〕，更由於纂修背景的特殊與關涉因素的複雜，使得《四庫全書》以及具體反映書籍著錄思想與學術內涵的《四庫全書總目》，承載、糾結了至爲豐沛的意義詮釋能量與文化論述網絡。

　　正因如此，《全書》與《總目》在編纂竣工當時即引起學界廣泛迴響，之後便有學者致力投入糾補與批注的研究工作，而隨著時序的推移、材料的累積與論題的延展，遂逐漸醞釀出專門而系統的「四庫學」意識與倡議，更陸續有學者撰述「四庫學」研究史的發展回顧與前瞻展望，如劉兆祐〈民國以來之四庫學〉〔註 3〕、楊

〔註 1〕這是採用吳哲夫先生對各部類之統計數據加總而得。詳見《四庫全書纂修之研究》（臺北：國立故宮博物院，民國 79 年 6 月）第四章〈四庫全書之編輯〉第三節〈部次圖書體例之建立〉，頁 117～120。

〔註 2〕吳哲夫先生〈四庫全書所表現的傳統文化特色考探〉（載於《故宮學術季刊》，臺北：國立故宮博物院，第 12 卷第 2 期，民國 83 年冬季，頁 1～20）一文即指出：「四庫全書收錄中國古代重要典籍於一堂，不但對收錄的每一種往著保存全文，更以系統的分類法將歷代學術著作，部勒得井井有序，可以說是一部以叢書體裁表示出修纂當時中國知識界所認知的文化整體，……」。

〔註 3〕載於《漢學研究通訊》（臺北：漢學研究中心）第 2 卷第 3 期，民國 72 年 7 月，頁 146～151。收入劉著《中國目錄學》（臺北：五南圖書出版公司，民國 87 年 7 月），頁 273～289。

晉龍〈「四庫學」研究的反思〉〔註4〕、昌彼得〈「四庫學」的展望〉〔註5〕以及周積明〈「四庫學」通論〉〔註6〕。其中,楊晉龍先生所論研究態度的檢討與研究策略的轉移,以及周積明先生進一步的思想詮釋與理念鋪陳,則格外引人注目且發人深省。楊先生論云:

> 「四庫學」研究者必需承認滿懷偏見的去「譴責歷史事實」,不如平心靜氣,比較客觀地「用心去瞭解歷史事實」,從客觀的「瞭解」中所獲得的結論,相信比消極地「譴責怪罪」而獲得的暫時性的「自我滿足」,更有價值、更有意義。……研究者應先去除上述諸弊,客觀、冷靜的直接面對《全書》或《總目》,瞭解它的價值與意義,不可再停留於譴責式的研究層面,……建議改變研究的方式,直接從《全書》和《總目》內容的「瞭解」上著手,目的是突顯兩者本身內在的意義和價值。亦即放棄「政治史」的研究觀點,改從「文化史」的角度來研究〔註7〕。

周先生論云:

> 如果按照研究類型劃分,「四庫學」似可分為有機聯繫的三大部分,其一為「四庫學」的文獻研究;其二為「四庫學」的史學研究;其三為「四庫學」的文化研究。……「四庫學」的文化研究則主要研究《四庫全書》與《四庫全書總目》的知識本質、價值趨向、文化觀念及其恆久性的價值。……「四庫學」的文化研究是「四庫學」中最薄弱的部分,故研究空間也特別廣闊〔註8〕。

〔註 4〕載於《中國文哲研究集刊》(臺北:中央研究院中國文哲研究所)第 4 期,1994 年 3 月,頁 349～394。

〔註 5〕載於《書目季刊》第 32 卷第 1 期,頁 1～4。收入《兩岸四庫學——第一屆中國文獻學學術研討會論文集》(臺北:臺灣學生書局,民國 87 年 9 月),頁 i～vi。

〔註 6〕載於《故宮學術季刊》(臺北:國立故宮博物院)第 17 卷第 3 期,民國 89 年春季,頁 1～21;又以〈「四庫學」:歷史與思考〉發表於《清史研究》2000 年第 3 期,頁 50～62。收入周著《文化視野下的四庫全書總目》(北京:中國青年出版社,2001 年 10 月),附錄,頁 265～293。

〔註 7〕詳見〈「四庫學」研究的反思〉,頁 390～391。至於楊先生所論「放棄政治史的研究觀點」,應可理解為透過研究策略的轉離(政治史的)與轉向(文化史的),調整以往過度偏重的考量因素與既定成見,方能深掘細繪《全書》與《總目》的文化價值與意義;所謂的「放棄」,並不代表對於某些觀點或考察角度的推淨與隔離。又,作者為深刻闡述這種研究取向的意義,另撰《四庫全書》訂正析論:原因與批判的探求〉(收入《兩岸四庫學——第一屆中國文獻學學術研討會論文集》,頁 337～373),從「君師牧民的責任」、「理想士民的要求」與「典籍內涵的選擇」三方面探討清高宗纂修《四庫全書》暨其刪禁書籍的「教化」意義。

〔註 8〕詳見《文化視野下的四庫全書總目》,頁 290～292。

吳哲夫先生更明確指出纂修《四庫全書》的文化質素：

> 四庫全書的纂修，固然有許多清室特殊的目的參雜其中，但從文化發
> 展史的角度來觀察，一項大規模文化活動的出現，往往有一種文化趨向作
> 爲深層的活動力〔註9〕。

而概觀周積明〈「四庫學」通論〉發表後的兩岸「四庫學」研究，仍較致力於文獻研
究一途〔註10〕。

　　本文之寫作，則希望從文化趨向的角度，直接面對《總目》進行意義的理解，
間或探求其中意義生產的相關操作因素與方式。然而，文化趨向的研究取徑並不是
以文本對象的意義轉述爲最終的目的或滿足，它必須「突破文本邊界的限制，建立
起文本與價值觀、風俗、實踐等諸文化要素之間的聯繫」〔註11〕；也就是說，閱讀
與研究的觀照範圍，應當涉及《總目》編撰當時的社會價值觀與學術語境，讓詮釋
主體處身於辯證的位置進行對話與思考。因此，本文選擇較能凸顯清初學術主流與
價值趨向的「崇實」思潮，作爲將思想文化導入《總目》意義考掘的施力點與銜接
對話空間的介面，並且藉由乾隆時期部分文教政策之精神作爲導入的角度與路徑。

　　必須說明的是，面對明末清初這股由「虛」返「實」的學術論述轉折與時代思
潮湧現，許多學者好以「實學」此一名詞概括，並特意強化與鼓吹所謂「實學」研
究在思想史上的「啓蒙」意義。然而，「實學」究竟可以統整或發展爲具有理論基礎
與系統脈絡的專門學理論域，或者就是一種治學理念、思想傾向與價值觀點的學術
泛稱？則更有學者持傾向保留乃至否定專名化的立場與理據〔註12〕。本文採納姜廣
輝〈「實學」考辨〉一文之論見，認爲：一、「『實學』不僅不是一個學派，也不是一

〔註9〕詳見〈四庫全書所表現的傳統文化特色考探〉，頁18。

〔註10〕由「中華民國期刊論文索引系統」與「中國期刊網」查見兩岸學者所持續推出的研究
　　　成果（詳見本文「附錄一、兩岸四庫學研究論著目錄簡編2000.03〜2002.02」），可以
　　　明顯察覺此一研究趨向。至於在學位論文當中，唯見中國武漢大學司馬朝軍之博士
　　　論文〈四庫全書總目研究〉，與臺灣暨南大學龔詩堯之碩士論文〈四庫全書總目之文
　　　學批評研究〉，分別對《總目》進行全面性的學理考論與專門性的內涵理解。

〔註11〕參考《文學批評術語》（Frank Lentricchia, Thomas McLaughlin編；張京媛等譯，香港：
　　　牛津大學出版社，1994年），頁310。

〔註12〕可參考姜廣輝〈明清實學研究現況述評〉、張壽安〈乾嘉實學研究展望〉與林慶彰〈「實
　　　學」概念的檢討〉，皆載於《中國文哲研究通訊》（臺北：中央研究院中國文哲研究
　　　所）第2卷第4期，1992年12月，「明清實學研究的現況與展望」專輯。姜廣輝另
　　　撰有〈「實學」考辨〉一文（收入《走出理學——清代思想發展的內在理路》，瀋陽：
　　　遼寧教育出版社，1997年5月，頁27〜53），對於「實學」概念所涉及的歷史內涵、
　　　意義界說與理論觀點等相關問題有周詳而深入的辨析。鄭宗義《明清儒學轉型探析
　　　——從劉蕺山到戴東原》（香港：中文大學出版社，2000年），第七章第三節〈附論
　　　『實學』之實義〉，頁183〜185。

個學科或學術型態，只能算是一種學術取向」；二、「『實學』一詞本身並沒有『啓蒙』等許多意義，因此用『實學』來概括明清思潮也就未必合適」；三、「『實學』的歷史內涵是通經、修德、用世三項」〔註13〕。秉此，本文內容亦將探求《總目》對於「實學」之歷史內涵的具體呈顯，而不取「實學」之名。

此外，因限於論文撰寫時限與學力、篇幅等因素考量，本文對於《總目》實際內容分析僅取經部、史部爲主要對象，確實未能顧及全面知識體系與崇實內涵之呈顯。不過，從乾嘉大儒段玉裁（1735～1815）所論以經史爲「有用之書」〔註14〕，晚清張之洞（1833～1909）等人奏辦學堂之章程中亦倡言「以中國經史之學爲基」〔註15〕，可以見得清代學術界對於經學與史學的高度重視。而對於清朝官方而言，經學作爲建立政權意識形態的理論基礎，史學作爲政治話語積極涉入的詮釋場域，經史之學作爲皇權對於學術眞理徹底壟斷與兼併的重要據點，從《總目》對經、史二部書籍的著錄與評議，也應當能夠反映此一意義文本鑲嵌於特定的歷史文化脈絡中所展示的教化指向，具有其象徵與代表意義。

本文概分爲六章進行討論：除首、末章緒論、結論以外，第二章〈想像與再現：論四十五種學術論著中的『清初』論述〉，藉由回顧的方式整理多種「史」類研究論著中所陳論的清初學術轉衍脈絡，可以看出崇實思潮受到學者關注的偏向與程度，同時可見此一議題發展所遭遇的侷限；第三章〈乾隆時期強化崇實觀念的幾個面相：從上諭檔略論清高宗『崇實黜浮』的文教精神〉，以康、雍、乾三朝《聖訓》與《實錄》所載聖諭爲基本材料，著眼於崇實精神在統治者制定與推行政策時的參與面相，以及貫注其中的影響脈絡；第四章〈《四庫全書總目》經史二部的著錄取向〉，從《總目》的小序系統析論經部與史部著錄準則與思想取向的大體趨勢暨其異趣；第五章〈經史二部提要的措辭與崇實內涵的呈顯〉，以詞頻統計的結果，將提要中的評論措辭作爲一種精神或思想徵狀的閱讀理解，考求四庫館臣在詮釋所面對的知識對象的同時，如何呈顯其以「崇實」爲群體共識又切合官方教化需求的學術內涵與意態。

最後，本文撰寫過程中得力於電子資料庫甚多，如中央研究院「漢籍電子文

〔註13〕詳見《走出理學——清代思想發展的內在理路》，頁 48～51。

〔註14〕段玉裁〈與外孫龔自珍札〉云：「……萬季埜之誡方靈皋曰『勿讀無益之書，勿作無益之文。』嗚呼！盡之矣。博聞強記，多識畜德。努力爲名儒、爲名臣，勿願爲名士。何謂有用之書？經史是也。」收入《經韻樓集》卷九。詳見《續修四庫全書》（上海古籍出版社，1995 年）集部別集類，冊 1435，頁 100。

〔註15〕詳見劉錦藻撰《清朝續文獻通考》（臺北：臺灣商務印書館，民國 76 年），卷一百九〈學校考〉載：「至於立學宗旨，無論何等學堂，均以忠孝爲本，以中國經史之學爲基，俾學生心術壹歸純正。而後以西學淪其智識、練其藝能，務期他日成材，各適實用，以仰副國家造就通才、愼防流弊之意。」

獻」、「歷史語言研究所內閣大庫檔案」，臺北故宮博物院「宮中檔及軍機處檔摺件檢
索系統」、「寒泉古典文獻全文檢索資料庫」等等（連結位址詳見參考書目）。在此謹
向各資料庫建置人員致以深摯謝意。

第二章　想像與再現：
論四十五種學術論著中的「清初」論述

　　本文在進行研究與撰寫的過程中，首先必須面對的問題，即歷順治、康熙、雍正三朝統稱「清初」時期學術思想的總體發展脈絡，其次才能夠延續至乾隆朝進一步處理以特定思想取向或價值觀點作為主軸的相關討論，並進而與纂修《四庫全書》的文化工程暨《總目》對於傳統知識世界的再現相互銜接、對話。因此，在我的學習、研究基礎與知識經驗當中，清初的學者、著述，與其共同形構的學術景觀，便成為亟待重整、釐析的模糊斷層。又，知識乃至於學術的生產、運用、傳遞、紀錄，「人」在其中佔有優勢與關鍵意義的位置。因而後人期望認識或研究某一時空區段的學術活動與發展脈絡，歷史文獻的載記應可作為初步的線索與介面。

　　於是，若以《清史稿》的〈儒林傳〉與〈文苑傳〉〔註1〕、《清代碑傳全集》〔註2〕、以及蕭一山（1902～1978）《清代學者著述表》〔註3〕作為資料檢索的依循對象，經過初步的考察，檢出在順治、康熙、雍正三朝活動之學者（不論其是否奉清之正朔），約有四百餘人。這些資料，在不同的面相上局部反映了學者與社會政治之間的關係、學者與知識社群之間的關係，以及自我的學術沿襲、著述……等現象。如能將之作系統化的序列與繫聯，則所謂「清初學術」必將粲然大備。然而，如此龐雜的文獻整理甚至分析研究，絕對有其實行上的阻難窒礙，絕大多數從事清代學術相關論題之研習者，亦不勝擔荷如此耗時費力的前置作業。因此，數種以「史」為名，

〔註1〕清史稿校註編纂小組編纂，（新店：國史館，民國79年2月）。〈儒林傳〉在卷四八七至四九○，〈文苑傳〉在卷四九一至四九三。

〔註2〕陳金林、齊德生、郭曼曼主編，（上海：上海古籍出版社，1987年）。內含：（清）錢儀吉編《碑傳集》、（清）繆荃孫編《續碑傳集》、閔爾昌編《碑傳集補》及汪兆鏞編《碑傳集三編》。

〔註3〕重慶商務印書館，民國32年。

在大量的文獻資料中作出系統化、概念化、精粹化的學術研究著作，似乎成為我們窺探「清初學術」的入門工具甚至關照眼界的框架、範型了。

本章作為論文陳論的起點，即欲就多種以「思想史」、「哲學史」與「學術史」為名的著作，針對其標明「清初」或「清代」的章節，概略地討論它們所共同堆疊、凝聚的清初學術「論述（discourse）」〔註4〕。牽引我思考這個問題的動機及此處所要提問的是：論者基於何種立場，選擇哪些人物、觀念作為置入其「想像」（刻意甚至強迫的記憶與遺忘）「清初」的藍圖之中？「史」的論著作為對清初學術的「再現（representation，或譯作「表述」）」，經過讀者的接受與理解，更有可能轉變成一種因再度複製而消解了直接性與真實性的知識經驗〔註5〕，這種知識經驗的建立對於討論學術議題的延展性與深刻性，可有其助力與阻力？

本章所選取這些學術論著的範圍與條件，是以民國成立作為時間界限，以臺灣、香港、中國大陸等三個漢文書寫區域為主要空間。至於研究中國學術亦不遺餘力的日本學者著作，則因個人語言能力之限制，僅採用有中譯本者。若著作內容對本章討論清初學術思想之再現無法提供適當線索、資料，或同一作者有相似性較高的其他作品，則不予採用或擇其代表作論之。

第一節　十五種「思想史」對於「清初思想」的陳論

本節所引用作為討論對象的思想史著作，依其「初版」的印行年代排序，分別

〔註4〕中文學界對 "discourse" 有不同的譯解，如「話語」、「論述」、「言說」……等，本文行文採用「論述」，但保留引文當中原譯者之譯解。Diane Macdonell 在《言說的理論（*Theories of Discourse: An Introduction*）》（陳墇津譯，臺北：遠流出版事業股份有限公司，1995 年 2 月，新版一刷）一書中對「論述」作了一個基本概念的揭示：「對談（dialogue）是言說的首要條件：一切言說和書寫（writing）都是社會的。在國家裡頭和跨越國界，言說都不同。……言說隨著言說在其裡頭成形的各種制度設施和社會實踐之不同而有所不同，也隨著那些說話的人的立場和那些被他們說教（address）的人們的立場之不同而有所不同。……言說是社會的。做這種陳述、使用這些詞語和這些所使用的詞語之意義，完全取決於在什麼地方做這樣的陳述，又針對著什麼而做這樣的陳述。」（頁 11～12）

〔註5〕如果我們依循著米切爾（W.J.T. Mitchell, 1942～）對「再現」的理解：「每一個表述都必須付出代價，以其失去直接性、存在或真理的形式，以其在意圖和實現，原本和複製之間建立一種鴻溝的方式。……」（詳見《文學批評術語》，頁 26）應當不難理解，個別的思想家或複雜的學術群體在經過論者精神自由的篩選、重建而得以聯繫成為一種狹義的「歷史」（或許可以稱之為層層剝削之後的歷史），最後讀者所能夠從中汲取的，將會是多麼稀薄的成分。

是：

初　版	編、撰、譯者	書　　　名	出　版　者	參考版本
1936	武內義雄著、汪馥泉譯	中國哲學思想史	新竹：仰哲出版社	民國 71 年 9 月
1940	譚丕模	清代思想史綱	臺北：開明書店	民國 36 年 4 月
1952	錢穆	中國思想史	臺北：聯經出版社	民國 83 年
1952.3	加藤常賢等著、蔡懋棠譯	中國思想史	臺北：臺灣學生書局	民國 67 年 5 月
1956.8	侯外廬主編	中國思想通史	北京：人民出版社	1963 年 1 月
1962.5	楊榮國主編	簡明中國思想史	北京：中國青年出版社	1962 年 5 月
1963	侯外廬主編	中國思想史綱	北京：中國青年出版社	1991 年 5 月
1967	赤塚忠等編著、張昭譯	中國思想史	臺北：儒林圖書公司	民國 70 年 4 月
1972	林夏	中國思想史	臺北：作者自印	民國 61 年 6 月
1978.3	陸寶千	清代思想史	臺北：廣文書局	民國 67 年 3 月
1979	韋政通	中國思想史	臺北：水牛圖書公司	民國 84 年 10 月
1989.6	張豈之主編	中國思想史	西安：西北大學出版社	1989 年 6 月
1990.8	何兆武等	中國思想發展史	北京：中國青年出版社	1990 年 8 月
1993.12	朱葵菊	中國歷代思想史清代卷	臺北：文津出版社	民國 82 年 12 月
1994	張越	中國清代思想史	北京：人民出版社	1994 年 4 月

　　在這些著作之中，顯然可以即時察覺的，大多是以通史的方式規劃其內容，但也有些藉斷代史的體制，針對特定的時間區段闡述其思想內容，如譚丕模《清代思想史綱》、侯外廬《近代中國思想學說史》、陸寶千《清代思想史》以及張越《中國清代思想史》。由於這種關照視野與取材鋪敘之專博詳略的不同，如果要對它們進行內容上的討論甚至分析，應該也可以略作區分。以下，我將先就通史式的思想史著作，取其中論「清代」或「清初」思想的部分，嘗試討論學者們如何「想像」與「再現」清初時期的學術圖像。

　　錢穆的《中國思想史》是中文學界中最早成書的中國思想史，或可說是最爲精要賅略的〔註6〕。此書對整個清代思想的述說，僅選取了王夫之（1619～1692）、顏元（1635～1704）、戴震（1723～1777）與章學誠（1738～1801）四人，王夫之與顏元則爲清初思想界的代表。其論王夫之，以宇宙論與心性論爲中心；論顏元，以其對程朱、對宋儒的思想反撲與理想境界之構設爲主旨。而王、顏二人，則皆爲賓四先生口中惜其「更無嗣響」〔註7〕的大家。基於錢先生選擇王夫之、顏元述說清初之思想，又感嘆其學之不傳，試推揣其作意，也許錢先生所想像抑或寄望的清初乃至於整個清代學術的開創與延展，即爲此輩晚明諸儒帶出「從個人轉嚮於社會大群，由心性研討轉嚮到政治經濟各問題。由虛轉實，由靜返動。由個人修養轉入群道建立」的新氣象，而一切竟爲清代的高壓政權所扼殺，並轉成經籍考據訓詁的畸形了（頁232）。

　　侯外廬主編的五卷本《中國思想通史》，可說是早期最具規模的以通史形式寫成的中國思想史。這部思想史的第五卷——《中國早期啓蒙思想史》〔註8〕——由侯外廬本人執筆，即是對明末清初至清代中葉啓蒙思想的研究，在整部《中國思想

〔註6〕一如賓四先生在此書〈例言〉第二、三條所言：
　　　　二、每一時期只提及主要的幾家，每一家各只提及主要的幾點。其餘都略去了。因之此書只能提供出中國思想史裏幾個主要節目，並非中國思想史之全貌。
　　　　三、每一思想家之生卒年代及其師友淵源，生活出處，以及時代背景，均爲研究思想史者必須注意之項目，但此書因限於篇幅，都略去了。
〔註7〕見錢穆《中國思想史》頁248：「習齋之學，一傳爲李恕谷，惜乎也更無嗣響。河北顏、李，一樣如湘中船山之學般，響絕音沉了。」
〔註8〕這部《中國早期啓蒙思想史》其實是以侯外廬早在民國33年結撰的《近代中國思想學說史》爲底本，兩者的差異大概只在於綱目編排的名序以及表述語意的顯晦而已（這些差異點，作者在《中國早期啓蒙思想史》1955年的自序中也有說明：「我在抗日戰爭時期寫了一部《中國近代思想學說史》。這是其中十七世紀至十九世紀中葉的部分，經過補充修訂，單獨成書，改名爲《中國早期啓蒙思想史》。……我的這部舊作基本上是一種讀書筆記，結構不夠謹嚴。寫作的年月又正當國民黨反動派第一次反共高潮的時候，好多問題只好以心照不宣的方法來處理，所以材料雖多，而說明卻是簡略的。」）。如改編後的《中國早期啓蒙思想史》是以王夫之、黃宗羲、顧炎武、朱之瑜、傅山、李顒、唐甄、顏元的順序分章陳論十七世紀的啓蒙思想，而《近代中國思想學說史》的構想則是先以專章分論王、黃、顧、顏，將〈首創諸子研究的傅青主〉與〈折中體用二元的李二曲〉置入〈中國第十七世紀的西北思想家〉一章；將〈近世中國第一位流亡儒者朱舜水〉與〈十七世紀的政論家唐鑄萬〉置入〈清初的西南學者與流亡學者〉一章。在內容方面，《中國早期啓蒙思想史》是在《近代中國思想學說史》的基礎上填入了更多以階級鬥爭與唯物主義觀點爲程式的申論，若能詳加比對，自然可以攫獲更豐富的訊息。這種修訂改寫前後的結果一旦與各自成書的時間背景相連結，內含於複雜外緣因素底下的書寫動力與其所能引發的多元聯想，恐怕更耐人尋味了。

通史》的編排中成爲一個自立系統、相對獨立的分卷〔註9〕。作者顯然積極地將時代思潮的描繪與社會、經濟、意識型態……等環節相勾連，而《資本論》、《共產黨宣言》、〈十九世紀末期俄國底土地問題〉、〈費爾巴哈與德國古典哲學的終結〉、《自然辯證法》……等等馬克思（Karl Marx, 1818～1883）、列寧（Vladimir Ilich Lenin, 1870～1924）、恩格斯（Friedrich Engels, 1820～1895）等人的經典教條，也無疑成爲作者想像與再現此一時期思想史的根本立場〔註10〕，甚至內化爲規劃、操縱其方法論的「超穩定結構」〔註11〕。其次，作者是以自然時間作爲規劃內容的準則，在十七世紀——亦即明清之際——的單元列入討論的「啓蒙」學者，包括：王夫之、黃宗羲（1610～1695）、陳確（1604～1677）、潘平格（約 1610～1677）、顧炎武（1613～1682）、朱之瑜（1600～1682）、傅山（1607～1684）、李顒（1627～1705）、唐甄（1630～1704）、顏元、李塨（1659～1733）等十一人。而清代從康熙、雍正至於乾隆三朝，則被劃歸入「十八世紀的啓蒙思想」，並以戴震、汪中（1744～1794）、章學誠、焦循（1763～1820）、阮元（1764～1849）等人爲主要對象，進行所謂「專門漢學」的討論了。

　　同樣是由侯外廬主編的《中國思想史綱》〔註12〕，延續了《中國早期啓蒙思想史》的主要論點，規劃〈清初早期啓蒙思潮〉一章，以方以智（1611～1671）、王夫

〔註9〕侯外廬在 1956 年爲增訂本《中國思想通史》所寫的總序中已經作出説明：「這部書共分四卷。第一、二、三卷是就解放前編寫的《中國思想通史》增訂修改而成。……本來有第五卷封建解體的一段，即自清初十七世紀以至清中葉十九世紀的四十年代，因爲它已經單獨以《中國早期啓蒙思想史》一書分開出版，所以本書僅編到明代末葉爲止。」儘管如此，日後再版的《中國思想通史》仍舊存在「第五卷」的編制，並同時加註《中國早期啓蒙思想史》的獨立書名。又由於這部思想史的規模與內容，在推出之後便具有舉足輕重的影響力，因此我也希望將它置入通史類的思想史著作群中討論。

〔註10〕如同侯外廬在 1955 年爲修訂本《中國早期啓蒙思想史》所寫的自序中明示：「中國豐富的哲學遺產必須依據馬克思主義的觀點方法，作出科學的總結。」

〔註11〕「超穩定結構」是金觀濤、劉青峰二位中國學者，面對中國封建社會體制得以長期延續原因的深刻反省，並借用艾什比（William Ross Ashby, 1903～1972）的「超穩定系統」（Ultrastable system）理論，藉以描述中國封建社會週期性和停滯性之間的內在聯繫，以及中國封建社會結構中經濟結構、政治結構、意識型態結構三者的相互作用對於形成超穩定機制所透顯的意義。詳見金觀濤、劉青峰合著《興盛與危機：論中國封建社會的超穩定結構》（臺北：風雲時代出版公司，民國 83 年 4 月）。在此我則希望以「超穩定結構」這一名詞及部分概念，來比喻大部分早期中國學者在面對古代文化並進行詮釋、形成論述的同時，歷史唯物主義與階級鬥爭概念似乎已經成爲內含於其中並且輔成這種集體想像的「超穩定結構」。

〔註12〕本書 1963 年第一版題名爲《中國哲學簡史》，1980 年北京第二版始改名《中國思想史綱》。

之、黃宗羲、陳確、唐甄、顧炎武、李顒、顏元、王源（1648～1710）等人為主要
對象，又在〈清初其他進步思想家〉一節簡介了朱之瑜、傅山、劉獻廷（1648～1695）、
呂留良（1629～1683）、熊伯龍（1617～1669）等人的思想。不難發現，在《史綱》
的編者與思想史之間，復介入了一層以「重實用」、「反道學」與「無神論」為宗旨
的條約關係，因而這些學者得以被交換進入清初學術的編制之中。

　　1962 年由楊榮國主編，陳玉森、李錦全、吳熙釗等人執筆的《簡明中國思想史》，
與 1973 年「改名」出版的《簡明中國哲學史》，在內容上是近似的。它那依偎在意
識型態撫慰下的書寫策略，竟可以將明清之際至鴉片戰爭之前的思想內容（乃至於
整個中國思想史的內容）化簡為唯物／唯心主義的鬥爭路線，而黃宗羲、顧炎武、
王夫之、顏元、戴震身處其中，所能夠被再現的思想也相對片面且因易於誤解故失
之偏頗了。

　　錢穆之後，中國思想史的解釋權為中國學者（或可說是政權的意識型態）獨占
了整整二十年，直至林夏《中國思想史》出，始完全不同於上述的想像主流與再現
脈絡。其自上古論及民國，從綱目來看也是最謹守時序編年的寫作方式。〈清代思想
史〉一章，前有簡略的「概說」，然後分「清初」、「乾嘉道」、「咸同」、「清末」四個
時段敘述學者著作與思想大要。〈清初思想史〉一節，又區隔為順治元年（1644）至
康熙二十年（1681）以及康熙二十年至雍正朝兩個部分，前者以孫奇逢（1584～
1675）、黃宗羲、顧炎武、李顒、王夫之為代表，強調這些遺老之學經世致用的目的；
後者從不同的學術面向，引進閻若璩（1636～1704）、胡渭（1633～1714）（以上經
學）、梅文鼎（1633～1721）、王錫闡（1628～1682）（以上自然科學）、陸世儀（1611
～1672）、陸隴其（1630～1692）（以上程朱學）、顏元、李塨、王源（以上實踐學）
等人。作者廣泛提點了清代學術思想多方面的進展以及「清初」此一時間界域所獨
具的思想啟迪意義，並認為清世宗扼殺了自然科學在中國發展的可能性（頁 255～
257），但未就各項議題發展出更深入的議論。

　　韋政通的《中國思想史》用了一章的篇幅，較詳細地分析了明末清初思想的變
化及其新趨向。論清初思想，作者是取儒學史的角度，首先揭示晚明「重視經驗知
識」與「經世思想」的思想重點，再以十七世紀可以彰顯此重點的學者著述作為檢
讀文本，藉分類摘錄的方式以展望清初思想的新趨向〔註13〕。這些學者包括了：呂
坤（1536～1618）、朱之瑜、黃宗羲、陳確、方以智、顧炎武、王夫之、李顒、唐甄、

〔註13〕韋政通所歸納十七世紀思想的新趨向，分別是：氣一元論、道器非二與離器無道、人
　　　　欲即天理、氣質是善、重視知識、重視功利與實用、重視民生、重商、反君主專制、
　　　　革命等十項。

顏元、李塨等十一人。至於韋氏自言「本書對清初的思想，要作深入的探究」（頁
1264），則是以黃宗羲、方以智、顧炎武、王夫之、李顒、顏元等六人作單章的細部
討論。整部《中國思想史》是以戴震爲終章。

八○年代末與九○年代初，張豈之主編的《中國思想史》與何兆武等人合著的
《中國思想發展史》在一年之內先後出版。隨著各類學術領域研究成果與前人編著
思想史經驗的累積，這兩部思想史在文獻涉獵與論題延展的規模上，卻未可見明顯
的突破，主要原因或許可以歸結於它們受到預設閱讀對象與承擔文化任務的侷限〔註
14〕。就內容的佈置而言，張豈之在《中國思想史》的序文中簡要地提出所謂中國思
想史的特點爲：一、重倫理和政治思想，二、重辯證思維，三、重「天人合一」的
思維方式，四、重經學形式（詳見頁5～6）；而全書議題的設置也就是秉此致力項
目而鋪陳開來的。面對清初的思想，編撰者以陳確、方以智、黃宗羲、顧炎武、王
夫之、顏李學派爲代表，除了生平著作與各自思想特色之外，共同的論題則是對理
學的批評；「反理學」思潮的建立因此可以視作本書處理清初思想的基本立場。相較
之下，何兆武等人合著的《中國思想發展史》在內容上包羅更多樣，分論明清時期
的哲學、社會政治、經濟、科學、史學和文學等思想，但猶如在孩提時聆聽童話的
印象、記憶中複述故事，且敘述籠統簡概，因而專業層級也就相對低落了。

《中國歷代思想史》是二十世紀結束前規模較爲龐大的思想史集體編撰成果，
其中清代卷由朱葵菊負責撰寫，以獨立的書寫策略表述一相對斷裂的時間區段的代
表性人物與思想內容。這與侯外廬《中國早期啓蒙思想史》被編制在《中國思想通
史》的處境類似，於是我仍舊將此分卷放在通史類的思想史著作群當中進行討論。
作者列舉十九位學者概括了有清一代的思想，並且以鴉片戰爭略作區隔，就「明末
清初」與「清代晚期」歸納了兩組思想發展的主要特徵〔註15〕。這個「特徵」儼然

〔註14〕由張豈之主編且參與撰寫的《中國思想史》，在張豈之的〈序〉中即明言：「《中國思
想史》是爲高等院校中文、歷史、哲學、政治學等文科系的學生們編寫的教材。」
本書於 1993 又出版了以簡明易讀爲取向的「縮減本」，篇幅爲原書之半，在此便略
而不提了。至於何兆武、步近智、唐宇元、孫開泰四人合著的《中國思想發展史》，
是屬於中國青年出版社編輯的《青年文庫》新編本當中的一冊。這套叢書的出版宗
旨，其一便是「爲青年朋友提供一套常備的、比較系統的自學讀物，幫助他們學習
馬克思列寧主義、毛澤東思想和科學文化知識」（詳見其「出版說明」），而本書的「內
容提要」亦說明這部思想史的功能定位：「本書是一本比較通俗的自先秦開始，到五
四前夕爲止，上下 4000 年的思想史讀物。」

〔註15〕朱葵菊歸納明末清初思想的主要特徵爲：一、批判思想，二、經世思想，三、科學精
神，四、啓蒙意識。鴉片戰爭以後（清代晚期）思想的主要特徵則是：一、以實學
反對空疏之學，二、以「變易」思想反對「不變」理論，三、反對封建舊學與反對
封建專制主義的鬥爭緊密地結合起來。詳見本書極爲簡要的第一章〈清代的社會背

也成了想像所謂「進步的思想家」於此時「湧現」，並予以羅列的「標準」，於是朱之瑜、陳確、傅山、潘平格、黃宗羲、方以智、顧炎武、熊伯龍、王夫之、李顒、唐甄、顏元等十二人成為明末清初思想的代表。不過，儘管作者被允許以寬裕的篇幅從事寫作，利於比較細緻地鋪展各人思想內容，卻也在有意無意間寫成了一個個互不關涉、拒絕了思想史的連續性脈絡〔註 16〕的思想精英列傳。

　　另一方面，有三種以斷代體制寫成的清代思想史專著，在形式上，不但需要與通史類的思想史區隔開來討論；在內容上，我們也將看到三種種截然不同的想像策略與再現結果——

　　譚丕模的《清代思想史綱》早在民國 29 年即已出版，為之作序的顧頡剛先生對此書的研究成果亦表推許並寄予殷切期望。而顧序中所提出本書特點之一，或可視為作者構思如何再現整個清代思想史的主要線索暨其方法論的規劃：

> 本書從嚴正的科學觀點出發，把清代思想的範疇及流派重新劃分，整理出一個新的條理。不僅是從思想本身發展上去研究思想，也不僅從政權表面的形式上去研究思想，而是從社會的——經濟的政治的諸關係去探求思想產生的必要性。（頁 1～2）

秉此「嚴正的科學觀點」，譚丕模首先在〈緒論〉中以「實際」、「致用」與「科學」作為清代學術思想——「樸學」——的總體趨勢，隨後藉由社會組織中的成員屬性（身分定位），將思想／思想家聚列為三個「思想流派」：「地主思想流派」、「市民思想流派」與「農民思想流派」；論及清代思想的發展，便據此已經確定的思想流派圖譜，各自作橫向的觀覽與銜接了。作者同樣根據這種身分定位的流派規劃來鋪展清初思想內容，而大多聚焦於認識論、政治論、人性論等議題。因此，在清初思想的部分，讀者可見的是黃宗羲（重民論）、顧炎武（新封建論）、王夫之（民族自衛論）代表了地主思想流派；顏元（反對讀書說）、李塨（均田論）代表了農民思想流派；王錫闡（曆算學）、梅文鼎（理數說）代表了市民思想流派。

　　陸寶千《清代思想史》，其實是由八篇論文及一篇附錄輯成的論文集〔註 17〕。

　　景和思想概況〉中第二節〈清代思想發展的主要特徵〉，頁 5～9。
〔註 16〕關於這種「連續性」的解釋，詳見葛兆光《中國思想史第一卷——七世紀前中國的知識，思想與信仰世界》（上海：復旦大學出版社，1998 年 4 月），〈導論：思想史的寫法〉，頁 51～65。
〔註 17〕《清代思想史》的篇章目錄即為：
　　第一章　明季諸子之經世思想——理想政府之設計。
　　第二章　明季諸子之經世思想——重商。
　　第三章　康熙時代之朱學。
　　第四章　論清代經學——以考據治經之起源及其成就之限度。

作者著書之旨，固然在「闡明此一歷史線索，冀讀者有悟於學術世運相因之故也」，但也說明「書中各章，成篇先後，有相隔數年者，文氣不能一貫」（見其〈自序〉）。因此，若將書名題爲「清代學術思想論集」則可，貿然冠以「思想史」，卻顯得名過其實了。

　　二十世紀結束前最後出版的一部清代思想的專門著作，是張越的《中國清代思想史》，它也是百卷本《中國全史》的一個分冊。作者在〈清代思想概述〉中明確規劃「清初」爲清代思想發展的單獨時段，且以王國維〈沈乙庵先生七十壽序〉語總攝清初思想的特點爲「博大」，進而歸納清初思想的總體趨向爲「批判理學，回歸經學」（頁1～3）。張越顯然還是接受了既有思想史的寫作習慣〔註18〕，面對所謂的「清初順、康兩朝，湧現出一批思想家」，或所謂的「清初思想界」乃至於「思想史畫卷」（頁6），默許讓黃宗羲、顧炎武、王夫之、方以智、顏元、李塨、王源、陳確、傅山、李顒、朱之瑜等人分章裂節，展示各家的生平學述與思想要義。比較特別的是，作者另立〈清初史學略述〉一節（後來還有〈乾嘉時期的史學〉、〈章學誠的史學思想〉、〈史學近代化的開端〉幾節），簡述清初的官、私史書修纂以及顧祖禹（1631～1692）、萬斯同（1638～1702）、全祖望（1705～1755）三人的史學成就。史學論述系統與思想史脈絡在此偶遇，可以看出作者以更廣義的關注層面含括思想史內容的撰著意義。

　　最後要討論的，是幾位日本學者對中國思想史的研究著作——

　　武內義雄的《中國哲學思想史》〔註19〕要比錢穆《中國思想史》更早約二十年

　　　第五章　乾隆時代之士林佛學。
　　　第六章　清代公羊學之演變。
　　　第七章　嘉道史學。
　　　第八章　晚清理學。
　　　附　近代平民社會中之價值觀念。

〔註18〕如同葛兆光所言：「翻開叫做『思想史』或『哲學史』的著作，接踵排衝而來的，是睿智的哲人系列和經典系列，從孔子到康有爲，從《詩經》到《大同書》，天才似乎每個時代都成群結隊地來，經典也似乎每個時代都連篇累牘地出，我們的思想史家按照時間的順序安排著他們的章節，大的思想家一章，小的思想家一節，仍不夠等級的話可以幾個人合夥佔上一節，再不濟的話也可以佔上一段，……思想的歷史也就自然成了思想家的博物館，陳列著他們照片。」（〈思想史的寫法〉頁9）

〔註19〕本書於昭和11年（1936）5月由東京岩波書店發行時，原名《支那思想史》；1957年第18刷改版發行時，改名《中國思想史》；民國28年（1939）汪馥泉翻譯的中譯本由長沙商務印書館發行，又改爲《中國哲學思想史》。武內義雄並沒有說明該書題名「思想史」的立場，根據日本學者金谷治的推測，「可能是因爲批判從來的哲學史都是以儒學爲中心，而且是個別的敘述，所以是想原原本本地傳達各種思想錯綜複雜演變的意圖之顯現」（見金谷治爲赤塚忠等著、張昭譯《中國思想史》所寫的〈總

成書。作者顯然是受到西洋哲學史寫作體例的影響，以〈古代期（上）——諸子時代〉、〈古代期（下）——經學時代〉、〈中古期——三教交涉的時代〉以及〈近代期——儒教革新的時代〉作為安置與鋪陳中國古代思想學說的基本框架。〈清學之演變〉是為全書的最末章，作者以「清朝學術之特色……在始自明遺臣黃宗羲、顧炎武等的考證學之興隆」（頁282）為本章立論的起點與中心，轉而引出漢、宋學的對峙與衝突（頁286～289），最後以公羊學在嘉慶、道光年間的勃興（頁289～290）結束討論。在這個詮釋清代思想的脈絡中，武內義雄是以最具代表性的學者及其著作來凸顯思想學說，而這些被列舉的學者，又往往可以籍貫或師承關係相聯繫。因此，如果要對武內義雄提問其「清初」思想的概念，至少這部《中國哲學思想史》所能提供的回應，大概將會極簡略地與「高揭漢學之旗」（頁286）相鏈結，而提供作者結構起如此概念的一批清初學者，則包括了：孫奇逢、顧炎武、黃宗炎（1616～1686）、魏象樞（1617～1687）、湯斌（1627～1687）、黃宗羲、萬斯同、閻若璩、熊賜履（1634～1709）、胡渭、毛奇齡（1623～1716）、李光地（1642～1718）、張伯行（1651～1725）、蔡世遠（1681～1732）、朱軾（1664～1736）、楊名時（1660～1737）、全祖望、惠棟（1697～1758）、雷鋐（1697～1760）、江永（1681～1762）、程廷祚（1691～1767）等二十一人。又，讀者應可先行察覺並主動提出這個有趣的現象，亦即似乎正因為這個詮釋脈絡與書寫框架的建立，在其他思想史當中絕對不會忽略的王夫之，是否已經被武內義雄刻意地「遺忘」在這個「清初」的學術行伍之外了？

日本漢學界還有兩部以合著的方式寫成的《中國思想史》，分別是加藤常賢監修（東京：東京大學出版社，昭和27年〔1952〕）與金谷治等人聯合執筆〔註20〕（東京：大修館書店，昭和42年〔1967〕，原書名《思想史》，收入《中國文化叢書》），先後於民國66年與70年由蔡懋棠、張昭譯成中文並出版，而進入中文讀者

論〉，頁13～14）。而汪馥泉更沒有對為何在書名中增加「哲學」二字作出任何解釋，這或許是因為武內義雄在〈緒論〉第一句便點明「研究中國哲學底變遷，區分為三個時期來說明，最是妥適」，還是無法逃離日本學界對中國「哲學史」的研究基礎與觀察角度，為了顧及其撰述立場與實際內容可以並呈於書名，故補冠「哲學」。其次，在武內義雄之前，馮友蘭於1930至1933年間相繼以第一篇〈子學時代〉與第二篇〈經學時代〉完成《中國思想史》，然而從他的〈自序〉、〈緒論〉以及綱目的規劃來看，完全是哲學史式的陳論。因此，馮氏此書第二篇第十五章〈清代道學之繼續〉，將置於下一節討論。

〔註20〕赤塚忠並沒有擔任這部《中國思想史》的執筆，而是與福永光司、山井湧二人為另一部同樣收入《中國文化叢書》的《思想概論》（東京：大修館書店，昭和43年〔1968〕）執筆。由於兩種著作收入同一叢書，性質與內容或有接近、重疊之處，故因此或是其他原因將赤塚忠也列為《中國思想史》的編著者之一。

的接受範圍內。這兩部《中國思想史》的內容，若僅就其論清代或清初思想之章節而言，無論在取材以及申論議題的態度方面，實則大同小異。

加藤常賢監修的《中國思想史》，對於清代思想的陳論，是安置在第二部〈中國思想之展開〉的最末章〈傳統思想與西洋思想〉的第一節〈清代〉，由山井湧執筆。這也可以視作山井湧個人基於參與一部思想史的規劃，而片面表述其對於清代思想的概念化敘述。之所以說是「概念化」的，是因為根據作者的敘述，讀者所能夠接收的是一連串概念、概論式的「印象」鋪陳，完全缺乏具體的事例與文獻的輔證，其行文間暨各個段落結束前略為徵引的學者與著作〔註21〕似乎也無濟於事，並且在「思想」、「哲學」與「學術」之間擺盪不定，讀者若依此嘗試建立對於清代思想的認識也將會是模糊而凌空的。至於說「片面表述」，則是作者在內容的安排上，分為「明末清初的思想界」、「自然的、實證的哲學之展開」以及「實證的文獻學之發達」三個部分，亦明顯可見其偏重之議題在於「經世之學」、「氣之哲學」與「考證學」三項，且一概從經世、實證的角度進行詮釋。這的確稱不上具有思想史規模的視野。又，作者所偏重的議題如果不能夠被賦予更豐富的聯繫性而成為相對孤立的座標，則它所能夠注目進而吸納、讀解的思想對象與歷史疊層〔註22〕即更形單薄了。因此，要想從這個章節的陳論中抽繹出山井湧個人的「清初」學術想像，除了以「遺老們的學問」（頁171）列舉顧炎武、黃宗羲、王夫之三人作為經世實證之學的概括外，剩下的，大概就只有簡約的考證學概念了。

至於金谷治等人合作撰著的另一部《中國思想史》，在基本框架的構設上，與武內義雄的《中國哲學思想史》同樣是受到西洋哲學史寫作的影響，將中國思想區

〔註21〕山井湧在全部敘述清代思想的章節內容中所徵引的清代學者暨著作，僅見：黃宗羲《明夷待訪錄》、顧炎武《日知錄》、《音學五書》、王夫之《黃書》、戴震《孟子字義疏證》、章學誠《文史通義》、閻若璩《尚書古文疏證》、胡渭《易圖明辨》、段玉裁《說文解字注》、《六書音均表》、王念孫《讀書雜志》、《廣雅疏證》、王引之《經義述聞》、《經傳釋詞》、姚際恆《古今偽書考》、崔述《考信錄》、顧祖禹《讀史方輿紀要》。另外，顏元、程廷祚、惠棟、錢大昕、王鳴盛、羅振玉、王國維等人，徒列名而幾無學述。總計20位學者、17種著作。

〔註22〕德勒茲（Gilles Deleuze, 1925～1995）在《德勒茲論傅柯（Foucault）》（楊凱麟譯，臺北：麥田出版社，民國89年1月）一書中賦予「歷史疊層」一詞如是的詮釋：「疊層就是實證性或經驗性的歷史建構。這些『沉積層』由物與詞、看與說、可視與可說（dicible）、可視性平面與可讀性場域、內容與表達所構成。……被層疊之物並不是後來出現的知識之間接對象，而是直接建構了知識，……事實上，在知識出現之前什麼也沒有，因為依照傅柯所構想的新概念，知識由特屬於每片疊層、每個歷史建構的可視及可述組合所界定，知識是一種實際的布置，一種陳述與可視性的『裝置』，因此，在知識底下一無所有（即使我們將看到仍有外在於知識之物）。」（頁109～114）

分爲「古代」、「中世」、「近世」、「近代」四個僵化的時段〔註23〕。對於清初思想的陳論，置於〈近世的思想〉中〈政治變革的理論〉以及〈世界觀的轉換——氣之哲學的展開〉兩節，分別由山下龍二與佐藤震二執筆。山下龍二的關注焦點，只有明末清初的「經世致用之學」與《明夷待訪錄》；佐藤震二著重「氣之哲學」的討論，以黃宗羲、顧炎武、王夫之、顏元作爲對象。他們的敘述方式要比山井湧來的具體，不過如此關照視野所能重構或再現的清初思想恐怕還是刻板的。至於另有一批明末清初學者，佐藤震二附而未論，則包括了：劉宗周（1578～1645）、錢謙益（1582～1664）、孫奇逢、朱之瑜、陳確、方以智、陸世儀、張履祥（1611～1674）、費密（1623～1699）、湯斌、王錫闡、呂留良、陸隴其、李顒、唐甄等十五人。有趣的是，與武內義雄所著眼者相比較，除了孫奇逢與湯斌二人，竟然全無重複。

第二節　二十三種「哲學史」對於「清初哲學」的陳論

回顧整個二十世紀這類學術論著的撰寫趨勢，必須承認的是：哲學史的寫作比較起思想史或學術史，其在「量」上佔有絕對的優勢。內在於此一現象的創作動力，也許來自於西洋學術思潮在東方知識界產生的影響力，以及當「哲學」進入知識再生機制成爲特定的「學科（discipline）」之後，需要適當藍圖與範本的供給〔註24〕。這裡所引用作爲討論對象的中國哲學史著作，依其首次出版印行的年代排序，分別是：

初　版	編、撰、譯者	書　　名	出　版　者	參　考　版　本
1916	謝無量	中國哲學史	臺北：臺灣中華書局	民國 69 年 8 月
1929	鍾　泰	中國哲學史	上海：上海書店	1989 年 10 月

〔註23〕正如同金谷治在本書〈總論〉中自覺的表態：「思想史的時代區分需要一方面參考歷史學者的見解，一方面以思想本身的移動與變化爲中心而設定之。如前所述，中國思想史的時代區分先形式上模倣西洋哲學史的區分。但是，如今在區分時代的時候，必須明示一個時代之思想與次一個時代之思想所具備的顯著不同的特色。」（頁 17）

〔註24〕這是根據葛兆光的分析所作的簡單歸納。葛兆光說：「回顧現代學術史卻可以發現，在近代中國，思想史這一名稱似乎沒有哲學史這一名稱受青睞，也許，三分之一是因爲西洋的『哲學史』的現成範式給予轉型期中國學術的方便，三分之一是因爲『哲學』一詞的西洋意味在二十世紀前半期對中國學術的誘惑和挑戰，還有三分之一是由於大學學科的劃分中有哲學一系，因而需要有相應的教材。」（《思想史的寫法》頁 3）

1932.1	蔣維喬	中國近三百年哲學史	臺北：臺灣中華書局	民國 60 年 2 月
1934.9	馮友蘭	中國哲學史	北京：中華書局	1992 年 7 月
1936	范壽康	中國哲學史通論	北京：三聯書店	1983 年 12 月
1940.12	金公亮	中國哲學史	臺北：正中書局	民國 61 年 6 月
1955	宇野哲人著、唐玉貞譯	中國哲學史	臺北：中華文化出版事業委員會	民國 44 年
1963.7	任繼愈主編	中國哲學史	北京：人民出版社	1990 年 3 月
1966.11	黃公偉	中國哲學史	臺北：帕米爾書店	民國 55 年 11 月
1971.1	周世輔	中國哲學史	臺北：三民書局	民國 60 年 1 月
1980.3	北京大學哲學系	中國哲學史	北京：中華書局	1980 年 3 月
1981.1	勞思光	新編中國哲學史	臺北：三民書局	民國 73 年 1 月
1981.8	孫叔平	中國哲學史稿	上海：人民出版社	1990 年 9 月
1981.11	羅　光	中國哲學思想史	臺北：臺灣學生書局	民國 79 年 11 月
1982.3	臧廣恩	中國哲學史	臺北：臺灣商務印書館	民國 71 年 3 月
1982.12	肖萐父主編	中國哲學史	北京：人民出版社	1994 年 8 月
1988.1	李維武	中國哲學史綱	成都：巴蜀書社	1988 年 1 月
1989.1	馮友蘭	中國哲學史新編	北京：人民出版社	1995 年 8 月
1992.5	姜林祥、苗潤田	中國哲學史	天津：天津社科院	1992 年 5 月
1994.3	劉貴傑	中國哲學史	臺北：圓光出版社	民國 83 年 3 月
1995.12	孫開泰等	中國哲學史	臺北：文津出版社	民國 84 年 12 月
1995.3	陳慶坤	中國哲學史通	長春：吉林大學出版社	1995 年 3 月
2000.1	陳清編著	中國哲學史	北京：北京語言文化大學出版社	2000 年 1 月

　　謝無量是中國學界寫出《中國哲學史》之第一人。明顯可見他受到西洋哲學史的寫作體例影響甚深，藉之規範中國哲學，於是出現以「上古哲學史」論古代及儒家與道墨諸家及秦代，以「中古哲學史」論兩漢與魏晉六朝唐，以「近世哲學史」論宋元與明清的重述結構。且謝無量對於「哲學」、「哲學史」的觀念皆頗為粗略牽強〔註25〕，致使這部著作未能對學界產生長久而深刻的影響力。面對清初哲學，作

〔註25〕謝無量以為：「莊周論道術裂而後有方術，……道術即哲學也，方術即科學也。揚子

者取承襲明末朱陸之爭一線，作爲排列學者的標準。他對於清初哲學與學者的總體
觀察是：

> 清初言王學者，多出自蕺山，其門人後亦多治程朱之學。而專主程朱
> 以攻陽明，則陸稼書之徒尤甚。亦有欲折衷其間者，夏峰潛庵是也。顧黃
> 本致用之儒，一爲朱學，一爲王學，已知兼取漢唐經義疏說。惟顏習齋獨
> 明周禮六藝之教，於宋明學者，皆不許焉。其學卓然自立，亦可爲豪傑之
> 士也，顧其傳未廣。（頁 437）

秉此總綱，謝無量所羅列討論的學者則有：孫奇逢、黃宗羲、顧炎武、李顒、陸世
儀、湯斌、陸隴其、顏元等八人。而整個清代哲學的討論也只多收了戴震與彭紹升
二人，整體的陳論方式與議題、資料的配置讀解，都是比較簡略的。

鍾泰《中國哲學史》之撰著，體制上與謝著幾乎無二，唯本書將「近世」單獨
與清代相對等。其論清代哲學，約略指出由於清儒標榜漢學貶抑宋學，故中國本有
之哲學到了清代可說進入一衰落的階段，戴震之前的清初學者，即漸進促成這種思
想氛圍的形構〔註26〕。在這個認識理路與歸納結果之下，所吸收的清初學者包括了：

雲曰：『通天地人之謂儒，通天地而不通人之謂伎。』儒即哲學也，伎即科學也。……
及官失學散，乃謂之曰儒學，謂之曰道學，謂之曰理學，佛氏則謂之義學，西方則
謂之哲學，其實一也。」（《中國哲學史・緒言》）這種對應關係的建立即頗爲牽強。
又以爲：「所謂哲學之分類，……吾國古有六藝，後有九派，大抵皆哲學範圍所攝。
至於哲學史之作，則在述自來哲學變遷之大勢，因其世以論其人。撮學說之要刪，
考思想之同異。以史傳之體裁，兼流略之義旨，溯厥前例，遠自孔門。如論語堯曰
章述堯舜禹執中之傳，而繫辭載伏羲至堯舜之取於易道者，宜是哲學史之濫觴
也。……至記述一代學派之源流而爲書者，莫精於朱晦庵之《伊洛淵源錄》；統一
代之學派而爲書者，莫詳於黃宗羲之《宋元學案》及《明儒學案》，此其體例皆近於
今之所謂哲學史者也。」謝無量對於中國哲學的義界顯然是粗略的，而其哲學史的
體例推源亦過於寬泛附會；「學案」之體，一般認爲是「學術史」的前身（詳見陳
祖武《中國學案史》，臺北：文津出版社，民國83年4月）。因此，這本《中國哲學
史》的撰著立場與方法可以說是相對未臻成熟的。

〔註26〕鍾泰在《中國哲學史》第四編〈近世哲學史〉之第一章〈清儒之標榜漢學〉中述及：
「自王學之衰，專事浮談，人鮮實學。雖得東林諸君子振之。而亦氣節之士多，經
濟之士少。故及流寇之起，滿清承之，入主中原。士大夫前仆後繼，斷脰捐踵。而
曾無救於滅亡。於是當時有識之士，至以亡國之罪，歸之講學者。顧亭林云（以下
引《日知錄》語）……此其指斥陽明，可謂至矣。然猶未至罪及宋之程朱也。……
專攻程朱，始於毛大可奇齡。……而李恕谷學於顏習齋，兼出大可之門。……同於
程朱諸儒，詆毀不遺餘力。……及惠氏、戴氏出，一意訓詁之學。……至是而所謂
漢學者，始奪宋學之席。……然吾觀有清諸儒，於訓詁考據名物象數之誼，固多發
明。至其能成一家之言，冒天下之理，而不失矩矱，若顧若黃（宗羲）若孫（奇逢）
李（顒），若張（履祥）陸（世儀），皆承宋學之流風。而所謂漢學家者，自東原戴
氏一二人外，鮮能以議論自見。至如顏李之徒，又非漢學所可範圍。故或謂漢學盛

孫奇逢、湯斌、陸世儀、陸隴其、黃宗羲、顧炎武、張爾岐（1612～1677）、張履祥、李顒、王夫之、唐甄、胡承諾、顏元、李塨等 14 人，可以看出其內在的限制性。不過，綜觀鍾泰對於清初哲學的再現方式，除了簡介生平著述外，往往文獻的徵引與哲學概念的闡發不成比例，泛論各家思想要點而少見針對性。與前述謝著相同，這或許也是早期學術界對寫作哲學史的義界與標準較寬鬆使然。

　　同樣是二卷本的規模編制，馮友蘭以其完整而嚴謹的哲學訓練素養，推出了儼然成為哲學史研究與撰著「典範」（paradigm）〔註 27〕的《中國哲學史》。馮友蘭是以中國歷史發展中組織規範與制度變遷作為整體省察的立場，並且以「宋學」家偏重文本讀解、義理闡釋的態度作為研究方法，將中國哲學劃出「子學時代」與「經學時代」的分野，從歷史時代「反映」的哲學議題來再回顧這些議題「所反映」的社會景況〔註 28〕，全然不同於前人舊作套用西洋哲學史自然歷史時期的哲學史觀，或徒然堆砌歷史資料而欠缺見解分析的撰著態度〔註 29〕。這包括了在當時引發學術界熱烈討論的胡適《中國哲學史大綱》。雖然，馮友蘭自敘因為時局危急，對於明清哲學的析論失於簡略，是本書一大弱點〔註 30〕。我們當然無須為作者隱諱或粉飾這樣的缺陷，卻也可以看出，作者對於清代哲學的關照是以諸漢學家為焦點，而清代漢學家所傳述的義理之學，無論所據之文本或所提之議題，皆脫不出宋明道學家的範圍，惟解釋不同而已。馮友蘭由此提出「漢學家之義理之學，表面上雖為反道學，

而宋學衰，宋學衰而中國無復有自有之哲學。」

〔註 27〕首先，「典範」觀念在科學史中的意義與作用，為美國學者孔恩（Thomas S. Kuhn, 1922～1996）所致力揭示。他在《科學革命的結構（*The Structure of Scientific Revolutions*）》（王道還等譯，臺北：遠流出版公司，民國 89 年 5 月）一書中就「典範」一詞所作最初步的義界為：「……這些及許多其他的著作出版後，成為某一時期的學者公認的聖經，因為它們隱約為其研究領域界定了合宜的問題，及解決的方法，使後世的人得以遵循。這些著作獲致這種地位，源自它們共有的兩個特徵。第一，作者的成就實屬空前，因此能從此種科學活動中的敵對學派中吸引一群忠誠的歸附者。第二，著作中仍留有許多問題能讓這一群研究者來解決。具有這兩個特徵的科學成就，我以後就稱之為"典範"（paradigms），這個詞與"常態科學"有密切的關係。」（頁 53～54）對於人文社會學界的研究而言，這些觀點亦有助於相關議題的思考與發展。

〔註 28〕詳見《三松堂自序》（北京：生活・讀書・新知三聯書店，1984 年 12 月）第五章，頁 218～224。

〔註 29〕當然，這種二段式的分期，也為後來學者所詬病。如韋政通曾在〈中國思想史方法論〉一文中指出：「在所有的中國思想史分期之說中，以馮友蘭之說最為特別，也是最不可取的，……我們說他的分期是最不可取的，是他認為中國哲學史沒有近代，這完全是就西方看中國，代表中國哲學家喪失自主性的反應。」（收入韋政通編《中國思想史方法論文選集》，臺北：大林出版社，民國 70 年 10 月，頁 22）

〔註 30〕詳見《三松堂自序》第五章，頁 225。

而實則係一部分道學之繼續發展也」（頁975）的整體概括。在這一立論主線上，本書論及的清初學者僅有顏元、李塨、陸世儀、黃宗羲、王夫之，作者認爲就理、氣、性、形等哲學議題，他們（包括後來的戴震）可歸屬於同一陣線，以宋明理學家爲共同攻擊辯論的對象而延續了心學的思想發展。（頁1009）

　　歷史注定要與複雜而無所不在的權力相糾纏，甚至是沿著如此精密的權力光譜建構並散佈著一切被需求的意義〔註31〕——哲學的歷史如是，書寫哲學的歷史亦如是。它的讀者往往被引導或教育著慣用較爲開闊的視野跨度，從中讀解並對比出諸般耐人尋味的訊息。因此，將馮友蘭的二卷本《中國哲學史》與半個多世紀後問世的晚年定論七卷本《中國哲學史新編》並列觀之，便不失其可行與必要性。畢竟，這種「從哲學家的觀點變成了歷史家的觀點，從沒有成見到具有成見，從不是一種主義的宣傳到專爲一種主義作宣傳」〔註32〕的劇烈翻轉是值得注目的。

　　馮友蘭自敘他曾在1949年10月寫信向毛澤東表態，宣稱「準備於五年之內用馬克思主義的立場、觀點、方法，重新寫一部中國哲學史」〔註33〕。而這項以「舊邦新命」自任的寫作計劃，歷經三十餘年方始陸續推出其修訂完成的具體成果——於是，馬列主義中嚴格區分的階級標誌與唯心／唯物二元對立鬥爭，便成爲他晚年定論的「清規戒律」。這個受意識型態霸權安插的思想尺規，驅迫著最晚年的馮友蘭爲促成「人類精神更進一步的自覺」而重新想像與再現中國哲學史。其次，再現於《中國哲學史新編》中的清代哲學，似乎不被承認爲「道學之繼續」，所有「入選」的學者們必須對號進入反道學的鬥爭者的歷史座標系。先前所論王、黃、顏、李相承相近的陣線在此面臨分家，王夫之歸入了「舊時代的後殿」，黃宗羲雖是「新時代的前驅」（《第六冊》，頁13），但「本身還是道學的一部份」（頁26），顏元與戴震則擔負了清代哲學對於道學的全面批判與攻擊。另外，在哲學議題的佈置上，馮友蘭卸除了以理、氣、形、性爲主軸的討論。對於黃宗羲，首先標明他「在明末的民族鬥爭中是一個積極的愛國主義戰士」（頁11），次論對心學與理學觀點的修正，重點

〔註31〕此處參考詹京斯（Keith Jenkins, 1943～）筆下「歷史的定義」：「歷史是一種移動的、有問題的論述。……他是由一群思想現代化的工作者所創造。……他們的作品，一旦流傳出來，便會一連串的被使用和濫用。這些使用和濫用在邏輯上是無窮的，但在實際上通常與一系列任何時刻都存在的權力基礎相對應，並且沿著一種從支配一切到無關緊要的光譜，建構並散布各種歷史的意義。」詳見《歷史的再思考》（賈士衡譯，臺北：麥田出版社，1999年3月），頁87～88。

〔註32〕此處引用唐亦男對於馮友蘭《中國哲學史新編》的思想路線與觀點驟變的總括。詳見〈從《中國哲學史》的新舊編——看馮友蘭先生哲學思想的辯證發展〉（載於《鵝湖月刊》，第21卷第12期，民國85年6月，頁1～11），頁5。

〔註33〕詳見《三松堂自序》第三章，頁156。

則是將《明夷待訪錄》附會為「現代西方資產階級政治中的君主立憲制的一個雛形」（頁 24），藉此宣稱「中國社會的自然發展是被西方帝國主義所扼殺」的（頁 25）。對於顏元，馮友蘭則採用其強調「實踐」的核心論點對「格物致知」所作的重新詮釋作為切入角度，涵括了顏元對於道學的全面批判，並且為了確保此反道學系統的一致與正常，推離了李塨在反道學陣線中曖昧的身分歸屬（頁 33）。至於戴震，作者賦予了他更多面向批判道學的「唯物主義哲學家」的名銜，從學術層面的理、氣、形、性延及道、情、欲、知等概念，更進於政治層面的「名教」批判。馮友蘭在點出黃宗羲、顏元、戴震這三個「山雨欲來風滿樓」的風頭之後，中國哲學史的注目焦點便直接下轉至鴉片戰爭時期了。而如果還要追問馮友蘭對於清代哲學的析論是否仍顯簡要？他則提出一套如此簡約想像的理由（但依舊值得存疑並深究之）：

> 由於時代不同了。……每一個大思想家同時也是一個政治社會活動
> 家，他們都是一派政治社會活動的領袖，他們的思想和活動就是這個時代
> 思潮的中心。要想在他們的思想和活動之外另找一個純哲學的中心問題，
> 那是不現實的，也是不可能的。（《第六冊》自序，頁 1～2）

處於馮友蘭《中國哲學史》新舊編之間與之後的二十世紀中晚期，《中國哲學史》的撰著仍不乏繼力者，至少出現了本文所列的十七種著作。有趣的是，其中絕大多數是為課程教材、講義所編著，或者收入青年基本知識叢書之類的纂輯，並且間隔的時間差不甚長，出版的狀態頗為密集〔註34〕甚至可以說，在馮友蘭的二卷本《中國哲學史》（本身即為清華大學的授課講義）之後，中國哲學史的編寫「工程」，幾乎是為知識的制度化再製而服務的。這不禁令人再度警覺：知識的建構與意識型態甚至利益流動之間可能維持的依存關係，或者特定的社會結構如何組織知識的生產與分配，甚至如傅柯（Michel Foucault, 1926～1984）所言，「學科」伴隨著內含於其中的規訓制度成了生產論述的操控體系〔註35〕。那麼，這些再生知識的藍圖範

〔註34〕類似的情況也出現在上節所述中國思想史的撰著經驗之中，但就數量之多寡與浸透層次之深淺，均不如中國哲學史的編寫潮流來得引人注目。

〔註35〕Foucault 在〈論述的秩序（L'ordre du discourse）〉一文中說：「在每個社會，論述的製造是同時受一定數量程序的控制、選擇、組織和重新分配的，……學科乃由一個對象領域、一套方法、一組所謂的真實命題、一套規則、定義、技術和工具加以界定：所有這些構成一無名的系統，有誰需要或能夠使用它，則盡可使用，而無需將其意義或有效性與碰巧發明它的人聯繫起來。……在學科裡，最初的前提不是一種待重新發現的意義，也不是須得重復的同一性，而是建構新的陳述的必要條件。若要有一學科，則必須有無限提出新命題的可能性。……學科是一控制論述生產的原則。學科通過同一性的活動來限制論述，其形式是規則的永遠重新啟動。我們習慣於在作者的豐贍性、評論的多樣性以及學科的發展中見到創造論述的諸多無限的資

本又如何再現清初哲學呢？

　　首先，就青年基本知識讀物的一類而言，包括了金公亮、黃公偉與日本學者宇野哲人的《中國哲學史》〔註36〕。他們共同的特徵是「簡略」，並以「反動」作為清初（清代）哲學的發生基源。金公亮以簡短的敘述、象徵性的資料摘錄（似乎與「凡例」所言「本書對於思想的背景，詳為敘述，使讀者可以由讀中國哲學史而知各時代的政治經濟、文化等狀況，以及其在歷史上的偉大意義」不甚相符），提出「實用派」的顏元與「考據派」的戴震，且認為顏元對於哲學的破壞多於建設。黃公偉單獨設立〈初清思想的大反動〉一節，著墨較多，分別以孫奇逢、黃宗羲、顧炎武、王夫之代表「經世致用的功利學風」，陸世儀、李顒、陸隴其、毛奇齡、李光地代表「實事求是的實證思想」，顏元、李塨代表「篤實踐履的實利思想」。作者的立論顯然偏向以經世實用為基礎，梳理各人所身處的學術脈絡對於程朱理學與陸王心學的折中偏取以及批判撻伐，而所有敘說的中心，皆指向這一波以「反動」為纛幟的「實用」學風的躍升。至於日本學者宇野哲人的《中國哲學史》，也是從他講授東洋哲學的大綱加以擴充成編，以「上古」、「中世」、「近代」之歷史分期鋪敘中國哲學，各代之中擇選具代表性的哲學家，以紀傳形式介紹其事蹟著書與哲學觀點。然而，就一東洋學者對於哲學家的鑑別標準，中國在有清一代似乎沒有足堪標舉的哲學家。故而宇野哲人以不到 500 字之篇幅便結束了〈清朝哲學概說〉一章，並謂「總之清朝考據學，就經書之解釋，極非常精密，若論哲學，則別為一家之說者，無一人焉」（頁 204）。清代沒有哲學家？清代哲學史沒有被書寫的立場？在此實無餘力進入更為深入精密的哲學辨析，僅點出一較特出的論點。

　　其次，我將集中討論作為學科教材這一類的《中國哲學史》，並暫時將關注焦點從它們對於清初哲學的再現程式偏移開來，轉而投向這些知識藍本所呈顯的意識型態基礎甚或可能藏身其中的規訓機制。此處將被列舉討論的對象，包括了范壽康、任繼愈、周世輔、北大哲學系、肖萐父、李維武、姜林祥、劉貴傑、陳慶坤、陳清等人（或單位）所編著的十種中國哲學史。我們首先能夠輕易辨識這些著作作為教

　　　源。情況也許如此，但它們仍然還是限制原則；如果不考慮它們的禁錮和限制功能，則我們很可能便無法解釋它們的積極和多樣化的角色。」（蕭濤譯，收入許寶強、袁偉編選《語言與翻譯的政治》，香港：牛津大學出版社，2000 年，頁 2～13）

〔註36〕金公亮《中國哲學史》收在由中國國民黨中央宣傳部所主持編輯的《青年基本知識叢書》，本書「凡例」並特立一條指出：「凡理論瑣細而跡近所謂『迷信』的，與現行國策不合，本書亦略而不敘」。黃公偉《中國哲學史》與胡一貫《人生哲學》、葉慕陶《中國文學發展史》收在《大學文庫》。唐玉貞譯宇野哲人《中國哲學史》收在中華文化出版事業委員會所編七輯 471 冊《現代國民基本知識叢書》的第三輯。

材的身分屬性〔註37〕，歸納出他們共同擔負的是專業教育、社會推廣甚至（中西）文化交通傳播的任務。隨後，我們便可從中解析出一些有趣的訊息：

一則是以馬克思主義作爲思想保障的標籤。如范壽康的《中國哲學史通論》（又名《中國哲學史綱要》）其內容並不顯見馬列主義觀點，卻在重版序言中硬套了一句

〔註37〕如范壽康1982年在〈三聯重版《中國哲學史通論》序言〉中云：

> 1930年代初（對日抗戰前），余在武漢國立武漢大學任教，擔任中國哲學史講座。當時編有講義，三年成書，名《中國哲學史通論》。

任繼愈主編《中國哲學史》1984年的「再版説明」云：

> 六十年代初，……黨中央就提出了一個宏偉的計劃，要建設大學文科教材。……《中國哲學史》教科書就是其中的一種。……要求觀點大致妥當，知識可靠，文字簡明。學術界有爭議的問題，不要寫進教科書，以求教材的相對穩定。這部教材基本上是按照這個要求去做的。

周世輔《中國哲學史》是由臺北三民書局列入「大學用書」中出版。作者序云：

> 三十七年起在國立師範學院及長白師範學院先後受此課程（中國哲學史），……以後在國立政治大學續講中國哲學史，……將已印講義加以修正補充，於五十九年五月中旬完成。

北京大學哲學系中國哲學史教研室編寫的《中國哲學史》「編寫説明」云：

> 本書是爲我校哲學系哲學專業本科班講授中國哲學史課程編寫的教學參考書。

肖萐父主編之《中國哲學史》「編者的話」云：

> 本書是由教育部根據一九七八年《高等學校文科教材編選規劃》組織編寫的，可以作爲高等學校哲學系本科生學習中國哲學史課程的選用教材，也可作爲高等學校有關專業選修或自學中國哲學史的參考書。

李維武編著之《中國哲學史綱》「後記」云：

> 這本《中國哲學史綱》，是在教學實踐的基礎上，汲取前輩與時賢的研究成果而編寫的，旨在爲中國哲學史的教學和自學提供一本簡明易讀而又比較系統的教材。

姜林祥、苗潤田合著之《中國哲學史》「後記」云：

> 本書是在講稿基礎上加工而成的。在寫作過程中，我們主觀上努力以辯證唯物主義和歷史唯物主義作指導……。

劉貴傑《中國哲學史》的〈自序〉云：

> 近年在圓光佛學院講説「中國哲學史」，備有講義，板書解釋。然而，聽課緇素多覺不便，且每多要求從速刊行，以利研讀。……參酌時賢的著作，增補資料而編成此書。

陳慶坤主編之《中國哲學史通》於「後記」云：

> 本書是吉林大學哲學系中國哲學教研室的同志們爲適應綜合大學哲學系的教學需要而編寫的，同時也適合對中國哲學有興趣的社會人士閱讀。

陳清《中國哲學史》是由北京語言文化大學列入「文化書系」中出版。「後記」云：

> ……讀者對象主要是以漢語作爲外語學習的外國人和非哲學專業的中國讀者，……本書是爲教學需要和中外國讀者閱讀的需要，作爲對外文化教學和非哲學專業的學習和研究的起點而編著的。

「主以唯物辯證法闡述我國歷代各家之思想」，且以近半篇幅來敘說社會主義的優點與共黨建國之後的施政績效，今日看來不免突兀可議。

　　一則是馬克思主義的母性根源將中國哲學史的編撰建構為一「想像的共同體」，任繼愈主編的《中國哲學史》堪稱這類建構模式的經典。它像（傲效？）馮友蘭的二卷本《中國哲學史》一樣，有一篇極長的緒論，當中主要論及「學習哲學史的目的和意義」、「哲學史的對象和任務」、「學習哲學史的方法」、「中國哲學史的發展過程」。其宣揚的內容不外乎：

> 學習哲學史有助於我們深刻理解馬克思主義哲學，樹立辯證唯物主義世界觀。……幫助我們更好地批判封建主義、資本主義以及一切不正確的思想。……更好地掌握哲學鬥爭的規律。（頁1～2）

> 哲學史是唯物主義和唯心主義、辯證法和形而上學鬥爭的歷史，是整個人類的認識發展史。哲學史的任務是通過對唯物主義和唯心主義對立統一的研究，揭示人類認識日益深化的辯證發展過程，總結理論思維的經驗教訓，闡明馬克思主義哲學基本原理的無比正確。（頁3）

> 在研究哲學史的時候要堅持階級分析。……階級和階級鬥爭是由經濟關係決定的。……不但要研究階級鬥爭對於哲學思想的影響，而且要研究生產力和自然科學對哲學思想的影響。（頁4～5）

> 中國哲學思想由於生產的提高、階級鬥爭的發展，一步又一步地由淺入深，由低級向高級發展，由片面到更多的方面。……唯物主義與唯心主義的鬥爭永遠不會陳腐，只要存在著階級和階級鬥爭，反對著敵對階級利益的哲學上的路線鬥爭也就永遠不會停息。（頁11～24）

這些話語幾乎成為所有作為教科書的哲學史的編修訓令，它在功能性的面相上充分反映了學科如何透過不斷被重新啟動的同一性活動來限制、禁錮論述。政權組織驅迫著思想教條採取無所不在的、催眠式的集體記憶與遺忘，提供並建構了所有的著者與讀者據以想像的具體模式，而或許權力所加諸的恐懼與壓抑正是這種想像賴以形構的基源。

　　一則是哲學史為了能夠從容面對知識教育體系與文化交流活動日益頻繁而親密的嵌合，在編輯形式上增置了更為「有效」的配件。最近由北京語言文化大學出版陳清編著的《中國哲學史》給予我們這個強烈的案例訊息。作者有意識地將漢文化圈之外不同語言、文化背景的接受者作為設計教材時考量的對象，特別在每一章之後附有「注釋」以及「思考題」。注釋內容包括對於艱深字詞乃至成語俗諺的標音釋義；思考題則可作為各章內容提綱，以助於「學習」。而遍觀這些思考題的設計，

或許可以讀解爲：中國學者以其普遍遵奉的辯證法、唯心／唯物論與進步的歷史觀……等觀點，對於異文化讀者認識中國哲學史時所作的深層銘刻（儘管我們目前無從計量這樣的接受群眾並評估其影響成效）。

如果再度回眸注目於這十種中國哲學史對於清代哲學的再現內容，可從以任繼愈、北大哲學系、肖萐父、李維武、姜林祥、陳慶坤與陳清作爲一個表述脈絡與再現框架的系列之中，歸納出高度的一致性：讀者期待被呈現的「清初」哲學，其邊界完全爲「封建制度衰落」如此的歷史劃限所掩沒；讀者想像清初哲學多端多變的概念，全然被唯物主義與辯證法的量尺所抹平。而在這樣的框架之外，范壽康的《中國哲學史通論》則將清初哲學明確劃分爲「宋學派」和「實行派」〔註38〕；周世輔採用西洋哲學的歷史分期，將清代納入了「現代」；劉貴傑的《中國哲學史》或許因爲所處環境（佛教寺院）與對象（僧尼信眾）的需要，對於清代哲學的詮釋是以重要哲學家的原典與宇宙觀、人性論、知識論……等問題相對證。他們對於清初哲學的反映或者偏於學術傳記，或者設論取義稍嫌簡約，但已經與前述的系列有了鮮明的區別。至於在這些教科書當中出現的清初哲學家，彼此收錄的差異性不高，取其聯集，包括了：孫奇逢、方以智、黃宗羲、顧炎武、王夫之、李顒、唐甄、顏元、李塨、程廷祚等十人，誠然具有絕對的重要性與代表性，但同時也象徵了以教科書作爲重製、再現的媒介，對於哲學史的內容所可能反映的化簡程度。

直到二十世紀的最後二十年，才有較多以「研究」的態度進行撰著的中國哲學史陸續問世，而各家對於清初哲學的再現策略亦有不同取徑。勞思光首先以「學術的空缺」發出激切的呼聲〔註39〕，並採用「基源問題研究法」作爲他研究與重構中國哲學史的方法論基礎〔註40〕。《新編中國哲學史》對於清初哲學的論析，乃專注

〔註38〕范壽康在《中國哲學史通論》第六編〈清代的哲學（經學）〉的「概說」中云：「大體講，清代的學問實可以說是對於王學的反動。……清初之學大體可以說從王學解放以復於宋，而乾嘉之學大體可以說是從宋學解放以復於漢。爲便利計，我們名前一派爲宋學派，名後一派爲漢學派。在於清初，此外尚有顏元一派，直標周孔，注重實行，元的識見殊爲高卓，我們特名之曰實行派。」頁401～402。

〔註39〕儘管作者最初將講稿付梓的原意，還是爲了授課之便，但他對於第三卷（晚期中國哲學）的設計與心態卻迥異於前二卷，全然放棄教學層面的思量，致力於研究觀點的表述。這使得《新編中國哲學史》脫離了教材格套的隊伍，成爲學術研究的代表著作（詳見第三卷下冊之「後記」）。然而，勞思光以「反教科書」的態度寫就的學術著作，反成爲目前臺灣各大學思想史、哲學史課程所普遍採用的教科書了。

〔註40〕勞思光本人對於「基源問題研究法」的定義與操作程序，已於《新編中國哲學史》的「序言」中有詳細的說明。後來學者對於此一方法論的提出與實踐，尚有更進一步之闡釋與評論，可參考高柏園（1999、1994）、金起賢（1995）、陳旻志（1994）、楊祖漢（1991）、林麗眞等（1991）、池勝昌（1983）、韋政通（1980）等人的論文。

於顧炎武、黃宗羲、王夫之及顏元、李塨等人面對明末以來文化活力衰落的全面反省，並指出清代哲學之所以繼此反思潮流之後無力持續推進的原因，在於清初三家哲學思想本身既有侷限的內部因素已然決定此一必然之勢（詳見第三卷〈序論〉，頁7～11）。這種將哲學史的研究與其他所謂「外緣因素」之間的對話關係完全隔絕的方式，是否可以超越一切時空界限或者特殊現象的變化關係，而能如作者所預期般精確掌握其基源問題且充分還原／展示相關層次的理論，也許值得學有專精者作更細緻的思量與論辯。其次，勞思光在明末清初哲學一章最末尚稍述及清初其他儒者〔註41〕，當中倒是點出了些許其他學者著作中罕見的學人與學術概要。儘管作者對他們的介紹未能詳盡，主觀的評價也不高，卻較其他思想史或哲學史的著者於相同或近似的再現面相中，提供了更為豐富的線索。

孫叔平的《中國哲學史稿》也是歷經長時間編撰累積的哲學史研究著作，不過作者同時從幾個角度表明了他為特定的主義思想服務與宣傳的基本立場〔註42〕，而本此以馬克思主義觀點為尊的想像模式，使得本書對於清初哲學乃至中國哲學全景的再現，亦與前述教材式的哲學史相去不遠。就清初而言，作者僅討論黃宗羲、顧炎武、王夫之與顏元四人的哲學觀點，採用通篇一貫的宇宙觀、人性論、知行論、歷史觀等論題佈置為中心，在當中反覆操作著唯心／唯物的思想取向辨識法則，並以此劃定歷史評價的標準。對孫叔平自身而言艱難且波折的研究成果，展示於讀者面前的可能是：在意識型態與學術理性彼此矛盾、對立、壓制、屈從的情況下，應運而生的哲學史將會在「自由」與「正確」的抉擇之間作出怎樣的退讓，甚至甘於成為社會實體中受權力機器役使的真理話語的某種生產者〔註43〕。

〔註41〕包括了宗陸王的孫奇逢、李顒、毛奇齡、張沐，宗程朱的陸世儀、張履祥、陸隴其、張伯行、熊賜履、李光地、張爾岐，以及專論經世之學的「易堂九子」——魏祥、魏禧、魏禮、彭士望、林時益、李騰蛟、邱維屏、彭任、曾燦等人。

〔註42〕孫叔平在《中國哲學史稿》的「序言」中說明了他所面對的哲學史撰寫問題與基本立場：一、以宇宙觀、歷史觀、人性論、知行論等問題確定哲學家對象；二、以社會的經濟基礎作為中國哲學史的歷史背景；三、以哲學基本問題上唯心／唯物主義的兩條路線鬥爭超越「儒法鬥爭」；四、堅持農民的生產鬥爭、階級鬥爭推動了封建社會的發展，從而推動了封建時代哲學的發展；五、「『古為今用』是對豐富的歷史遺產進行批判的總結，剔除其封建性的糟粕，吸收其民主性的精華，以發展無產階級的新文化，服務於我們偉大的革命運動」（詳見頁3～17）。而在「結束語」中作者重申：「一部中國哲學史，從其主流來看，是從素樸唯物主義、辯證法，經過資產階級形而上學唯物主義，向辯證唯物主義和歷史唯物主義前進的歷史；……我所謂觀點是指馬克思主義觀點。……馬克思主義為我們準備的不是答案，而是工具或武器。」（頁575～577）

〔註43〕Foucault 曾經在法蘭西學院的課堂講授如何藉由戰爭進行對於歷史以及廣義社會關係的分析。某一個時段裡，Foucault 深入描述了權力機制、法律規則與真理話語三者之

　　至於羅光、臧廣恩以及孫開泰等人所編撰的中國哲學史，對清代初葉哲學思想
的陳論，其共同的取材對象皆是僅採顧炎武、黃宗羲、王夫之、顏元、李塨等五家，
唯臧著多收了閻若璩與陸世儀二人的學說〔註44〕。羅光的《中國哲學思想史》是針
對各家主要的思想論題展開陳述，並時時徵引原典，作者不參與主觀的價值批評，
卻也未致力於建立一系統化的清初哲學論述。如作者在〈導論〉中指出：「清初繼明
末的實學，由政治和歷史走入考訂經書，以考據和訓詁爲腳踏實地的實學，『經學即
是理學』。」（頁 7）其論顧、黃、顏、李時也處處點出「實學」、「實用」的旨趣，
但每每爲個別論題所割裂，著重單一人物學說的介紹而無法相互聯繫、鋪衍出清初
哲學具有時代性與思想曲折的整體景觀。臧廣恩的遺著《中國哲學史》，顯然哲學的
成分較爲單薄。其對清代哲學的〈概論〉，論的是「反道學與漢學之勃興」、「考證學
之特徵」以及「清代學風」，即看不出當中論及哲學在清學中的展衍脈絡與關係。至
於對所錄各家哲學的陳述，亦是人物傳記式的通論性質，既看不出明確的哲學議題，
又多徵引錢穆《中國近三百年學術史》的論見作爲各家思想評價的依據，欠缺哲學
論述的主體性。孫開泰與劉文雨、胡偉希合著的《中國哲學史》，將清代哲學大致劃
分爲：明清之際的實學思潮和乾嘉樸學；維新思潮和辛亥思潮（頁 303）。於是清初
哲學便直接與「實學」相對應，這亦是作者陳論的集中焦點。因此，凸顯各家哲學
中與實學相鉤連的學說旨趣，即爲對顧、黃、王、顏、李等人哲學思想的再現策略，
如黃宗羲的「工夫所至，即是本體」，顧炎武的「修己治人」，王夫之的「行可兼知」，
顏元、李塨的「習行」。這樣的書寫方式令陳論焦點不致因紛雜的議題而淆混割裂，
也的確較容易完成作者對於清初哲學想像／再現的整體結構。

　　最後，還有蔣維喬以斷代方式寫成的《中國近三百年哲學史》〔註45〕。本書將

間關係的強烈程度及其穩定性，並且具體陳述對權力解析的方法論規劃與迴避原
則。詳見《必須保衛社會（Il faut defendre la societe）》（錢翰譯，上海：人民出版社，
2000 年 2 月），頁 22～37。

〔註44〕然而，就臧廣恩對於閻若璩的學說陳述而言，通篇皆爲閻氏在考證方面的成績，與哲
學全無關係。臧廣恩是將閻若璩置入清初「哲學」論述場域的唯一學者，但就陳論
立場、對象、方法等各方面進行評估，這卻是個錯誤。

〔註45〕蔣維喬曾與楊大膺合著《中國哲學史綱要》（臺北：臺灣中華書局，民國 23 年），本書
以哲學問題爲經、以哲學家爲緯，旨在表述哲學思想的衍變歷程，而將中國哲學分
爲自然主義、人爲主義、享樂主義、苦行主義、神秘主義、理性主義六派。由於其
構思迥異於傳統哲學史，在體式與內容上無從讀解作者對清代哲學之系統陳論，因
而不列入本節討論範圍。此外，在《中國近三百年哲學史》之後，晚近尚有王茂、
蔣國保、余秉頤、陶清等人合著的《清代哲學》（合肥：安徽人民出版社，1992 年 1
月），對於清初思想態勢與哲學思潮、清初大儒的哲學與影響、乾嘉學術與哲學思想
等宏觀與微觀兼具的課題，皆有較於一般哲學史更爲詳細深入的陳論。而本書作者

康熙初年以降的學術思想分爲兩大時期:「複演古來學術之時期」與「吸收外來思潮之時期」,羅列出從顧炎武以至王國維(1877~1927)等學者的哲學思想重點。在複演古來學術之時期,又分八派,具有代表性的清初學者分別劃歸爲:「程朱學派」的顧炎武、陸世儀、陸隴其,「陸王學派」的黃宗羲,「朱王折衷派」的孫夏峰、李顒,「關洛閩學派」的王夫之,「實用派」的顏元、李塨。就書寫策略而言,循此片面且零散的想像線索,作者在近三百年哲學史的卷帙中所勾勒與再現的清初哲學圖像,無非是諸儒對於宋明理學省思、反動與調和的最簡化模式了。就內容而言,清初文化的發展與哲學史所關注的問題這兩者之間的有機聯繫,既然已經爲定義性的學派區分所抹除、截斷,作者所能夠賦予哲學史在意義上的豐富性,便轉移至各學派之內對於各家學說清晰而縝密的論證。然而,遍觀本書陳論,就前述清初諸儒證之,面對各種問題如經世、如爲學、如實用、如理氣心性,皆僅止於提要綱領,的確無法滿足學習或學術的需求與標準。因此,在歷史資料尚未得到系統化的整理,在研究經驗尚未得到豐富的累積,在研究成果尚未得到沉澱、錘鍊,乃至於研究典範尚未具備生成條件或巨大的推出動力之前,蔣維喬的這部《中國近三百年哲學史》應當還是一個研究取徑與撰著向度的嘗試之作。

第三節　七種「學術史」對於「清初學術」的陳論

　　「學術史」是上承「學案」的體裁,直到近代才產生的著作名稱;最先使用「學術史」之名的,當推劉師培〈周末學術史序〉[註46]一文。「學」是爲理論知識,「術」是爲技術知識,學術史的撰著應是具有歷史的基礎,而以「人」爲單位。此一體裁不但較符合中國學術發展本貌,同時與史學緊密結合。撰著學術史之論者,必須碰觸、解析各家學術思想的起因、要義,及其所提出切中時弊的方案。在中國的歷史

　　迴避使用「清代哲學史」的書名,認爲本書之論述定位爲「歷史上的哲學」而非「哲學的歷史」(詳見〈緒論〉頁2~3)。因此,本節便不再取《清代哲學》作爲討論對象。

[註46] 本文原載於《國粹學報》第一至五期(光緒31年正月20日至5月20日,1905年2月23日至6月23日)。不過,劉師培對於「學術史」的撰著體例,卻有別於「學案」。他在本文的總序中說明:「予束髮受書,喜讀周秦典籍,於學派源流,反覆論次;擬著一書,顏曰《周末學術史》,采集諸家之言,依類排列,較前儒學案之例,稍有別矣。(學案之體,以人爲主。茲書之體,擬以學爲主。義主分析,故稍變前人著作之體也。)……」(今據《劉師培全集》,北京:中共中央黨校出版社,據民國25年寧武南氏校刊本《劉申叔先生遺書》影印,1997年6月,第一冊,頁501)

傳統中，學術是以理性爲本，與世務相結合，具有導正議論的作用，是一種判定知識正誤的標準。因此，學術史內容的屬性要與「觀念」較爲接近。

本節討論各本《學術史》對於清初學術的陳論。我所引以爲探求對象的著作，依其「初版」的印行年代排序，分別是：

初 版	編撰者	書　　　　名	出　　版　　者	參 考 版 本
1929	梁啓超	中國近三百年學術史	臺北：里仁書局	2000 年 5 月
1932	楊東蓴	中國學術史講話	上海：上海書店	1990 年
1937.5	錢　穆	中國近三百年學術史	北京：商務印書館	1997 年 12 月
1953	林　尹	中國學術思想大綱	臺北：臺灣商務印書館	民國 70 年 10 月
1974	黃建斌	清代學術發展史	臺北：幼獅文化事業公司	民國 63 年 1 月
1979	鄺士元	中國學術思想史	臺北：里仁書局	民國 70 年 7 月
1994.1	林啓彥	中國學術思想史	臺北：書林出版社	民國 85 年 8 月

在以下所進行的討論之中，我將一改本章前二節的敘述程序，先論斷代性的學術史再論通史性的學術史著作。原因在於，斷代性學術史如梁啓超、錢穆的《中國近三百年學術史》不但完成了從學案到學術史的過渡，開啓後人編纂學術史之先河，並進一步超越學案體史籍編纂體例對再現一代學術之內在侷限〔註47〕，從而先後建立了清代學術史的研究典範〔註48〕。

梁啓超的《中國近三百年學術史》，是他在 1902 年寫作〈中國學術思想變遷之大勢〉以及 1921 年出版《清代學術概論》的研究基礎上，復因於清華、南開等大學

〔註47〕關於這種內含於著作體裁的侷限性，陳祖武在《中國學案史》中曾作出如下的歸納：「諸如這一學者或流派出現的背景，其學說的歷史地位，不同時期學術發展的基本特徵及趨勢，眾多學術門類的消長及交互影響，一代學術的橫向、縱向聯繫，尤其是蘊涵於其間的規律應當如何把握等等，……」前引書，頁 272。

〔註48〕丘爲君根據 Kuhn 所發展的「典範」理論，將梁啓超與胡適的「理學反動說」、錢穆的「每轉益進說」以及余英時的「內在理路說」定位爲二十世紀清代思想史的「研究典範」（research paradigm），並詳細論析其基本內涵與學說形成的時代性意義，進而意圖說明典範變遷與時代思潮變遷之間的關係。詳見〈清代思想史「研究典範」的形成、特質與義涵〉（載於《清華學報》新 24 卷第 4 期，民國 83 年 12 月，頁 451～494）。

講授清代學術史期間陸續在報刊雜誌發表的課程講義進一步充實了舊作的內容，遂彙集成書，延續並完成了他在清代學術研究領域的重要成果〔註49〕。這部學術史在體例上是不連貫的，由三個相對獨立的部分結構而成：第一至四章，作者標明了以「反動」作爲近三百年（1623～1923）學術的特徵，指出這個時代的學術主潮與支流則是「厭倦主觀的冥想，而傾向於客觀的考察」以及「排斥理論，提倡實踐」，並且依歷史時序闡述清代學術變遷與政治對此的影響；第五至十二章，是對清初各學術流派、領域與其中具代表性學者的生平著述介紹與學術內容分析；第十三至十六章，乃以論帶史，從十一種學術領域綜論清代學者研究、整理舊學的成績，頗似劉師培〈周末學術史序〉之篇制〔註50〕。梁啓超對於中國近三百年學術思潮的整體關照與判斷，是以「反動」作爲想像的取徑與再現的基調，認爲反動是以「復古」爲職志，而復古又是求得學術「解放」之手段〔註51〕；清初學術正是針對明末王學而起的反動。秉此總則，當作者欲以陽明學、經學、史學、程朱學、實踐實用學等學派鋪陳清初學術，乃至於羅列綜論其他因行事或學說引人注目的其他清初學界特殊人物時，所排置的學者、議題及相關內容，均有相當比例的成分被賦予了重組清初反動思潮的敘事功能。這種以「反動」爲中心而鋪衍的陳論模式，儘管不必然觸犯求眞的誤解，卻帶有詮釋的偏見。遂令清初學術縱然在梁啓超筆下顯得「萬卉抽萌，群動蠕躍」（頁 211），內含於學術脈絡中各種複雜的結構（關係）實則侷限於此再現策略所偏重的政治因素而遭致掩蔽、推離或單面化。最後附帶一提的是，梁氏於本書中所論及的清初學者，除了各學術領域的主要人物 16 人、次要人物約 44 人以外，尚有安插各章之中的人物列表如「亭林學友表」、「初期經學家表」、「初期史學家及地理學家表」等又羅列了約 30 餘位學者，其總量在本章所論學術著作群中可謂最爲豐富。

　　相對於梁啓超過度依賴政治關係以解釋學術之變遷，一以「反動」總括清代學

〔註49〕關於梁啓超三部清代學術研究著作的撰述與刊載、出版經過，可以參考陳鵬鳴《梁啓超學術思想評傳》（北京：北京圖書館出版社，1999 年 5 月），頁 90～93。

〔註50〕梁啓超對中國傳統學術的整體認知與類別劃界，分爲：經學、小學、校勘學、辨僞學、輯佚學、史學、方志學、地理學、譜牒學、曆算學、樂曲學。劉師培則將周末學術細分爲心理學、倫理學、論理學、社會學、宗教學、政法學、計學、兵學、教育學、理科學、哲理學、術數學、文字學、工藝學、法律學、文章學等十六類。顯然可見，劉師培是以西方學術分類的名目來規範中國學術，其適當性與說服力皆未必有效，而梁啓超可說是沿用了他的形式卻不借鑑這種方法與態度。

〔註51〕詳見《清代學術概論》（臺北：里仁書局，2000 年 5 月，與《中國近三百年學術史》合刊），頁 8～11。或可參考丘爲君〈清代思想史「研究典範」的形成、特質與義涵〉，頁 453～456。

術態勢，乃至於大量納編可資提點數語以括其思想梗概的大小學者，錢穆的《中國近三百年學術史》則另闢全然異趣的解釋向度與取材眼光，此即一種史學的立場與觀點〔註52〕。錢先生認爲，研治近代學術，不能夠以具有特別意義的「時代」觀點限制了對於歷史文化內在延續性的考求，近代學術必然有一內在的淵源與脈絡可循溯；對於這個學術淵源／脈絡的循溯，則證明了清學不是對宋明理學的一概「反動」，而是一「沿續」與「進展」的關係。析明近代學術淵源／脈絡，即爲本書〈引論〉之要旨〔註53〕，亦爲錢先生解釋中國近代學術的綱領與立場，而此一陳論立場的確定，並非依循對歷史認識經驗所產生之應然，乃是引據豐富的文獻原典所歸結之實然。其次，錢先生的學術史，實際上繼承了以人爲中心的學案體裁，然不僅止於結合各案主的生平傳略與論學要旨，尤著意於藉學術觀念自身的多義性將相關學者之言說彼此勾連，進而究其旨歸，又精於甄別。由此以觀錢先生對於清初學術之陳論，便可以體會其主要論點之兩端：其一爲清學決非全出於明末王學之反動，即如位居清學重旨的考據之學，其濫觴亦前啓於明（頁148～151）；其二爲清初之學術由於遺民精神難以世襲，故與乾嘉之學術「精氣夐絕」〔註54〕。如此論點與梁啓超將清

〔註52〕余英時〈錢穆與新儒家〉文中論道：「事實上，他（錢穆）無論是研究子學、文學、理學，也都是站在『史學立場』上。我們可以說，『史學立場』爲錢先生提供了一個超越觀點，使他能夠打通經、史、子、集各種學問的千萬門戶。」（收入《猶記風吹水上鱗──錢穆與現代中國學術》，臺北：三民書局，民國80年10月，頁35）。戴景賢〈錢穆〉一文亦詳加闡明：「相對於任公之歷史詮釋，錢先生雖於日後學術史簡別問題之辨析上，加入當時學界所努力於澄清各時代思想特性之討論，卻自始即有一隱含的通史觀點，……此一觀點，或說立場，雖不絕對限制錢先生於學術史，或其他領域具體問題上，綜合其他觀點之視野，卻係賦予其畢生學術研究工作以整體意義之核心。此一觀點，可以依其性質，說明爲一種屬於個人所創建之特殊的形態文化史觀。」（收入《胡適・梁漱溟・錢穆》，臺北：臺灣商務印書館，民國88年10月，頁236）

〔註53〕錢先生深描這個內在於近代學術的淵源與脈絡，其中心在於凸顯宋學入清之後的延展性，間接反駁梁啓超「反動說」所意指的斷裂性。錢先生認爲：近代學術之淵源遠紹於唐韓愈「排釋老而返之儒，昌言師道，確立道統」，而宋學之興則推本於胡瑗、孫復，推出所謂以「道德仁義聖人體用」作爲政教之本的「宋學精神」。兩宋學者鄙薄漢唐，欲重建對於古代經典的注疏解釋權，而此舉有賴師道之興，故其精神寄於書院講學之中。自宋至明之講學史，則收結於明末之東林，其講學大體，「一在矯挽王學之末流，一在抨彈政治之現狀」，而諸講學觀點，如無善無惡之辨、本體與工夫之辨、氣質之性與義理之性之辨，乃至於對政治之清議與氣節之實踐，皆與清初諸儒相通並啓迪先聲。循此脈絡，錢先生總論之曰：「即謂清初學風盡出東林，亦無不可。……考近三百年學術思想之轉變者，於書院之興廢及其內容之遷革，誠不可不注意也。」（頁22）

〔註54〕錢先生《中國近三百年學術史・自序》提及：「明清之際，諸家治學，尚多東林遺緒。……皆有聞於宋明之緒論者也。不忘種姓，有志經世，皆確乎成其爲故國之遺老，與乾

學再現為對明學同一趨向的反動迥然異趣。錢先生以近半的篇幅凸顯了清初學術前有承於晚明、後有別於乾嘉的特殊定位,而這些觀點的論證則具體見於錢先生考探各家學術精義的論述脈絡之中。固然,錢先生在清初學術部分僅以黃宗羲、王夫之、顧炎武、顏元、李塨、閻若璩、毛奇齡、李紱等人名篇,但若要詳數其附論人物與相互引證勾連之學者,則恐怕不止數倍於斯。

秉此種種,我們可否反問,錢先生的學術史研究是不是「超越想像」的?如果想像是一種接受歷史語境或既定研究成果的暗示、偏取,甚至是對意識型態、權力的妥協,進而擬構出帶有某種解釋效應或利益回饋意義的特定論述,則錢先生的著作是否銷解了這些先驗條件的侷限,從最基礎而多方的材料解析與方法論的重新構建〔註55〕,進而鏈結成更近乎某種真實的學術面相,讓學術本身在「再現」的過程中儘量壓縮了想像的鴻溝並付出最有效的代價?

在梁、錢二氏之後的斷代性學術史著作,還有黃建斌《清代學術發展史》。不過,這部書的內容無論是人物之羅列、學術文獻之徵引,皆源本於錢穆《中國近三百年學術史》,幾乎可以說是錢先生學術史之縮減本。唯一不同之處,在於作者將有清一代之學術發展進程,明確劃分為清初、清中葉與清末三階段,而「清初」之範圍卻已經包含了乾隆、嘉慶二朝,這種粗略且籠統的歷史分期方式與簡約的陳論其實不足以具體鋪陳此一較長時限的學術脈絡,遑論辨析清初與乾嘉這兩個時期學術精神的內在曲折與差異性。

至於通史性質的學術史著作,流傳較廣者如楊東蓴《中國學術史講話》、林尹《中國學術思想大綱》、鄺士元與林啟彥《中國學術思想史》,他們不謀而合地採納了梁啟超所揭示的「反動說」或其對清代學術的分期方式,作為再現清學的表述策略。即在此處,令人注目的是,錢穆先生的「轉進說」儘管繼梁啟超之後儼然成為詮釋清代學術的理論新典範,但從後出的清學論述(即便跨出學術史著作一類而結合前述思想史、哲學史諸書作一較廣泛的檢視)看來,所謂「典範變遷」的模式——新發現、新理論的推出對既有典範造成危機狀態,乃至於淘汰舊典範、採用新典

嘉之學,精氣夐絕焉。」(頁1)又在論黃宗羲時論道:「且清初諸老講學,尚拳拳不忘種性之別,興亡之痛,家國之治亂,身世之進退。而乾嘉以往,則學者惟自限其心思於文字訓詁考訂之間,外此有弗敢問。學術思想之轉變,亦復遷移默運,使屈膝奴顏於異族淫威之下而不自知,……」

〔註55〕此即錢先生後來於〈清儒學案序〉中所言:「要之有清三百年學術大流,論其精神,仍自沿續宋明理學一脈,不當與漢唐經學等量並擬,則昭昭無可疑者。抑學術之事,每轉而益進,途窮而必變。……」

範的革命意義〔註 56〕——並未顯現於此一論述脈絡之中。造成這種現象的原因之一，或許是某項形塑論述的作用程序之介入（例如在教育系統、圖書出版機制等制度的支持與分配之下），使得梁啓超的理論主張成爲講學者與著書者最爲實用有效的「規格化」資源，它可以不斷被想像、強調、遵循。秉此，這幾本學術史所建構的清初學術，反映在措辭上不外乎「樸學」、「徵實學」、「經世致用之學」，精神並無二致，對人物與觀念的介紹也極簡略。綜觀論之，學術史的撰著在梁、錢二位先生之後，似乎還得不到令人雀躍的進展。

〔註 56〕參考 Kuhn《科學革命的結構》（前引書）第七章〈危機與新理論的建構〉、第八章〈對危機的反應〉，頁 117～143。

第三章　乾隆時期強化崇實觀念的幾個面相：
從上諭檔略論清高宗「崇實黜浮」的文教精神

　　清高宗在即位之初，便表露其對於國政之思維是以經世實用為政策導向，且於求才若渴、廣開言路之際，更對臣工之奏策提出了「黜空言而求實裨」的理性、具體要求〔註1〕。而在與文教相關的眾多乾隆朝上諭檔案當中，明顯可以看出清高宗將崇實觀念灌注其中者，大致集中在學校教育、科舉制度以及經筵講論等三個方面。這些聖諭不僅反映了「崇實黜浮」精神內含於乾隆朝文教政策中的一定份量，也具體展現出為政者對於時局世勢的掌握、省察以及積極尋思的變改之道。本節將從上述三個方面抽選出看似斷裂分散的數件上諭檔案，試圖結構出這種政策精神的粗略輪廓。

第一節　對教育宗旨的揭示

　　清高宗承襲了滿洲君王在漢民族的地理與文化環境中建立統治政權之後所發展確立的「崇儒重道」基本國策〔註2〕，亦即以政治認同作為文化認同的根柢、以文化認同先行鞏固政治認同的歷史抉擇。由此衍生出對於儒家經典的尊崇與推廣，

〔註1〕乾隆元年丙辰二月庚辰諭云：「朕自繼序以來，勤思治理，廣開言路，俾大小臣工，皆得密封摺奏。蓋深慮民隱或壅，庶事失理，故公聽並觀，以求濟於實用。諸臣必宅心虛公，見理明徹，慮事周詳，各抒忠悃。實有切於國政民依，官方吏弊，然後可以佐朕不逮。故凡言有裨益，立見施行。而邇來諸臣所奏，或有不能適合厥中，徒有陳奏之名，而不計及實有裨於政治與否。或瑣屑而昧於大體，或空言而無補於國事。非朕求言之本意也。……」見清・覺羅勒德洪等奉敕修《清高宗實錄》（臺北：華聯出版社，民國53年）卷十三，乾隆元年二月庚辰條。

〔註2〕「崇儒重道」此一議題在眾多清史研究與清學論著中不斷被討論，而關於這個政策論述形成的歷史脈絡，最近的研究與文獻統整可參考葉高樹〈清朝前期的文化政策〉（臺北：臺灣師範大學歷史研究所博士論文，民國90年6月），第四章第一節，頁161～185。

不但成為國家培養人才的基本精神，也深刻支配著從朝廷乃至於地方辦學的教育宗旨。如清高宗即位之初，便頒諭明言「從來經學盛，則人才多，則俗化茂。稽諸史冊，成效昭然」，積極投入並強化其祖、父各朝所承沿形塑的尊經論述〔註3〕。至於落實推行的方法，首先是命令直省撫藩諸臣廣為敷布前朝纂編刊刻的經解諸書，「使坊賈皆樂於刷印，斯士子皆易於購買，庶幾家傳戶誦，足以大廣闕傳」；其次則要求各省學臣將易、書、詩、春秋四經納入考試學科，且訂出鼓勵辦法。諭云：

> 聖祖仁皇帝四經之纂，實綜自漢迄明，二千餘年群儒之說而折其中，視前明大全之編，僅輯宋元講解，未免膚雜者，相去懸殊。各省學臣，職在勸課實學，則莫要於宣揚聖教，以立士子之根柢。每科歲案臨時，豫飭各該學，確訪生童中，有誦讀御纂諸經者，或專一經，或兼他經，著開名冊報。俟考試文藝之後，該學政就四經中，斟酌舊說，有所別異處，摘取數條，另期發問，只令依義條答，不必責以文采。有能答不失指者，所試文稍平順，童生即予入泮，生員即予補廩，以示鼓勵。務宜實力奉行，以副朕尊經育才之意〔註4〕。

此段諭文已稍顯露出清高宗對於經學的重視不再僅囿於宋明理學家「膚雜」的解經話語，意欲超而越之以遠溯漢唐，希冀取法漢學家求實的研究態度與實證的研究方法，全面地觀照此一凝聚漢民族傳統文化的經學知識譜系，「以立士子之根柢」。或可說，清高宗在此已經萌發逐漸鬆懈純粹以理學意識形態主導一切價值觀念的初步構想，其後遂轉而擴展為乾、嘉二朝以經學為實學、以實學濟實用的學術風尚。

乾隆三年十月，清高宗更直接點出國家選拔人才「黜浮華而崇實學」的宗旨，並指示地方學政「印發官本經書」，務必將以經學「為明道經世之本」的理念貫徹於教育系統之內。諭云：

〔註 3〕清聖祖曾頒諭：「治天下以人心風俗為本，欲正人心、厚風俗，必崇尚經學。」（見《清聖祖實錄》卷二五八，康熙五十三年四月乙亥條）以是後來高宗上諭即云：「從來經學盛，則人才多，則俗化茂。稽諸史冊，成效昭然。我皇祖聖祖仁皇帝，道隆義項，學貫天人。凡藝圃書倉，靡不博覽，而尤以經學為首重。……」（見《清高宗實錄》卷十七，乾隆元年四月辛卯條）而在聖祖之前，順治皇帝亦曾頒諭禮部：「朕惟帝王敷治，文教是先，臣子致君，經術為本。……今天下漸定，朕將興文教、崇經術，以開太平。爾部即傳諭直省學臣，訓督士子，凡六經諸史有關於道德經濟者，必務研求通貫，明體達用，處則為真儒，出則為循吏。果有此等實學，朕當不次簡拔，重加任用。……」（見《清世祖實錄》卷九一，順治十二年三月壬子條）雍正皇帝亦曾頒諭禮部：「自古修己治人之道，載在經書。帝王御宇膺圖，咸資典學。我聖祖仁皇帝天亶聰明而好古敏求，六十餘年孜孜不倦。朕幼承庭訓，時習簡編，自即位以來，更欲以研經味道之功，為敷政寧人之本。……」

〔註 4〕見《清高宗實錄》卷十七，乾隆元年四月辛卯條。

　　士人以品行爲先，學問以經義爲重。故士之自立也，先道德而後文章；
國家之取士也，黜浮華而崇實學。我朝養士已將百年，漸摩化導，培護甄
陶，所以期望而優異之者，無所不至。爲士者，當思國家待士之重，務爲
端人正士，以樹齊民之坊表。至於學問，必有根柢，方爲實學。治一經，
必深一經之蘊，以此發爲文辭，自然醇正典雅。若因陋就簡，衹記誦陳腐
時文百餘篇，以爲弋取科名之具，則士之學已荒，而士之品已卑矣！是在
各省學臣，諄切提撕，往復訓勉，其有不率教者，即嚴加懲戒，不少寬貸。
至於書藝之外，當令究心經學，以爲明道經世之本。其如何因地制宜，試
以經義，俾士子不徒視爲具文者，在學政酌量行之，務期有益於膠庠，各
省亦不必一轍。我皇祖御纂經書多種，紹前聖之心法，集先儒之大成，已
命各省布政司，敬謹刊刻，聽人印刷，並准坊間翻刻廣行。恐地方大吏，
不能盡心經理，則士子購覓仍屬艱難，不獲誦讀。著督撫、藩司等，善爲
籌畫，將士子應讀之書，多爲印發，以爲國家造士育才之助〔註5〕。

將前朝御纂經書廣爲印發，是清高宗在教育體系中推行崇實之學的基本方法，然而
成效或許有限。爲了不願見育才系統（教育）受到選才系統（科舉）過度的操控或
支配，從而荒殆了士人的學問與品格，於是賦予學政懲處的權力，也同時要求各地
方的教育官員務必秉持「實心實力」的態度「勸學興文」〔註6〕，期望藉育才系統
爲國家造就出學行兼備的人才。而這種教育的理念與期許，也深入於清高宗對書院
制度的干預〔註7〕。弔詭的是，儘管高宗在聖諭中暢論書院教育之宗旨，表示書院

〔註5〕見《清高宗實錄》卷七九，乾隆元年三月辛丑條。
〔註6〕據《清高宗實錄》卷一五五，乾隆六年十一月庚寅條載，清高宗命督撫、學政甄別
　　　教官諭云：「……天下實無不教之民，是以教化興而風俗厚。後世設立教官，專以課
　　　士，已非先王有教無類之意。而近來教職多係衰老庸劣之輩，不但不能以道德禮義
　　　化導齊民，並其課士之職亦不克舉，亦安用此一官爲也。朕御極之初，念其俸薄不
　　　足自瞻，特命增給，乃望其修舉職業，助興教化，非以廩餼爲養老之具，各員亦不
　　　當以司鐸爲養老之官也。著該督撫會同學政，嚴飭所屬教官，務以實心實力，勸學
　　　興文，恪盡課士之責。其有年力衰頹、貪念祿位，及庸劣無能，不稱師儒之席者，
　　　秉公甄別，咨部罷斥。庶訓迪得人，而於造士育才之道，庶幾其有裨益。……」
〔註7〕乾隆元年六月，高宗訓飭直省書院師生，諭：「書院之制，所以導進人材，廣學校所
　　　不及。我世宗憲皇帝，命設之省會，發帑金以資膏火，恩意至渥也。古者鄉學之秀，
　　　始升於國，然其時諸侯之國皆有學。今府州縣學並建，而無遞升之法。國子監雖設
　　　於京師，而道里遼遠，四方之士，不能皆會，則書院即古侯國之學也。居講席者，
　　　固宜老成宿望，而從遊之士，亦必立品勤學，爭自濯磨，俾相觀而善，庶人材成就，
　　　足備朝廷任使，不負教育之意。若僅攻舉業，已爲儒者末務，況藉爲聲氣之資，游
　　　揚之具，內無益於身心，外無補於民物，即降而求文章成名，足希古之立言者，亦
　　　不多得，寧養士之初旨耶？該部即行文各省督撫學政，凡書院之長，必選經明行修，

教育不應淪爲舉業的附庸，並且從教席選聘、學生選取、課程內容、考覈規則、獎勵辦法等種種細節予以控管，也正因爲國家意識形態的強力介入，導致清代書院進入官學化與科舉化的程式之中〔註8〕，喪失了成就其精英性的歷史機遇。而清高宗意欲倡行的崇實精神，在道德價值與利益價值的糾葛下亦銷磨了被實踐貫徹的優勢。因此，科舉控制教育進而扭曲士人心態的制度困境，似乎在乾隆一朝並未得到突破〔註9〕，但清高宗亟思「崇實黜浮」的文教精神卻昭昭可見。

另一方面，在滿族官學的系統之中，有專爲滿族皇室宗室弟子設立的「宗學」，教授清文、漢文與騎射，卻因爲對宗室弟子會否忘卻滿族文化而全然漢化存有疑懼。清世祖曾下令宗學不再教授漢文，專習滿文，後來清高宗也因爲不滿意考試漢文的答卷與翻譯卷，遂於乾隆七年重申祖父禁授漢文的旨意，明令「或有不能學習漢文者，應聽其專精武藝」，不鼓勵滿族宗室弟子因爲學習漢文導致自我身分認定的疏離感或文化傳續的失序。諭云：

> 我朝崇尚本務，原以弓馬清文爲重。而宗室誼屬天潢，尤爲切近。向來宗室子弟俱講究清文，精通騎射，誠恐學習漢文，不免流於漢人浮靡之習。是以世祖章皇帝諭停其習漢字諸書，所以敦本實而黜浮華也。近因雅爾哈善條奏設立宗學，以漢文教習宗室子弟，迄今已歷數年。昨經考試，並無佳卷，即繙譯卷亦屬平常。但既經考試，著宗人府將所取之人照例帶領引見。嗣後宗室子弟或有不能學習漢文者，應聽其專精武藝，其在宗學

足爲多士模範者，以禮聘請。負笈生徒，必擇鄉里秀異，沉潛學問者，肄業其中，其恃才放誕，佻達不羈之士，不得濫入書院中。酌倣朱子白鹿洞規條，立之儀節，以檢束其身心。倣分年讀書法，予之程課，使貫通乎經史，有不率教者，則擯斥勿留。學臣三年任滿，諮訪考覈，如果教術可觀，人材興起，各加獎勵，六年之後，著有成效，奏請酌量議敘。諸生中材器尤異者，准令薦舉一二，以示鼓勵。」見《清高宗實錄》卷二十，乾隆元年六月甲子條。

〔註8〕參考李國鈞主編《中國書院史》（湖南：湖南教育出版社，1994年6月），第五編第十八章〈清代書院的歷史發展〉，頁775～828。馬鏞《中國教育制度通史》第五卷清代上（濟南：山東教育出版社，2000年7月），第一章〈清代的文教政策〉，頁11～28；第五章〈清代的書院教育〉，頁201～210。

〔註9〕《欽定國子監志》卷首載乾隆四年聖諭云：「士爲四民之首，而太學者，教化所先，四方於是觀型焉。比者，聚生徒而教育之，董以師儒，舉古人之成法規條，亦既詳備矣。獨是科名聲利之習，深入人心，積重難返，士子所爲汲汲惶惶者，惟是之求。而未嘗有志於聖賢之道，不知國家以經義取士，使多士由聖賢之言，體聖賢之心，正欲使之爲聖賢之徒，而豈沾沾焉文藝之末哉！……」「大抵近來習制藝只圖速化，而不循正軌，每以經籍束之高閣，即先正名作亦不暇究心，惟取庸陋墨卷，剿襲尋扯，效其浮詞而全無經義。師以是教，弟以是學，舉子以是爲揣摩，試官即以是爲去取。」

肄業者，考試之時，更益加嚴肅。至宗室進身之階，原有襲封世職，又可
揀選侍及護軍參領等缺，與其徒務章句虛文，轉致荒廢本業，不如嫻習武
藝之崇實黜浮，儲為國家有用之器也。

　　其次，尚有為八旗貧民幼童設立的「義學」，教授滿文、滿語與騎射，其目的
不外普及知識並保存本有民族文化。後因廣東道御史兼工部行走閻循琦（？～1775）
上疏言「義學師生曠功廢業」〔註10〕，乾隆二十三年清高宗諭令裁撤八旗義學，但
依舊指示「各官學之大臣官員等，盡心教習清語、騎射，即讀漢書者，亦當務實，
洗去浮華陋習，斷不可有名無實」〔註11〕。若再看一道清高宗對於八旗大臣子弟參
加科考的聖諭，則顯然可見「崇實黜浮」不但是教育宗旨的反映，也使語言成為具
有價值判斷色彩的文化邊界（優越）標誌。乾隆三十年正月諭云：

　　　　前經降旨，八旗三品以上大臣子弟，果有嫻熟國語、練習弓馬者，遇
考試之期，該父兄自行奏明，准其入闈。原因八旗淳樸素風，近來未免沾
染虛浮，豔心詭遇，且從而釣弋其名，淵藪其弊。是以示之節制，俾知崇
實黜華，非概從禁制，遏其進取之途也。乃邇年來，八旗大臣竟無奏請子
弟應試者，未免多生顧慮，因噎廢食。伊等既不潛心力學，而於國語、騎
射又未見專攻嫻習，頓覺出色，自不如兼收並進，猶可為造就之資也。我
國家滿洲世臣，宣力贊政者多，原不藉文章一途，但承平百餘年，滿洲詞
臣，文藻黻飾，亦不可少。大臣子弟中，果能於國語、騎射之外兼習文藝，
在伊等延請師資，擴充聞見，較之寒素之家，成材自易。嗣後所有八旗大
臣子弟，仍准一體考試，無庸奏明請旨。倘伊等仍不以實學就考，如前懷
挾，或進身之後仍蹈虛浮陋習，託名斯文，無裨實用，朕又何難隨時懲治，
俾知所儆惕乎？〔註12〕

　　如果滿族政權對於漢民族的統治策略是期望以文化認同博取政治認同的話，世
祖與高宗又為何先後操弄著這個隱含著衝突意味的議題？也許相較於面對其所統治
的漢族士子與社會，宗學是相對封閉而成分單純的穩定空間，造成衝突的條件容或
銷解。但在一個官學系統中刻意弱化漢文的言說與對話空間，其動機與意義或許即
是一種自覺的文化危機意識及排他性，它驅迫著所謂「征服政權」的統治者不得不
在對漢民族進行文化認同的同時，採取相當程度的保守策略與防衛機制〔註13〕。

〔註10〕見《清朝文獻通考・學校考二》，卷六四，乾隆二十三年。
〔註11〕詳見《清高宗實錄》卷五五七，乾隆二十三年二月甲戌條。
〔註12〕見《清高宗實錄》卷七二六，乾隆三十年正月丁巳條。
〔註13〕參考葉高樹〈清朝前期的文化政策・緒論〉（頁6～11）中論析「征服王朝」理論與「漢

第二節　對科舉現象的檢討

　　滿洲貴族在中原建立政權之後所面臨的挑戰與困境，其中至為艱鉅者，莫過於龐大的遺民群體以「華夷之分」作為情感召喚的頑抗意識，以及鼎革之際整個知識階層滿懷亡國的悲慟對於新政權合理性與合法性的激烈質疑。在此情境之下，倘若既有的社會組織無法調適或負荷這種情感遽變的爆量介入，便可能由上而下從各個階層產生運行的失序甚或其他非理性的發展。為了使清政權順利且穩定接管漢族社會，統治者必須有意識地從制度的承沿與更新，發揮其對社會組織的規範性與普遍性功能〔註14〕。而在諸般社會制度之中，科舉制度所挾帶的儒學典訓及其所包覆的利益欲望，正可以在某種程度上舒導身居「四民之首」的士人階層基於血緣情感與道德倫理所激越的衝突能量，並且確保從中央至於地方行政官僚穩定運作與人才更新的不虞匱乏，成為有效維護國家機器的意識形態控制媒介與工具〔註15〕。因此，清世祖於即位詔書中便明示「文武制科，仍於辰戌丑未年舉行會試，子午卯酉年舉行鄉試」〔註16〕，而後因浙江總督張存仁（？～1652）、大學士范文程（1597～1666）等人的陸續上書〔註17〕，科舉取士機制遂得以自滿清開國之初即重獲啟用。

化」觀點對於清史研究的方法辯證，認為滿清政權儘管接納吸收漢文化質素，卻也在某些方面不願折降固有文化內涵的主體性與優越性。又，作者在第六章〈學習國語，專精騎射：清帝的文化危機意識〉（頁307～353）中搜羅了廣泛而詳盡的文獻，以鋪敘「國語騎射」政策在清代前期的發展脈絡與施行細節，並作出如的結論：「『國語旗射』政策的推行，為滿洲維持民族傳統文化的決心展現，也是強調其與漢族的區隔，以及保持統治優勢的策略。……當成為一種政策，且被長期認真地執行時，其中所代表的意義，不僅是文化的危機意識，更反映出民族存續的危機。」

〔註14〕參考王金凌〈易繫辭三陳九卦的制度理論〉（載於《中山人文學報》，第一期，民國82年4月，頁1～18），以及陸江兵《技術‧理性‧制度與社會發展》（南京：南京大學出版社，2000年6月）。王文指出：「制度的基本性質是規範性和普遍性。規範性的功能是將個體的生命欲望導入秩序，普遍性的功能是將個體納入社會。」（頁16）

〔註15〕清世宗曾指出：「為士者，乃四民之首，一方之望，凡屬編氓，皆尊之奉之，以為讀聖賢之書，列膠庠之選，其所言所行，俱可以為鄉人法則也。……士習不端，民風何由而正？其間關係，甚為重大。……士子人人崇尚品詣，砥礪廉隅，不但自淑其身，而群黎百姓，日聞善言，日觀善行，必共生感發之念。風俗之丕變，庶幾其可望也。」（詳見《清世宗實錄》卷四八，雍正四年九月丁巳條）又，「士子者，百姓所觀瞻。士習不端，民風何由得厚？是以考課士子，設立舉優黜劣之典，以為移風易俗之道，所關亦綦重矣。……」（詳見《清世宗實錄》卷七七，雍正七年正月癸酉條）由此可見，清初的統治君主至少在清世宗的觀念裡，就社會結構的功能性而言，士人階層不僅對上提供官僚隊伍的人才資源，同時對下還具有導正風俗的作用。

〔註16〕詳見《清史稿》卷四〈世祖本紀一〉。

〔註17〕《清史稿》卷二三七〈張存仁傳〉載：「（順治元年）七月，疏言：『近有薙髮之令，

　　由於科舉考試被視作「國家掄才大典」、「爲人才所由出」〔註18〕，而建立與維護此制度的本意乃基於「遴拔眞才以收實用」〔註19〕的功能性目標，以是科舉制度在順治以降百餘年間，經歷了一個不斷完善與嚴謹的增益過程；而促進制度更新的動力之一，便是因應士子舞弊而生的檢討與防制措施。又，科場內外的種種鑽營舞弊計倆，要以「懷挾」（將與考試內容相關的書面資料藏匿於衣物器具中夾帶入場的作弊手段）之弊最爲普遍也最受官方警戒。清高宗繼統之初，即覺察「科場試士時，夾帶文字入闈，乃士子最不堪之劣習，若不嚴行查禁，則荒疎不學之人，多得僥倖入彀，而眞才轉致遺棄，於掄才之典，大有關係」，諭令各監試官員「務將夾帶之弊盡行革除」〔註20〕；乾隆六年三月、六月復先後頒諭內閣，要求相關試務官員就懷挾等弊端嚴加搜檢查拿〔註21〕。乾隆九年舉行鄉試之前，清高宗更透過內閣頒布專諭，先是針對懷挾之弊要求官員「實力稽查，毋得虛應故事」，並訓誡應試士子「亦宜返心自省」；隨後便檢討內簾閱卷官「衡鑒罕能精當」，致使「文風未見振起」，秉此深入闡述考試科目的設置，不論就國家選才的素質標準或就士子自我訓練的準備方向而言，皆以「實用」爲根本。爲求「實學共勉，眞才可得」，責成司文衡者詳閱三場各科答卷，不可偏廢。諭云：

> 夫設科之始，定有經義、論、表、判、策者。經所以考其根柢，論所以試其識見，表所以覘其淹洽，判所以觀其斷制，策所以驗其經濟。事事皆切於士人之實用，而不可偏廢。夫然後明通淹雅之儒，經綸幹濟之士，庶幾出於科目之中，爲國家臂指之用也。……自今以後，司文衡者，務思設立三場之本意，於經義、表、判、策、論，逐一詳加校閱，以定去取，毋得軒輊其間，俾僥倖之徒無從獲售。……如是，則雖未能奏效於旦夕，而數科之後，趨向自定，實學共勉，眞才可得，於國家設科取士之事，庶有裨益矣〔註22〕。

民或假此號召爲逆。若反形既著，重勞大兵，莫若速遣提學，開科取士，下令免積逋，減額賦，使讀書者希仕進，力田者逭追呼，則莫肯相從爲逆矣。』得旨，謂『誠安民急務也』，令新定諸行省皆準恩詔施行。」又卷二三二〈范文程傳〉載：「順治二年，江南既定，文程上疏言：『治天下在得民心，士爲秀民。士心得，則民心得矣。請再行鄉、會試，廣其登進。』從之。」

〔註18〕語出《清世宗實錄》卷一百五，雍正十二年十二月癸亥條；《清高宗實錄》卷二二一，乾隆九年七月己亥條。其實此語亦屢見於清初歷朝君主之上諭中。
〔註19〕見《清高宗實錄》卷二一三，乾隆九年三月丁酉條。
〔註20〕詳見《清高宗實錄》卷八六，乾隆四年二月壬午條。
〔註21〕詳見《清高宗實錄》卷一三九、一四五，乾隆六年三月癸巳條、六月庚戌條。
〔註22〕詳見《清高宗實錄》卷二二一，乾隆九年七月己亥條。

然而，這些帶有警示意味的舉動對考生而言，似乎形同口號具文。同年八月鄉試頭場與二場，高宗均派遣親信大臣前往嚴密稽查，果然搜出懷挾者數十人，再加上兩場中交白卷者、不完卷者、文不對題者以及臨點名時散去者累計數千人〔註23〕，應試場面極其不堪。高宗一則痛斥當時讀書人「喪心無恥，至於此極」，再則因「總不能正己以正士風」（無法施展其作為帝王的領袖特質，在士人階層中樹立一股普遍的崇仰之情並導正士風趨尚）而懊惱震怒，遂先後於八月初九與十六日頒布長篇專諭，仔細檢討此次懷挾弊案連鎖而出的科舉亂象，同時制定更為嚴密的防範與懲治措施。從諭文中可見，清高宗先是以「朝廷之取士，蓋欲用之也。既欲用之，朕安得不重待之」作為嚴懲弊案相關人員與擴大稽查範圍〔註24〕的基本立場，之後又提出「從來為治之道，貴乎核實一切，因循姑息之習，皆當痛除」，昇高到人事行政的理論層次賦予其否決奏請「加科廣額」更進而裁減鄉試中額等從嚴改革制度一個合理的解釋指向〔註25〕。由此可知，以致用為根本、以崇實為標的，是提供乾隆檢討並完善清朝科舉制度的一項重要考量。而乾隆九年對於懷挾之弊的嚴厲稽查與連帶的

〔註23〕 詳見《清高宗實錄》卷二二二、二二三，乾隆九年八月癸丑條、庚申條，並可參考李國榮〈清朝最大的科場夾帶作弊案〉（載於《歷史檔案》，2001年第1期，頁85～89）一文所引工部尚書哈達哈等人奏報清高宗之清單，當中詳細列載八月初八日鄉試頭場懷挾者21人的姓名、籍貫以及挾帶方式。

〔註24〕 乾隆九年八月初九諭云：「查懷挾生員內，同陵泰乃少詹事僎保之子，生員圖敏乃原任禮部郎中穆臣之子。……科場懷挾，原有處分父師之例，茲特申明其令。僎保、穆臣俱著交部嚴加議處。嗣後倘有犯者，將父師一併查究。今年懷挾如許之多，而從前各科，悉皆朦混了事，著將乾隆元年以後監試之御史，除內簾外，俱交部查出議處。至京師如此，則外省情弊不問可知。該撫藩等，專任監臨提調之責，總視為具文，一味姑容，取悅於眾，深負委任。嗣後，著照京師之例，監臨官董率各官，盡心嚴查，務使作弊之人，不得漏網。倘仍蹈舊轍，經朕訪聞，或被科道糾參，或朕差人前往搜出，必將監臨提調等，照令年處分，從前疏防御史之例，一併從重議處。」見《清高宗實錄》卷二二二，乾隆九年八月癸丑條。

〔註25〕 《清高宗實錄》卷二二三，載乾隆九年八月十六日（庚申）諭云：「近者，士風之囂，一至於此，而好諛之人，浮薄之士，尚言國家人文日盛，以冀開恩科廣解額者，往往有之。初不以士習之邪正，文品之醇疵為念，嗣後若有以加科廣額為請者，必加以違制之處分，著為令。至於議減中式之額，則非眾所樂聞。……夫國家旁求俊乂，本欲量能授官，以熙庶績，若一味濫取廣收，如何可得真才實濟？……朱子曾言，取士之流弊已極，不可不一變。以今之士習觀之，種種醜劣之行，既盡已敗露。……蓋愛惜培養者，朕之本懷，而慎重清釐者，政之大體。與其寬登選以啟倖進之門，不如嚴俊造以收得人之實。此朕寓矜惜於整飭之中，曲為調劑，萬不得已之苦衷也。」後來清高宗回應山西布政使多綸奏請暫寬科舉之額，亦以為「若更加濫取，徒啟荒陋者倖進之念，轉使珉玉雜淆，耗主司目力而眩裁鑑。於遴選真才，培養實學之道，實無裨益」，嚴加駁斥，並重申「違道干譽，棄實務名之事，朕所不為」。詳見《清高宗實錄》卷三九九，乾隆十六年九月戊子條。

制度更新，不僅在日後持續厲行並造成廣泛迴響，同時造就了中國科舉制度史上最爲苛細的科場搜查制度。

　　同樣是爲了防弊，清朝將唐宋以來檢驗官員考績升遷的「磨勘」制度移植入科舉制度中，派遣官員於鄉、會試結束後限期內復核試卷（乾隆二十一年以後始磨勘會試卷），藉以防止考官闈後修改試卷，並對考試人才的其他環節進行更爲細膩嚴謹的查核；此即「首嚴弊倖，次檢瑕疵」〔註26〕的基本原則。而磨勘試卷在字句、文體等內容上所逐步制定的檢驗標準與罰則，更是「禁令之密，前所未有」〔註27〕，導致後來糾摘「可疑文句」的程度實遠甚於其「防弊」的初衷。乾隆年間，清高宗有感於磨勘制度行之既久，官員逐漸浮現因循敷衍的僵化態度，便先行整頓其運作風紀並增訂實施規範〔註28〕。之後，再經由審視磨勘試卷所反映出科舉考試某些面相與制度缺失，延伸爲繼起的檢討與改革。首先，是對考試科目的簡化。乾隆二十一年十一月頒諭內閣：

　　　　鄉試磨勘一事，前已有旨，令於下科爲始，將來詳加覆勘，自不致視

〔註26〕據《欽定大清會典事例》（崑岡奉敕撰，臺北：臺灣中文書局，據光緒二十五年刻本景印，民國52年）卷三五八〈禮部・貢舉・磨勘處分〉載，自順治二年開科取士便增益磨勘試卷制度以防弊，並訂定其基本原則爲「首嚴弊倖，次檢瑕疵。此外字句偶疵，念係風檐寸晷，不妨寬貸」。冊12，頁9812。

〔註27〕語出《清史稿》卷一百八〈選舉志・文科〉。據《欽定大清會典事例・禮部・貢舉・磨勘處分》載，順治二年即規定磨勘試卷內容的標準：「前場文以明理會心、不愧先程者爲合式；後場以出經入史、條對詳明者爲合式。……如決裂本題，不遵傳註，引用異教，影合時事，摭入俚言諧語，及小結大結不分明，甚至作全不可解之語，並後場空疏，五策原問十不憶五者，酌量所犯輕重黜条。」順治十五年又補充道：「如有經書文理悖謬，不遵小註，及論內文理悖謬，表、判不合題，策內所對非所問，皆爲文體不正。」至於對出題、圈點閱卷、筆色、彌封、謄錄、印刷……等等環節的規則細目，可以參見《欽定禮部則例》（特登額等奉敕纂，臺北：成文出版社，據清道光年間刊本景印，民國55年）卷九六〈鄉會試磨勘條例〉，頁502～507。

〔註28〕據《欽定大清會典事例・禮部・貢舉・磨勘處分》載乾隆九年諭：「今年磨勘，不得照往年之例。著該部臨時請旨，朕另派官員磨勘。」十年諭：「向來各省鄉試磨勘，不過虛應故事。去年朕特派大臣將覆試卷精加磨勘，而各省主考學政，遂致皆罹条罰。此固若輩平日不肯實心，玩惕成習，罪有應得。」二十一年諭：「向例各省鄉試硃墨卷解送到部，即命翰詹坊局以上，及京堂科道等，公同磨勘，所以愼重科場，稽察弊竇，典至重也。其磨勘諸臣，不過按數按省分派，若不於卷面註明某官某人磨勘字樣，以專責成，則已經夾籤者，尚知爲某人摘出；其未夾籤者，或不過虛應故事。陽博寬厚之名，陰省校閱之煩。而盡心乃事者，轉不無觀望，殊失磨勘本意。著以下科爲始，磨勘硃卷，皆於卷面填寫銜名，俟該部彙卷後，朕別簡人於每束內量取數卷，特交大臣再詳加校勘呈覽。朕仍於此中復行抽閱，如有草率從事者，即交部照例分別議處。則磨勘各官，及特簡大臣之是否詳愼，均難逃朕之洞鑒矣。」冊12，頁9815。

爲具文。惟是三場試藝，篇幅繁多，士子風簷寸晷中，檢點偶疎，輒干指
摘，其以磨勘獲咎者，轉得有所藉口。且設科立法程材，無取繁文虛飾，
令士子論、表、判、策，不過雷同勦說，而閱卷者亦止以書藝爲重，即經
文已不甚留意。衡文取士之謂何，此甚無謂也。……嗣後鄉試第一場，止
試以書文三篇，第二場經文四篇，第三場策五道，其論、表、判，槪行刪
省。至會試，……其第二場經文之外，加試表文一道，……如此，則士子
闈中不得復諉之於日力不給，而主試者亦可從容盡心詳校，無魚目碔砆之
混。……去浮文而求實效，期足稱國家賓興大典〔註29〕。

在應試時間有限以及磨勘試卷份量繁重的壓力之下，導致考生無法盡力發揮所知，
考官亦不得從容盡心鑑別答卷內涵，先前訓令士子與考官「事事皆切於士人之實用」
的考試科目，因而在爲政者眼中沾染了「繁文虛飾」的累贅性質。爲求「去浮文而
求實效」，提昇國家選才的準確度，清高宗降低了科目的負擔並轉向質量的精進。而
原定會試第二場加試的表文，隨後也在講究「核實拔眞」政策指向的導引下，放寬
爲「可易以五言八韻唐律一首」〔註30〕。

其次，是藉磨勘試卷以導正文風。乾隆二十四年十二月頒諭內閣：

前因磨勘順天等省鄉試卷，見其中詞句紕謬不一而足，甚至不成文
義，如飲君心於江海之語，於文風士習深有關係，已降旨宣諭中外，俾衡
文作文者知所儆惕。第念別裁偽體以端風尚，固在考官臨時甄拔公明，而
平時之造就漸摩，使士子皆知崇實黜浮，不墮揣摩撏撦惡習，則學政責任
尤重。……爲學政者，果能以清眞雅正爲宗，一切好尚奇詭之徒無從倖售，
文章自歸醇正。……文字一道，人品心術即於此見端，自應隨時訓勵整頓，
務去佻巧僻澀之澆風，將能爲清眞雅正之文，而其人亦可望爲醇茂端謹之
士。由此賢書釋褐，足備國家任使，斯士子無負科名而學臣亦不負文衡之
任。但不得因有是旨，徒以字句疵纇易爲磨勘指摘，遂專取貌似先正之文，
於傳註無所發明，至相率而歸於空疎淺陋，此又所謂矯枉過正，救弊適以

〔註29〕詳見《清高宗實錄》卷五二六，乾隆二十一年十一月辛丑條。
〔註30〕乾隆二十二年正月復頒諭內閣：「前經降旨，鄉試第二場止試以經文四篇，而會試則
加試表文一道，……今思表文篇幅稍長，難以責之風簷寸晷，而其中一定字面或偶
有錯落，輒干貼例，未免仍費檢點。且時事謝賀，每科所擬不過數題，在淹雅之士，
尚多出於鳳構，而倩代強記以圖僥倖者，更無論矣，究非覈實拔眞之道。嗣後會試
第二場表文，可易以五言八韻唐律一首。……況篇什既簡，司試事者得以從容校閱，
其工拙尤爲易見，……」詳見《清高宗實錄》卷五三一，乾隆二十二年正月庚申條。

滋弊，……〔註31〕。

清高宗將磨勘試卷所查摘出的紕謬或違礙字句歸因於文風士習，而端正士習則有賴地方學政於平時以「崇實黜浮」的價值意向移化士子，並且以「清真雅正」〔註32〕作為衡文取才的準繩與提振文風的宗旨。清高宗也藉此提醒朝臣，不得因磨勘條例繁複而徒選空洞平庸的文章。乾隆二十五年九月復頒諭申明：

> 鄉會磨勘試卷，蓋以防獎實，正文風，所關綦重。……經義之制，原以見理明通、措辭爾雅為正，果能理明詞達，有大醇而無小疵，固稱上選。若其學識才情，大端確有可取，即一二字句失檢，無妨棄瑕採錄。蓋風簷寸晷中，一日技藝，即在學問優通者，亦不能必無疵纇，要不足為全璧之玷也。為考官者，倘意在求免吏議，因而吹求擯棄，轉謂平庸膚淺之文，似是而非，無可指摘，遂至燕石冒玉，魚目混珠，則所云救獎適以滋獎，殊非慎重磨勘本意。……嗣後鄉會典試，諸臣務擇清真雅正、文義兼優之作，為多士準繩，不得因磨勘周詳，反以庸才塞責，更不得因有此旨，遂假口瑕瑜不掩，以致怠忽從事，負朕崇實黜浮至意〔註33〕。

由此可見，清高宗在不算長的時間範圍內兩度頒諭，其旨意訴求相去不遠，卻耗費不少篇幅詳加解釋。這意味著自從苛細的磨勘條例制定並厲行以來，不僅制度運作本身已經出現困境，並且儼然成為朝臣之間徇私鬥爭的一種途徑與手段。正如前所

〔註31〕詳見《清高宗實錄》卷六○二，乾隆二十四年十二月辛巳條。

〔註32〕雍正十年七月頒諭禮部：「制科以四書文取士，所以覘士子實學且利其聲，以鳴國家之盛也。……近科以來，文風亦覺乖變，但士子逞其才氣辭華，不免有冗長浮靡之習。是以特頒諭旨，曉諭考官，所拔之文，務令雅正清真，理法兼備。雖盡幅不拘一律，而支蔓浮誇之言所當屏去。……」此即清高宗所謂「我皇考有清真雅正之訓」（乾隆十年四月諭），並以之為衡選應制時文的唯一標準，反覆諭示臣民。如乾隆十九年諭：「場屋制義，屢以清真雅正為訓。」二十四年諭：「制義一道，代聖賢立言，務在折衷傳註，理明辭達為尚。……俾以清真雅正為宗。」三十年諭：「諸生為文，惟當根柢經史，發揮義理，一以清真雅正為宗，自不致涉筆動多瑕纇。」四十三年諭：「文以明道，當以清真雅正為宗。」四十四年諭：「釐正文體，務以清真雅正為宗。」四十五年諭：「制藝，以清真雅正為主，……必貴理醇法密、辭語精當之作，方足以式多士而正文體。」四十六年諭：「制義，以清真雅正為宗。」至於「清真雅正」的內涵，可以方苞於乾隆元年奉敕纂《欽定四書文》的「凡例」之言為一基本解釋：「文之清真者，惟其理之是而已，……文之古雅者，為其辭之是而已，……而依於理以達其辭者，則存乎氣。氣也者，各稱其資材而視所學之淺深以為充歉者也。欲理之明，必溯源認經而切究乎宋元諸儒之說；於辭之當，必貼合題義而取材於三代兩漢之書；欲氣之昌，必以義理洒濯其心，而沉潛反覆於周秦盛漢唐宋大家之古文。兼是三者，然後能清真古雅而言皆有物。」

〔註33〕詳見《清高宗實錄》卷六二一，乾隆二十五年九月庚午條。

論及，清朝磨勘試卷對於字句、文體的嚴密檢驗及其衍生的政治問題，可謂甚於其防弊的初衷。此一論點實關涉滿清君主面對異文化與異族群的統治觀點及其渴求博取認同的意識表徵，並且直接指向與禁燬書籍、文字獄案、官僚政治文化等相鏈鎖的歷史脈絡。清高宗總不能以赤裸的政治意圖示人，他被驅迫著將這些具有侵略性的政治語言安置於受種種制度、標語障蔽的幽暗角隅。從這個角度來看，「清眞雅正」粉飾了文字檢查的強烈懲戒性格，而「崇實黜浮」則舒緩了威權壓制所可能漫衍的恐懼與排斥心態。

清朝選才任官體系中層級最高的考試，則繫於由皇帝親自主持的殿廷考試〔註34〕。面對這些通過嚴密的篩選與考驗之後，準備正式進入行政官僚隊伍的新科進士群，最後的對策審覈、等第較議與官職排定，不但直接影響行政官僚的生態結構，也象徵著皇權對官僚系統的絕對支配力量。清高宗基於鞏固政權，「不能無望於賢才之助」〔註35〕的政治處境，更無由自外於歷來統治者重視殿廷考試以「虛懷詳愼，一秉至公」〔註36〕的心態傳統，本著「欲令士敦實學，明體達用，以勸相我國家」〔註37〕的策問立場，在制度維護、對策內容以及弊端糾偏等方面均先後頒布了以「務實」爲核心的諭令。乾隆四年三月二十一日，先是頒諭嚴禁新科進士於殿試之前撰擬頌聯呈送讀卷官，亦明令大臣「精白乃心，絕請託之私，爲國家培正材」〔註38〕。然而，士子之所以熱衷「從事於請託奔競」，應與殿試對策的內容體式與殿廷考試的審查結構有直接關係，意欲革除預擬請託之弊，當自破除對策內容的既定規制作根本的制度修正，藉以銷解士子與讀卷官之間由之建立的勾連介面。因此，隨後在三月二十九日復頒諭內閣：

> 向來殿試策中俱用頌聯，以致士子得以豫先撰擬，致滋弊端。況士子
> 進身之始，而即習爲獻諛之辭，尤非導之以正。古人對策中，無此體裁也。

〔註34〕清代由皇帝親試的殿廷考試，一爲「殿試」，一爲「朝考」。前者爲對會試中式者排定名次的考試；後者爲殿試排名之後選拔庶吉士（明清兩代對於高級官員的職前培訓階段。可參考吳仁安〈明清庶吉士制度述論〉，載於《史林》1997年第4期，頁33～39）與任命官職的考試。「廷試」則作爲上述殿廷考試之泛稱，然非正規的制度性措辭（可參考李世愉〈釋廷試〉一文，收入《清代科舉制度考辯》，北京：中央廣播電視大學出版社，1999年11月，頁1～10）。因此，本文不以「殿試」或「廷試」指代一切在殿廷內舉行的考試，惟以下所徵引各道上諭所言「廷試」或「殿試」，大多屬於會試中式後由皇帝親試對策以定等第的殿廷考試。

〔註35〕詳見《清高宗實錄》卷十六，乾隆元年四月丙寅條。

〔註36〕見《欽定大清會典事例》卷三六一〈禮部・貢舉・殿試〉載順治元年旨，頁9844。

〔註37〕同註35。

〔註38〕詳見《清高宗實錄》卷八九，乾隆四年三月丁卯條。

　　今當殿試之期，朕親製策問之題，不拘舊式，以免諸生豫先撰摩。諸生策
　　內不許用四六頌聯，但取文理明通、敷陳切當，不必泥於成格、限於字數。
　　此次試期已近，倘有不畫一之處，亦不以此爲去取，臨期有告病託故不到
　　者，著禮部奏聞。將來如何酌定欵式，著大學士九卿會議具奏〔註39〕。

清高宗此諭禁止了殿試對策的舊（陋）習，也重新調整讀卷諸臣較議等第、爲國舉
才的衡準，朝廷乃據此要求各省學臣曉諭士子「當取歷朝流傳誦習之文，奉爲成式」，
「服習既久，規矩在心，對策時自必斐然可觀」〔註40〕。儘管統治者已作出如是的
省察並責成制度本身的更新與完備，但容納制度運作與執行的環境條件卻未能諧和
以輔成，意即道德的自律與制度的他律在科舉的對話場域中欠缺相互平衡、調適的
基礎，而這種欠缺又根源於規範與個體欲望的衝突；由這種衝突所導致制度功能的
減縮或障蔽，到後來遂成爲對清高宗倡議「敦尚實學」理念的衝擊。於是，清高宗
於乾隆三十六年四月頒諭內閣：

　　前因殿試對策，貢士等多用頌聯，甚非先資拜獻之道，屢經降旨飭禁。
　　今日讀卷諸臣，將擬定十卷進呈，閱其文詞，仍未免頌多規少，其間且有
　　語涉瑞應者，朕意深爲不取。夫文章華實不同，即關係士習淳漓之辨。貢
　　士等進身伊始，若徒搯膚辭習爲諛頌，豈敦尚實學本意？現就各卷中，
　　擇其立言稍知體段，不至過事鋪張者，拔列前茅。其措詞近浮及引用字句
　　失當之卷，酌量抑置，以昭激勸〔註41〕。

　　在諭令飭禁頌聯、淳化士習以黜抑浮辭、敦尚實學之前，清高宗早已注意殿試
制策內容對於士子學問涵養暨其用世傾向的審鑑，當以務實心態力求準確，以備人
主採擇施行，而不是以文辭或字跡作爲選拔人才的塞責行徑〔註42〕。由此，可以更
進一步帶出清朝殿廷考試「閱卷者偏重楷法，乃置文字而不問」〔註43〕的流弊，以

〔註39〕見《清高宗實錄》卷八九，乾隆四年三月乙亥條。
〔註40〕詳見《欽定大清會典事例》卷三六一〈禮部・貢舉・殿試〉，頁9849。
〔註41〕見《清高宗實錄》卷八八三，乾隆三十六年四月甲午條。
〔註42〕乾隆七年曾諭：「今科殿試制策內，『羨餘』一條，係時事中之切要者，讀卷官務須留
　　　　心閱看，以覘士子平素之學問經濟，不得僅以文理通暢、字畫端楷，遽列前茅。如
　　　　果能確有所見，愷切敷陳，可備採擇者，朕將見諸施行，即字畫不甚工緻，亦應拔
　　　　取進呈，以備親覽。」見《清高宗實錄》卷一六四，乾隆七年四月壬辰條。
〔註43〕詳見《清稗類鈔・考試類・朝考殿試重楷法》（徐珂編撰，北京：中華書局，1996年6
　　　　月，冊二，頁678）。雖據載「此之流毒，實道光時大學士曹振鏞種之」，然自康熙至
　　　　於道光各朝，皆可見皇帝以文字書法升降進士等第的實例，遂日漸染浸臣僚士習而
　　　　塑成風趨。唯乾隆時由高宗主動頒諭糾偏，儘管有改革的堅決意念卻苦無彰顯或延
　　　　續其成效的內在動力。可參考李國榮〈清代殿試抑文重字之弊〉，載於《歷史檔案》，
　　　　1998年第2期，頁130～131+136。

及清高宗對於這種偏差取向的省察與導正措施。乾隆二十五年，有感於「向來讀卷諸臣率多偏重書法，而於策文則惟取其中無疵纇不礙充選而已」的閱卷缺失，實有悖於殿廷考試「欲得明體達用、文義醇茂之卷，拔置上第，以備他日之用」的原始立意，遂明確提出「對策自重於書法」的觀念加以糾偏，認為「如果文義醇茂，字畫端楷，自屬文字兼優，固為及格之選。若其人繕錄不能甚工，字在丙而文在甲者，以視文字均屬乙等可以調停入彀之人，自當使之出一頭地」〔註44〕。高宗此諭具有扭轉陋習的針對性，同時將觀照視野擴及所可能牽連的考選弊端，可見其致力「肅清衡校」的改革意念。而究其精神旨歸，則仍然根柢於高宗冀求「名實俱副」的「崇實」本心。不過，若從廣闊的歷史脈絡與長期的施政成效加以檢視，其真知灼見誠然值得肯定，卻也令人不得不惋惜於陳腐的封閉觀念與官僚習氣所醞釀的行政困境。

第三節　對經筵講論的期許

　　若以上「揭示教育宗旨」與「檢討科舉現象」可以視為清高宗「崇實黜浮」之文教精神反映且支配政策運作的具體面相，那麼對於「經筵講論」〔註45〕典禮的尊崇與期許，即是此種精神蘊生的基底；經筵講論提供了執政者修整、潤飾其文治措施的精神內核，以及形塑、彰顯官方學術好尚的內在取徑〔註46〕，同時也是建構與體現整套尊經論述的技術環節之一。

　　清高宗在服喪三年期滿除服之前，不得舉辦經筵典禮，期間他採納了畢誼的建議，以類似「日講」的方式，命翰林詹事諸臣繕進經史奏議〔註47〕。在此嘗試揣摩

〔註44〕詳見《清高宗實錄》卷六一二，乾隆二十五年五月辛亥條。

〔註45〕關於講筵典禮的體制淵源與實行內容，可參考劉家駒〈經筵日講——康熙皇帝青年時期所受的公開教育〉（載於《東吳文史學報》第10期，民國81年3月，頁109～143）、宋秉仁〈明代的經筵日講〉（載於《史耘》第2期，民國85年9月，頁41～66）及其〈清代前期翰林院體制與儒生官僚格局〉（臺北：臺灣師範大學歷史研究所博士論文，民國90年6月）第四章「典禮」第一節「講筵」，頁173～191。此處不再考述。

〔註46〕參考陳祖武〈從經筵講論看乾隆時期的朱子學〉（收入楊儒賓主編《朱子學的開展——東亞篇》，臺北：漢學研究中心，民國91年6月），頁107～123。一文中指出：「在清高宗的心目之中，經筵講學斷非虛應故事。儘管誠如他之所見，『帝王之學與儒者終異』，因而對於其經筵講論，我們就不當如同學者論學般地去評判其是非。然而他在經筵講壇上的講論，實無異朝廷學術好尚的宣示。惟其如此，其影響又絕非任何學者之論學可以比擬。」（頁107～123）

〔註47〕據《清高宗實錄》卷三九，乾隆二年三月戊申條載：「兵科掌印給事中畢誼奏請，特敕史臣，取經史諸書及古來奏議，不論卷帙，亦無拘忌諱，日派二人，各寫數幅進呈。伏乞聽政之餘，必賜披覽。」

畢誼奏請的動機，或許即如順治年間大里寺少卿霍達（？～1661）上書促請世祖施行日講之初衷，是企盼君主能藉日講之陶鍊而「精思而明辨之，躬體而力行之。不徒以章句之文空費精神，不徒以繙閱之勤虛擲歲月。則學有實用，於以追蹤二帝三王，坐致太平有餘裕矣」〔註48〕。至於清高宗應允畢誼奏請的原因，他自我歸納爲兩種功能性收益的綜合促成：一則「在朕廣挹群言，可以因事監觀，隨時觸發」；再則「覽諸臣所進，亦可考驗其學識。或招見講論，則性資心術，並因此可覘」〔註49〕。爲政者監觀觸發與課試群臣學識心性的雙重考量，亦可謂呼應了「學有實用」的講論要旨。隨後，清高宗即頒諭條述繕進經史的準則要領：

> 朕命翰林詹事、科道諸臣，錄呈經史，本欲以明義理之指歸，審設施之體要。所望切實敷陳，昌言不諱。如大易否泰剝復之幾，尚書危微治忽之旨，風雅正變美刺之殊，春秋褒貶是非之實。與夫歷朝史鑑，興衰理亂所由，人材之進退，民生之疾苦，鑒往古以儆無虞，善爲法而惡爲戒。庶批覽之下，近之有助於正心誠意，推之有益於國是民生。涑水通鑑之編，西山衍義之輯，政治所資，前規具在。若有避諱之心，言得不言失，言治不言亂，則非所謂竭忱納誨之道矣。朕於六經諸史，誦覽研窮，再三熟復。義理之精妙，固樂於探求，怠荒之覆轍，亦時懍凜於炯鑒。諸臣各就意見所及，毋專取吉祥頌美之語。論理必極其周詳，論事必極其切當，務裨實用，勿尚膚詞。朕虛心採納，於諸臣章奏，尚屢降諭旨，令勿拘忌諱，況經傳之舊文，載籍之往事，更復何所避忌。若以避忌爲恭敬，是大謬古人獻替之義，亦且不知朕兼聽並觀之虛懷矣〔註50〕。

此論分別揭示了帝王以「明體達用」而允行繕進經史奏議的基本立場、諸臣取材繕進的範圍與原則、建基於歷史傳統的價值意義、君臣互動之間可能或既存的干擾因素、帝王個人的研求好尙與納言襟懷，以及此項研習儀式背後所從屬的積極訴求——「勿拘忌憚」、「務裨實用」。可以見出，清高宗在初繼大統、經筵未御之時，對繕進經史奏議的格外重視與深切期許之意態。

　　乾隆三年正月，清高宗始舉經筵，即刻指出帝王統馭天下的政治格局，乃是憑據聖賢經典所蘊涵、傳承的文化精神〔註51〕。而統治者必須將經典置放在崇隆的典

〔註48〕詳見《清世祖實錄》卷八八，順治十二年正月壬子條。唯此處引文乃根據中央研究院歷史語言研究所建置之「內閣大庫檔案全文影像檢索系統」檢索而得，故與《實錄》所載稍有出入。

〔註49〕見《清高宗實錄》卷三九，乾隆二年三月戊申條。

〔註50〕見《清高宗實錄》卷五八，乾隆二年十二月戊戌條。

〔註51〕乾隆三年正月頒諭禮部：「朕惟四子六經，乃群聖傳心之要典，帝王馭世之鴻模。君

禮儀式運行軌度中，宣講經義、彰顯經旨，一方面藉以深廣個人的學養識見，再則由此文化認同的取徑鋪展出撐持政體免於墜亂的社會秩序基礎，才能夠進一步建構或提昇於「心傳」的對話關係與層次，並且承受文化經典（道統）對於政權（治統）的命名，卒將詮解經典的發言權與政治勢力的私有權總納於「皇權」的支配之下〔註52〕。秉此，則蘊含於經筵典儀而又回饋於帝王聖學的，即是一種「崇實黜浮」的精神意向。基於崇實精神的灌注以及經筵講論在體制與意義上的特殊性，經筵講官若一仍平時官僚對上忌諱敬避與迎逢諛頌的言說姿態，反而有悖於設立經筵之初旨。故乾隆五年高宗面諭講官：

> 經筵之設，原欲敷宣經旨，以獻箴規。朕觀近日所進講章，其間頌揚之辭多，而箴規之義少，殊非責難陳善，君臣咨儆一堂之意。蓋人君臨御天下，敷政寧人，豈能毫無闕失？正賴以古證今，獻可替否，庶收經筵進講之益。若頌美過甚，不能實踐躬行，反滋朕心之愧。此後務愷切敷陳，期有裨於政治學問，勿尚鋪張溢美之虛文，而無當於稽古典學之實義〔註53〕。

又，幾乎在同一時段，高宗覺察出與經筵講論並行的繕進經史奏議之制，從翰林諸臣條舉經史的內容反映了理學日益衰頹的跡象。儘管高宗以「實學」、「實功」的價值意義激勸學者「研精宋儒之書」、究心理學〔註54〕，然而成效不彰。至乾隆十四年於進呈經史講義中「所稱洞達天人、發明道奧者，亦殊不概見」，且「此制已行之十餘載，漸成故套」〔註55〕，遂停止進呈經史。由此可見清高宗對於學術風向的體探甚為敏銳，而理學在清初所受到的重視與提倡，實際上是作為一種意識形態化的道德規範加以操弄、傳播，本身不具有學術意味〔註56〕。在政治權力獲得鞏固、倫理秩序獲得重建之後，「以經學為首重」仍然是喚醒學術主流的文教方針。因此，從繕進經史奏議覺察理學之不振，到後來如陳祖武所指出藉經筵以專意立異朱子、崇

天下者，將欲以優入聖域，茂登上理，舍是無由。我皇祖聖祖仁皇帝、皇考世宗憲皇帝，時御講筵，精研至道，聖德光被，比隆唐虞。朕夙承庭訓，典學惟維殷，御極以來，勤思治要，已命翰林科道諸臣，繕進經史，格言正論，無日不陳於前。特以亮陰之中，經筵未御。茲既即吉，亟宜舉行，所有典禮，爾部其諏日具儀以聞。」見《清高宗實錄》卷六十，乾隆三年正月癸亥條。

〔註52〕 參考黃進興〈清初政權意識形態之研究：政治化的「道統觀」〉，載於《中央研究院歷史語言研究所集刊》第58本第1分，民國76年3月，頁105～131。
〔註53〕 見《清高宗實錄》卷一二五，乾隆五年八月甲寅條。
〔註54〕 詳見《清高宗實錄》卷一二八，乾隆五年十月己酉條。
〔註55〕 詳見《清高宗實錄》卷三三二，乾隆十四年正月甲寅條。
〔註56〕 參考高翔〈論清初理學的政治影響〉，載於《清史研究》1993年第3期，頁66～73。

獎經學，約略可以敷陳前述經筵講論提供執政者修飾其文治措施的精神內核，以及形塑彰顯官方學術好尚的內在取徑。甚至不僅止於宣告官方學術好尚，更進一步是為了樹立皇帝個人的學術權威〔註 57〕，令漢族學者普遍服膺於滿族帝王之學養德範，然後可以逐漸推向共同文化或學術進展的集體認同。

　　綜合上述，乾隆朝對於經筵講論的尊崇與期許，在輔成文教精神與實際措施之各層面，的確統整了政治的、文化的以及文化發展的多方考量。而貫徹於文教政策諸端的崇實精神，是否也在纂修《四庫全書》此一具有高度學術指標意義的文化工程中透露出確然可稽的思想紋理？其滲入的層面與復返的徵狀乃至於有意識的操作程序，又可透過何種讀解策略以體探其旨趣？本文以下即嘗試進行如是的討論。

〔註57〕如清高宗回應御史吉夢熊奏請經筵事宜，其中一項指示為：「現在自頒發正史之外，於通鑑一書，特飭儒臣分條修輯彙冊，陸續進呈。朕精研訂正，凡中有所見，必親加評騭，務期理明事覈，以成善本。」詳見《清高宗實錄》卷六百五，乾隆二十五年正月乙亥條。並參考陳祖武〈從經筵講論看乾隆時期的朱子學〉。

第四章 《四庫全書總目》經史二部的著錄取向

　　中國古代的圖籍目錄及其匯聚而成的目錄之學，所以能蘊藏豐富的學術內涵暨理論脈絡，其一即由於目錄編撰在發展之初，便已經確立了「篇目」、「敘錄」、「小序」等體制，從而賦予目錄之學實致用於「辨章學術，考鏡源流」〔註 1〕的學術面貌與內涵特色，與後來圖書館之分類編目有助於典藏檢閱的實用取向有其根本差異。《四庫全書總目》之纂修遠紹中國目錄學傳統，兼備四部總序、部類小序以及案語，展示了清高宗暨四庫館臣立足於各類學術知識發展累積圓熟復值文教昌盛的歷史下游而意欲總結論定之的鴻圖。余嘉錫稱之實為「體大思精之作」，即本於此〔註2〕。故《總目》卷首三〈凡例〉稱：

> 四部之首，各冠以總序，撮述其源流正變，以挈綱領。四十三類之首，
> 亦各冠以小序，詳述其分併改隸，以析條目。如其義有未盡，例有未該，
> 則或於子目之末，或於本條之下，附註案語，以明通變之由。

可見《總目》的各部總序、類序及案語，其設置宗旨在於宏觀鳥瞰古代學術發展的淵源轉衍、主流旁枝，以及微觀闡釋各知識部類之間分合更革的歸屬理論；其在諸

〔註 1〕章學誠《校讎通義》序云：「校讎之義，蓋自劉向父子。部次條別，將以辨章學術，考鏡源流，非深明於道術精微、群言得失之故者，不足與此。後世部次甲乙，紀錄經史者，代有其人。而求能推闡大義，條別學術異同，使人由委溯源，以想見於墳籍之初者，千百之中不十一焉。」

〔註 2〕余嘉錫《目錄學發微》卷二〈目錄書體制三・小序〉云：「至清修《四庫提要》，然後取法班（固）、魏（徵），尋千載之墜緒，舉而復之。既有總序，又有小序，復有案語。雖其間論辨考證皆不能無誤，然不可謂非體大思精之作也。……自是以後，諸家目錄，能述作者之意者，雖不可云絕無，至於每類皆為之序，於以辨章學術，考鏡源流者，實不多見。……蓋目錄之書莫難於敘錄，而小序則尤難之難者。」收入《余嘉錫說文獻學》（上海：上海古籍出版社，2001 年 3 月），頁 62。

書提要之外儼然可以自成系統，作為一部精要的中國古代學術發展史綱。然而這一套小序系統的作用，自不僅止於辨章學術之源流得失，當然也內含了纂修《四庫全書》的著錄準則，從而再現這一批為朝廷御用的學術精英的治學風格、群體取向與統治者的學術好尚。秉此，藉由對此小序系統的內容理解，不僅可以掌握四庫館臣面對浩瀚群籍施以「嚴為去取」〔註3〕的著錄標準與審慎態度，同時能夠初步勾勒出《總目》思想內涵、傾向的綱領與指標。

第一節　經部小序系統所標舉的著錄準則

　　經典的確立，乃是從屬於某一群體之文化邊界的塑成及其文明得以因而開展的重要指標；而訓解與詮釋經典的經學論述脈絡，則供給維繫文明進程的內在凝聚力與驅動能量。中國古代在儒家學派成立之前，中原各國便已將《詩》、《書》、《禮》、《樂》等視作教育貴族子弟與指引為政方針的重要典籍〔註4〕，而自漢武帝「罷黜百家，表彰六經」〔註5〕且董仲舒（176BC～104BC）撰《春秋繁露》為儒家學說重建其理論框架以後，經典於是成為奠定政治意識形態的直接與根本來源，綿延不絕且日益深廣的經學論述則因應歷史情境的需要鋪展出切合當時的秩序規範（禮儀制度），在不同時代與人文變數的交互激盪中建構起可供操作並能指引國家發展願景的策略張本，具體實現儒家經學積極入世的經世實用傾向。因此，自從劉歆（50BC～23）編訂國家藏書分類目錄《七略》列「六藝略」居群書之首尹始，經部書籍在目錄學系統中便向來處於優先而穩定的地位〔註6〕。而《總目》一秉清初崇儒重道、

〔註3〕詳見《總目》卷首三〈凡例〉稱：「前代藏書，率無簡擇，蕭蘭並擷，珉玉雜陳，殊未協別裁之義。今詔求古籍，特創新規，一一辨厥妍媸，嚴為去取。其上者悉登編錄，固致遺珠；其次者亦長短兼臚，見瑕瑜之不掩。其有言非立訓，義或違經，則附載其名，兼匡厥繆。至於尋常著述，未越群流，雖咨譽之咸無，就流傳之已久，準諸家著錄之例，亦併存其目，以備考核。等差有別，旌別兼施，自有典籍以來，無如斯之博且精矣。」

〔註4〕參考張啟成〈對六經為儒家經典說的再思考——兼論六經的其它問題〉，載於《貴州大學學報（社會科學版）》第18卷第5期，2000年9月，頁74～78。

〔註5〕《漢書》卷六〈武帝紀〉贊曰：「漢承百王之弊，高祖撥亂反正，文景務在養民，至于稽古禮文之事，猶多闕焉。孝武初立，卓然罷黜百家，表章六經。遂疇咨海內，舉其俊茂，與之立功。興太學，修郊祀，改正朔，定曆數，協音律，作詩樂，建封禪，禮百神，紹周後，號令文章，煥焉可述。後嗣得遵洪業，而有三代之風。如武帝之雄材大略，不改文景之恭儉以濟斯民，雖詩書所稱何有加焉！」

〔註6〕據《漢書》卷三六〈楚元王傳〉附〈劉歆傳〉載：「復領五經，卒父前業。歆乃集六藝群書，種別為七略。語在藝文志。」今據《漢書・藝文志》所載可知「六藝略」

獎尚經學的基本國策與文教方針，面對經部群籍的評議與去取向來繫乎國家政治意識形態之塑成與文化道統的正當承繼，四庫館臣即申明其在經部「所錄者率以考證精核、論辯明確為主，庶幾可以謝彼虛談、敦茲實學」〔註7〕，意欲「闢其異說，黜彼空言，庶讀者知致遠經方，務求為有用之學」〔註8〕的著錄規範與學術指向，藉之羅織起論旨嚴明且規模恢弘的經學批評場域。

自魏晉以來，學者即有尊奉經典為「恒久之至道，不刊之鴻教」〔註9〕的體認，而與《四庫全書》之纂修關係極密切的紀昀（1724～1805），亦指出「聖人之志，藉經以存；儒者之學，研經為本」〔註10〕的從屬區別。秉此，〈經部總序〉首先釐清了《總目》建構經學批評內涵的依據對象，乃是立基於歷代流傳累積的經說、經解文獻而非經典本身的經義探求，所謂「經稟聖裁，垂型萬世，刪定之旨，如日中天，無所容其贊述。所論次者，詁經之說而已」，表明四庫館臣對經典的絕對尊崇以及《總目》側重於凸顯從體探歷代研經內涵的演變進而洞悉經學思潮遷移得失的學術史觀。〈總序〉的表述重點不僅在於提點自漢迄清經學論述「學凡六變」的升降脈絡，

即包括易、書、詩、禮、樂、春秋、論語、孝經、小學等儒家基礎經典。魏晉南北朝時，晉秘書監荀勗根據魏秘書郎鄭默《中經》編撰《中經新簿》，以甲乙丙丁四部總括群書，其中「甲部」便是「紀六藝、小學等書」（見《隋書》卷三二〈經籍志·經籍一·序〉）；東晉李充修《晉元帝四部書目》，定五經入「甲部」；劉宋王儉撰《七志》，將《七略》的「六藝略」改為「經典志」；梁阮孝緒撰《七錄》，則列「經典錄」為首。自《隋書·經籍志》正式確立經部、史部、子部、集部的四部分類名稱與次序以後，公私書目率皆循此定則。

〔註7〕《總目》卷首三〈凡例〉云：「劉勰有言：『意翻空而易奇，詞徵實而難巧。』儒者說經論史，其理亦然。故說經主於明義理，然不得其文字之訓詁，則義理何自而推？論史主於示褒貶，然不得其事跡之本末，則褒貶何據而定？如成風為魯僖公之母，明載《左傳》，而趙鵬飛《春秋經筌》謂不知為莊公之妾為僖公之妾。是不知其人之名分，可定其禮之得失乎？劉子翼入唐為著作郎宏文館直學士，明載《唐書·劉禕之傳》，而《朱子通鑑綱目》書『貞觀元年，徵隋秘書劉子翼不至』，尹起莘《發明》稱『特書隋官以美之，與陶潛稱晉一例』。是未知其人之始終，可定其品之賢否乎？今所錄者率以考證精核、論辯明確為主，庶幾可以謝彼虛談、敦茲實學。」
〔註8〕《總目》卷首三〈凡例〉云：「聖賢之學，主於明體以達用，凡不可見諸實事者，皆屬卮言。儒生著書，務為高論，陰陽太極，累牘連篇，斯已不切人事矣。至於論九河則欲修禹跡，考六典則欲復周官，封建井田，動稱三代，而不揆時勢之不可行。至黃諫之流，欲使天下筆札皆改篆體；顧炎武之流，欲使天下言語皆作古音，迂謬抑更甚焉。又如明之曲士，人喜言兵，《二麓正議》欲掘坑藏錐以刺敵，《武備新書》欲雕木為虎以臨陣，陳禹謨至欲使九邊將士人人皆讀《左傳》。凡斯之類，並闢其異說，黜彼空言，庶讀者知致遠經方，務求為有用之學。」
〔註9〕語出劉勰《文心雕龍》卷一〈宗經〉篇。
〔註10〕詳見孫致中等校點《紀曉嵐文集》（石家莊市：河北教育出版社，1995年）卷八〈詩序補義序〉，冊一，頁156。

更致力於強化清初以來學者研經「徵實不誣」的內涵特色，以彰顯當代學術足堪超邁前朝論經之諸般侷限而獨承漢儒「篤實謹嚴」的治學家法〔註11〕，卻也表明對於此種務實學風或有涉於「一字音訓，動辨數百言」之類繁瑣餖飣流弊的反對立場。此外，四庫館臣有意識地將二千年以來推進經學歷史不斷向前開展的思潮波動，概以「漢學」、「宋學」相互爭勝的消長起伏統括其勢，同時較析兩種學術傳統的特徵與短長。其論曰：

> 要其歸宿，則不過漢學、宋學兩家互為勝負。夫漢學具有根柢，講學者以淺陋輕之，不足服漢儒也；宋學具有精微，讀書者以空疎薄之，亦不足服宋儒也。消融門戶之見，而各取所長，則私心袪而公理出，公理出而經義明矣。

〈總序〉之用心，或許意欲藉助此「整體清晰、細節模糊」〔註12〕的籠統劃界，輾轉反映當時學風在朝向「實事求是」面相偏轉的同時，研經者或企求融訓詁與義理之學於一爐的過度景況〔註13〕。至於所謂「消融門戶之見」云云的倡議，則一方面間接勾勒出十八世紀中葉以後「漢宋兼采」、多元並存的學術格局，另一方面則隱藏了以漢學家為大宗的四庫館臣既定的學術好尚。這種揚漢抑宋的內在性格，也為《四庫全書》之纂修鋪墊了確立「考據重於義理」此一圖書著錄與學術評價準則的思想內涵與價值取向〔註14〕。

在〈總序〉揭示的基調之下，《四庫全書》對經部書籍的著錄便標榜著「參稽眾說，務取持平，各明去取之故」的表相態度與立場，將經部分為「易」、「書」、「詩」、

〔註11〕《總目》卷一〈經部總敘〉云：「自漢京以後，垂二千年，儒者沿波，學凡六變：其初專門授受，遞稟師承，非惟詁訓相傳，莫敢同異，即篇章字句，亦恪守所聞，其學篤實謹嚴，及其獘也拘。王弼、王肅，稍持異議，流風所扇，或信或疑，越孔、賈、啖、趙，以及北宋孫復、劉敞等，各自論說，不相統攝，及其獘也雜。洛、閩繼起，道學大昌，擺落漢、唐，獨研義理，凡經師舊說，俱排斥以為不足信。其學務別是非，及其獘也悍。學脈旁分，攀緣日眾，驅除異己，務定一尊，自宋末以逮明初，其學見異不遷，及其獘也黨。主持太過，勢有所偏，才辨聰明，激而橫決，自明正德、嘉靖以後，其學各抒心得，及其獘也肆。空談臆斷，考證必疎，於是博雅之儒，引古義以抵其隙，國初諸家，其學徵實不誣，及其獘也瑣。」

〔註12〕參考周積明《文化視野下的四庫全書總目》第四章第二節論《總目》的經學批評。頁121。

〔註13〕《清史稿》卷四百八十〈儒林傳〉序云：「清興，崇宋學之性道，而以漢儒經義實之。御纂諸經，兼收歷代之說；四庫館開，風氣益精博矣。」而清高宗也曾經表示：「典章制度，漢唐諸儒有所傳述考據，固不可廢，而經術之精微，必得宋儒參考而闡發之。」詳見《清高宗實錄》卷一二八，乾隆五年十月己酉條。

〔註14〕參考漆永祥《乾嘉考據學研究》（北京：中國社會科學出版社，1998年12月），第二章〈乾嘉考據學成因(下)〉第二節〈乾嘉時期的文化政策〉，頁65～66。

「禮」、「春秋」、「孝經」、「五經總義」、「四書」、「樂」、「小學」等十類。若將各類類序與案語作一綜合考察，則能更進一步發掘四庫館臣對於經部各類專門學術的內涵定位以及實際操作去取書籍的總體趨向。以下，謹就「切人事」、「崇實用」、「尊漢學」、「重徵實」、「通經義」等五方面略加歸納述論之一。

其一，就「切人事」一端而言。《總目》提出經典的生成乃是根植於古代人們生活行爲所關涉的各種事物面相，因爲深切於人文日用然後可以作爲推行教化以維繫倫理的規範，誠所謂「聖人立教，隨時寓義，初不遺於一事一物」〔註15〕。故〈易類序〉云：

> 聖人覺世牖民，大抵因事以寓教：《詩》寓於風謠，《禮》寓於節文，《尚書》、《春秋》寓於史，而《易》則寓於卜筮。故《易》之爲書，推天道以明人事者也。

正由於《易》是一個富於變化的符號系統，如〈易類序〉所言「《易》道廣大，無所不包，旁及天文、地理、樂律、兵法、韻學、算術，以逮方外之爐火，皆可援《易》以爲說，而好異者又援以入《易》，故《易》說愈繁」，不論在說解的歷史長流中投注凝聚了多麼豐沛繁雜的歷史經驗、道德感悟、科學知識乃至於天人智慧，《易》仍然是以人事作爲義蘊開展的根柢。至於易學在推移變化的過程中出現了如京房（77BC～37BC）、焦延壽等人以陰陽災變之義附會經文〔註16〕，又如陳摶（？～989）、邵雍（1011～1077）等人作圖說以「務窮造化」，《總目》皆以其「不切於民用」（〈易類序〉）、「不甚近於人事」（〈易類案〉）加以批評，他們的著作更不在著錄

〔註15〕詳見《總目》卷九，經部易類存目三，《先天易貫》（清·劉元龍撰）提要云：「……其謂《易》不爲卜筮而作，所言似高而實不然。夫聖人立教，隨時寓義，初不遺於一事一物。三代以上，無鄙棄一切、空談理氣之學問也。故《詩》之教，理性情、明勸戒，其道至大，而謂《詩》非樂則不可。《春秋》之教，存天理、明王政，其道亦至大，而謂《春秋》非史則不可。聖人準天道以明人事，乃作《易》以牖民。理無跡，寓以象，象無定，準以數，數至博而不可紀，求其端於卜筮，而吉凶、悔吝、進退、存亡於是見之，用以垂訓示戒。曰著曰龜，經有明文；曰揲曰扐，傳亦有成法，豈取盡性至命之書而褻而玩之哉！……」

〔註16〕《漢書》卷七五〈眭兩夏侯京翼李傳〉贊曰：「幽贊神明，通合天人之道者，莫著乎易、春秋。……漢興推陰陽言災異者，孝武時有董仲舒、夏侯始昌，昭、宣則眭孟、夏侯勝，元、成則京房、翼奉、劉向、谷永，哀、平則李尋、田終術。此其納說時君著明者也。察其所言，仿佛一端。假經設誼，依託象類，或不免乎億則屢中。……京房區區，不量淺深，危言刺譏，構怨彊臣，罪辜不旋踵，亦不密以失身，悲夫！」又《總目》卷七，經部易類存目一，《方舟易學》（宋·李石撰）提要云：「……考漢儒說《易》，多主象占，後孟喜、焦贛、京房流爲災變，鄭元又配以爻辰，固不免有所附會。……」

甚至存目範圍之內，以免「淆六經之正義」〔註 17〕。其次，《總目》在「經部」下設「樂類」，是因爲注重音樂的教化功能可以與《詩》、《禮》等經典相配，亦是切於人事的內涵考量。〈樂類序〉云：

> 大抵樂之綱目具於《禮》，其歌詞具於《詩》，其鏗鏘鼓舞則傳在伶官。漢初制氏所記，蓋其遺譜，非別有一經爲聖人手定也。特以宣豫導和，感神人而通天地，厥用至大，厥義至精，故尊其教得配于經。而後代鐘律之書，亦遂得著錄於經部，不與藝術同科。

所謂「移風易俗，莫善於樂」〔註 18〕，《隋書·經籍志》亦云：

> 樂者，先王所以致神祇，和邦國，諧萬姓，安賓客，悅遠人，所從來久矣。

可見禮與樂向來被視爲建構社會秩序與倫理規範的基據，同時也是國家政治力量是否活躍壯盛的重要指標。秉此，樂書所象徵的政治與社會意義要遠遠超越單純的審美價值，而《總目》在選進樂類書籍的時候，自然劃清了經典與藝術的邊界，也導正了以往史志著錄樂書分類不當的積弊〔註 19〕。

其二，就「崇實用」一端而言。基於前述「易類」與「樂類」的學術內涵暨類目設置考量，《總目》也顯現其崇尚實用的思想傾向與著錄準則，否則「切人事」的論旨便容易流於凌空虛談，反而與「敦茲實學」、「務求爲有用之學」的纂修綱領自相矛盾。於是，在〈易類案〉中可見倡言通經以致用的基本主張：

> 夫聖人垂訓，實教人用《易》，非教人作《易》。今不談其所以用，而但談其所以作，是《易》之一經，非千萬世遵爲法戒之書，而一二人密傳妙悟之書矣。

〔註 17〕〈易類案〉云：「……今所編錄，於推演數學者，略存梗槩，以備一家。其支離曼衍、不附經文，於《易》杳不相關者，則竟退置於術數家，明不以魏伯陽、陳搏等方外之學淆六經之正義也。」

〔註 18〕《漢書》卷二二〈禮樂志〉載：「孔子曰：『安上治民，莫善於禮；移風易俗，莫善於樂。』禮節民心，樂和民聲，政以行之，刑以防之。禮樂政刑四達而不詩，則王道備矣。……樂者，聖人之所樂也，而可以善民心。其感人深，其移風易俗易，故先王著其教焉。」《史記》卷二四〈樂書〉已云：「故樂行而倫清，耳目聰明，血氣和平，移風易俗，天下皆寧。故曰『樂者樂也』。君子樂得其道，小人樂得其欲。以道制欲，則樂而不亂；以欲忘道，則惑而不樂。是故君子反情以和其志，廣樂以成其教，樂行而民鄉方，可以觀德矣。」

〔註 19〕〈樂類序〉云：「顧自漢氏以來，兼陳雅俗，豔歌側調，並隸雲韶。於是諸史所登，雖細至箏琶，亦附於經末。循是以往，將小說、稗官未嘗不記言、記事，亦附之《書》與《春秋》乎？悖理傷教，於斯爲甚！今區別諸書，惟以辨律呂、明雅樂者，仍列於經。其謳歌末技，絃管繁聲，均退列雜藝、詞曲兩類中，用以見大樂元音，道侔天地，非鄭聲所得而奸也。」

此語意在導正宋元以來學者研《易》的動機以及士子學《易》的目標指向，而此一倡言也反映了大部分的十八世紀學者懷抱著經世致用理念的學術共識〔註20〕。〈樂類案〉則更加有條理的闡釋其以「徵諸實用」作爲著錄書籍標準的原因，縝密思量了記載聲音的文獻容易散佚或後人不可查考的脆弱性，以及音樂必須藉助樂器方能再現於人類感官知覺的特殊性，又順手批評了宋儒無樂器可憑卻妄言樂本、樂理的空談弊病。其論曰：

> 天文、樂律皆積數之學也。天文漸推漸密，前不及後，樂律則愈久愈失，後終不得及前。蓋天文有象可測，樂律無器可憑也。宋儒不得其器，因遁辭於言樂理，又遁辭於言樂本。夫樂生於人心之和，而根於君德之盛，此樂理、樂本也。備是二者，莫過堯、舜，而后夔所典，尚規規於聲音器數，何哉？無聲音器數，則樂本、樂理無所附。使十二律之長短不按陰陽，八音之宮調不分亢墜，雖奏唐虞之廷，知其不能成聲也。泛談樂本、樂理，豈非大言寡當歟！今所採錄，多以發明律呂者爲主，蓋制作之精，以徵諸實用爲貴焉耳。

《總目》以鮮明的措辭凸顯其崇尚實用的著錄標準，至少在此就「樂類」而言，其背後所賴以撐持的思想理據，還是期望調成「人心之和」的社會秩序並進而可以表彰「君德之盛」。

其三，就「尊漢學」一端而言。從清朝前期崇實黜虛、表彰經學的文教政策，四庫館臣的群體學術譜系以及《總目‧凡例》所確立的學術取向等各方面綜合而觀，《四庫全書》之纂修儘管表面上宣示要「消融門戶之見」（〈經部總序〉）、「兼收並蓄，以證同異」（〈書類序〉）、「參稽眾說，務協其平」（〈詩類序〉）、「以破除朋黨之見」（〈詩類案〉）、「舊說流傳，不能盡廢」（〈春秋類序〉）云云，然則其整體的思想價值趨向依舊是尊漢貶宋的。如〈易類序〉指出其著錄原則爲「以因象立教者爲宗」，便是基於「漢儒言象數，去古未遠也」的立場而尊奉漢學的表現。此處可自經部類序中再舉兩例，一爲〈詩類序〉云：

〔註20〕如汪中（1744～1794）於《述學別錄‧與巡撫畢侍郎書》（北京：中華書局，1991年）中云：「中少日私淑顧寧人處士，故嘗推六經之旨以合於世用。」又〈與朱武曹書〉云：「中嘗有志於用世而恥爲無用之學，故於古今制度沿革，民生利病之事，皆博問而切究之，以待一日之遇。下至百工小道，學一術以自托，平日則自食其力，而可以養其廉恥，即有飢饉流散之患，亦足以衛其生。何苦耗心勞力，飾虛詞以求悅世人哉？此吾藐然常有獨學之憂而願與足下勉焉者也。」又如段玉裁於〈與外孫龔自珍札〉中提及：「博聞強記，多識畜德。努力爲名儒、爲名臣，勿願爲名士。何謂有用之書？經史是也。」

　　詩有四家，毛氏獨傳。唐以前無異論，宋以後則眾說爭矣。然攻漢學者，意不盡在於經義，務勝漢儒而已；伸漢學者，意亦不盡在於經義，憤宋儒之詆漢儒而已。各挾一不相下之心，而又濟以不平之氣，激而過當，亦其勢然歟？……參稽眾說，務協其平。苟不至程大昌之妄改舊文，王柏之橫刪聖籍者，論有可採，並錄存之，以消融數百年之門戶。至於鳥獸草木之名、訓詁聲音之學，皆事須考証，非可空談。今所採輯，則尊漢學者居多焉。

漢學與宋學之爭的歷史脈絡與議題鋪陳也許不似上述那般簡約，而對於彼此學術觀點的猜忌與攻訐，也確實出於偏見。《總目》在此具有針對性地挑出宋人程大昌（1123～1195）的《詩論》加以批評，斥爲「顛倒任意，務便己私」〔註21〕，復舉王柏（1197～1274）《詩疑》大加撻伐其「攻駁毛、鄭不已，併本經而攻駁之；攻駁本經不已，又併本經而刪削之」的論學態度，直指此即「門戶之見，非天下之公義」〔註22〕。《總目》於此亦明白表示所能容受的底限，即前述適己之意以刪改經文的劣行。除此之外，只要是宋儒論詩其義理有助益於解詩的著作，仍會予以著錄。不過，如果內容有關「鳥獸草木之名、訓詁聲音之學」的考證工作，此係漢學家所專擅，則仍須給予較高的尊重與優先權利。其二爲〈禮類序〉云：

　　鄭康成注，賈公彥、孔穎達疏，於名物、度數特詳。宋儒攻擊，僅摭其好引讖緯一失，至其訓詁則弗能踰越。蓋得其節文，乃可推制作之精意，不比《孝經》、《論語》可推尋文句而談。本漢唐之注、疏，而佐以宋儒之義理，亦無可疑也。

此段文字又表露出《總目》刻意較論訓詁與義理兩家論學成果之優劣，且顯然宋儒好議論攻訐的性格不如漢儒來得篤實沉穩，於是四庫館臣更理所當然的要以漢唐注疏爲本。

　　其四，就「重徵實」一端而言。整個十八世紀的學術思潮趨勢可以歸納爲梁啓超所論「厭倦主觀的冥想，而傾向於客觀的考察」〔註23〕，促成這種時代面貌的內

〔註21〕詳見《總目》卷十七，經部詩類存目一，《詩論》提要云：「……觀其於左氏所言，季札觀樂，合於己說者，則以傳文爲可信；所言風有采蘩采蘋，不合己說者，則又以傳文爲不可信。顛倒任意，務便己私，是尚可與口舌爭乎？且即所謂可據者言之，十五國風同謂之周樂，南、雅、頌亦同謂之歌，不云南、雅、頌奏樂，國風徒歌也。豈此傳又半可據半不可據乎？傳又稱金奏肆夏之三，工歌鹿鳴之三，亦將謂頌入樂，雅徒歌乎？……」

〔註22〕詳見《總目》卷十七，經部詩類存目一，《詩疑》提要。

〔註23〕詳見《中國近三百年學術史》，〈一、反動與先驅〉，頁1。

在動因之一，則是治學模式（方法論）的建構逐漸從依憑形上思辨過度、扭轉爲強調經驗實證〔註24〕，所謂「說經皆主實證，不空談義理」〔註25〕是也。而這種「重徵實」的精神與態度，不僅是漢學家說解撰述不斷反饋的意念核心，亦爲其論述體系最爲鮮明的外顯特徵。四庫館臣在「春秋類」與「五經總義類」的小序、案語當中即貫注了此一最容易爲人識別其推尊漢學的精神標記，且具體落實爲去取書籍的層級甄別標準。〈春秋類序〉云：

> 雖舊說流傳，不能盡廢，要以切實有徵，平易近理者爲本；其瑕瑜互見者，則別白而存之；游談臆說，以私意亂聖經者，則僅存其目。

此處將「切實有徵」與「游談臆說」對舉，明白揭示了此類圖書的著錄原則，也影射著漢、宋學術的門戶藩籬與價值邊界。故〈春秋類案〉重申評斷學者的撰述淵源與論見是非，亦實繫於「徵實跡」或「騁虛論」而已〔註26〕。又，〈春秋類序〉復言其對於「春秋」與「易」此二類書籍的選錄「取之不可不愼」〔註27〕，至爲嚴謹縝密，此乃基於《易》最切近於人事，所謂「《易》之數無不盡，《易》之理無不通，《易》之象無不該」〔註28〕，而春秋類書籍向來深寓「嚴夷夏之防，明是非大義之辨」的意蘊，隨時可以觸動清代帝王極其敏感的異族統治神經，故須格外留心檢閱其內容。由此，更可以看出《總目》整理古代知識文獻的經世指向，以及俯伏於政治意圖的「實用」標的。此外，〈五經總義類案〉則呼應〈凡例〉所設「敦茲實學」的著錄規範，以爲漢儒五經之學儘管在後世流衍推移的歷史脈絡中各自發揮其不同

〔註24〕參考張麗珠《清代義理學新貌》（臺北：里仁書局，民國88年5月）第二章〈清代考據學興盛的原因〉，頁76～82。

〔註25〕詳見皮錫瑞《經學歷史・經學復盛時代》（臺北：藝文印書館，民國55年9月）論云：「國朝經學凡三變。國初，漢學方萌芽，皆以宋學爲根柢，不分門戶，各取所長，是爲漢宋兼采之學。乾隆以後，許、鄭之學大明，治宋學者已尟。說經皆主實證，不空談義理，是爲專門漢學。……」頁323。

〔註26〕〈春秋類案〉云：「……左氏親見國史，古人之始末具存，故據事而言，即其識有不逮者，亦不至大有所出入。《公羊》、《穀梁》則前後經師遞相附益，推尋於字句之間，故憑心而斷，各徇其意見之所偏也。然則徵實跡者其失小，騁虛論者其失大矣。後來諸家之是非，均持此斷之可也。……」

〔註27〕〈春秋類序〉云：「……蓋六經之中，惟《易》包眾理，事事可通；《春秋》具列事實，亦人人可解。一知半見，議論易生；著錄之繁，二經爲最。故取之不敢不愼也。……」

〔註28〕〈易類案〉云：「盈虛消息，理之自然也。理不可見，聖人即數以觀之，而因立象以著之。以『乾』一卦而論，積一至六，自下而上者，數也。一『潛』，二『見』，三『惕屬』，四『躍』，五『飛』，六『亢』者，理也，而象以見焉。至於互體、變爻，錯綜貫串，《易》之數無不盡，《易》之理無不通，《易》之象無不該矣。《左氏》所載，即古占法，其條理可覆案也。故象也者，理之當然也，進退存亡所由決也；數也者，理之所以然也，吉凶悔吝所由生也。聖人因卜筮以示教，如是焉止矣。……」

幅度與深度的內涵變化〔註29〕，然而《四庫全書》暨《總目》的纂修作為總結古代學術發展的整體觀照，還是採取注重徵實的學術指向以選錄本類的精萃圖書。故云：

> 劉勰有言「意翻空而易奇，詞徵實而難巧」，此雖論文，可例之於説經矣。今所甄錄，徵實者多，不欲以浮談無根啓天下之捷徑也。

則「徵實」一義，在此亦扼要統括了〈凡例〉所言「考證精核，論辯明確」的甄別標準。

最後，就「通經義」一端而言。四庫館臣對於經部書籍的著錄尚有一考量面相，即該書是否有助於經學本身研究的開創性與延續性。如果接受評議候選的經學論著「無預於經義」〔註30〕甚至「非解經之正軌」〔註31〕、「淆六經之正義」，則不在著錄範圍之內。故〈孝經類序〉復闡釋云：

> 今之所錄，惟取其詞達理明，有裨來學，不復以今文古文區分門户，徒釀水火之爭。蓋註經者明道之事，非分朋角勝之事也。

著錄圖書的意義，是為了提供後來學者延續與開創經學研究議題與成果深度的基礎，而經學研究的目標在於「明道」，此所謂「道」即內蘊於經義之中。經義的發揮與彰顯固然因複雜的人文因素影響而有起伏之勢，不過一旦對於經義的學習與研究受到如科舉這般強勢、獨特、長時段、有系統的制度干預，則整個經學研究的結構與內涵必然產生劇烈的變化〔註32〕，這種變化對於經學的發展而言則是一種反向退

〔註29〕〈五經總義類案〉云：「漢儒五經之學，惟《易》先變且盡變，惟《書》與《禮》不變，《詩》與《春秋》則屢變而不能盡變。蓋《易》包萬彙，隨舉一義，皆有説可通，數惟人所推，象惟人所取，理惟人所説，故一變再變而不已。《書》紀政事，《禮》具器數，具有實徵，非空談所能眩亂，故雖欲變之而不能。《詩》則其美其刺，可以意解；其名物訓詁，則不可意解也。《春秋》則其褒其貶，可以詞奪；其事跡始末，則不可以詞奪也，故二經雖屢變而不盡變。……」

〔註30〕〈春秋類案〉云：「……至於左氏文章，號為富豔，殘膏賸馥，沾溉無窮。章沖聯合其始終，徐晉卿排比其對偶，後人接踵編纂日多，而概乎無預於經義，則又非所貴焉。」

〔註31〕〈書類序〉云：「……若夫劉向記〈酒誥〉、〈召誥〉脱簡僅三，而諸儒動稱數十。班固索〈洪範〉於洛書，諸儒併及河圖，支離輕輠，淆經義矣。故王柏《書疑》、蔡沈《皇極數》之類，非解經之正軌者，咸無取焉。」

〔註32〕霍斯金（Keith W. Hoskin）在〈教育與學科規訓制度的源起（Education and the Genesis of Disciplinarity: The Unexpected Reversal, Knowledge: Historical and Critical Studies in Disciplinarity）〉一文中曾指出：「只有當書寫、評分、考試這三種做法合在一起，人類歷史才發生重大變化，乃至出現斷裂。……對書寫、考試、評分的全新側重，……意義深遠地改造了人們學以致學的結構。」（李金鳳譯，收入香港嶺南學院翻譯系「文化／社會研究」譯叢編委會編《學科·知識·權力》，香港：牛津大學出版社，1996年，頁26。）可以想見，中國古代的科舉傳統使得知識與權力的鏈結有跡可循，知識形式透過以經典策士的規訓系統轉化為權力形式，二者相互為用。

化的權力秩序。《總目》從經學史內涵的高度考察此一內在變動，不僅辨析科舉制度
與研經活動之間的相互關係及其負面影響，並申明以「惟取先儒發明經義之言」作
爲導正這種學術趨勢的圖書著錄標準。〈四書類案〉云：

> 至明永樂中，《大全》出而捷徑開，八比盛而俗學熾。科舉之文，名
> 爲發揮經義，實則發揮註意，不問經義何如也。且所謂註意者，又不甚究
> 其理，而惟揣測其虛字語氣，以備臨文之摹擬，併不問注意何如也。蓋自
> 高頭講章一行，非惟孔、曾、思、孟之本旨亡，併朱子之《四書》亦亡
> 矣。今所採錄，惟取先儒發明經義之言。其爲揣摩舉業而作者，則槩從刪汰。
> 惟胡廣《大全》既爲前代之功令，又爲經義明晦、學術升降之大關，亦特
> 存之，以著明二百餘年士習文風之所以弊。蓋示戒，非示法也。

此處復可看出《總目》著錄群書尚有「存之正所以廢之」〔註33〕的體例，其用意在
於裨學者備以考定藝文、相互參証、明示法戒〔註34〕。表現出「通經義」的著錄標
準其實具有「學以致學」的面相，而以此觀點獲准進入《四庫》知識體系的學術著

〔註33〕詳見《總目》卷三，經部易類三，《楊氏易傳》（宋・楊簡撰）提要云：「……
簡之學出陸九淵，故其解《易》惟以人心爲主，而象數事物皆在所略，……故明楊時喬作
《傳易考》，竟斥爲異端，而元董眞卿論林栗《易解》，亦引《朱子語錄》稱『楊敬
仲文字可毀』云云，實簡之務談高遠，有以致之也。考自漢以來，以老、莊說《易》，
始魏王弼；以心性說《易》，始王宗傳及簡。……夫《易》之爲書，廣大悉備，聖人
之爲教，精粗本末兼該，心性之理，未嘗不蘊《易》中，特簡等專明此義，遂流於
恍惚虛無耳。昔朱子作《儀禮經傳通解》，不刪鄭康成所引讖緯之說，謂存之正所以
廢之。蓋其名既爲後世所重，不存其說，人無由知其失也。今錄簡及宗傳之《易》，
亦猶是意云。」

〔註34〕如《總目》卷五，經部易類五，《周易大全》（明・胡廣等奉敕撰）提要云：「……取
材於四家之書，而刊除重複，勒爲一編，雖不免守匱抱殘，要其宗旨，則尚可謂不
失其正。且二百餘年以此取士，一代之令甲在焉。錄存其書，見有明儒者之經學，
其初之不敢放軼者由於此，其後之不免固陋者亦由於此。……是當明盛時，識者已
憂其弊矣。觀於是編，未始非千古得失之林也。」卷十六，詩類二，《詩經大全》（明・
胡廣等奉敕撰）提要云：「……其書本不足存，惟是恭逢聖代，考定藝文，既括千古
之全書，則當備歷朝之沿革，而後是非得失，犖然具明。此書爲前明取士之制，故
仍錄而存之，猶小學類中存《洪武正韻》之例云爾。」卷二八，春秋類三，《春秋大
全》（明・胡廣等奉敕撰）提要云：「……廣等舊本，原可覆瓿置之，然一朝取士之
制，既不可不存以備考，且必睹荒途之蒙翳，而後見芟蕪除穢之功；必經歧徑之迷
惑，而後知置郵樹表之力。存此一編，俾學者互相參証，益以見前代學術之陋，而
聖朝經訓之明也。」卷三六，四書類二，《四書大全》（明・胡廣等奉敕撰）提要云：
「……當時程式以《四書》義爲重，故《五經》率皆庋閣，所研究者惟《四書》，所
辨訂者亦惟《四書》。後來《四書》講章浩如煙海，皆是編爲之濫觴。蓋由漢至宋之
經術，於是始盡變矣。特錄存之，以著有明一代士大夫學問根柢具在於斯，亦足以
資考鏡焉。」

作則佔有相當大的份量。

以上，藉由對《總目》經部小序系統的綜合理解，可以看出各類分述的著錄準則暨其內含的整體學術指向與思想趨勢，儘管被歸納分析為「切人事」、「崇實用」、「尊漢學」、「重徵實」、「通經義」等五個具體指陳的面相，但仍是圍繞著〈經部總序〉所稱「徵實不誣」的總綱；此可謂體現當時朝廷與學術界共同敦尚的崇實思潮於經部知識系統之第一步。至於崇實內涵是如何從各類圖書的確實著錄情況與細部的學術批評觀點當中被開展、彰顯抑或轉化、沉澱，則須從書目提要的措辭作外顯的或內蘊的進一步理解。

第二節 史部小序系統所反映的著錄取向

就古代圖書目錄編纂以及文獻典藏分類的進展脈絡而言，歷史圖籍脫離從屬於經典的附錄而獲得獨立的類屬地位，要始於西晉荀勗所編《中經新簿》以「丙部」概收史籍〔註35〕，但直到《隋書‧經籍志》才正式確立「史部」以及經、史、子、集四部排序在目錄分類系統中的正統名位。〈隋志〉於分述史部各類書籍的著錄狀況後並有小序一篇，藉之總論史籍撰述原委且究辨轉衍得失。序文中具體指陳史官所應具備的知識基礎、學術涵養以及獨立而崇高的地位，並點出撰史旨在「彰善垂戒」的借鑑教化功能，同時論析史學發展的總體趨勢與史籍著述量鉅質蕪的實際景況〔註36〕，也似乎是為當時史學理論與實踐所遭遇的困境探尋出路。余嘉錫稱美〈隋志〉「史集道佛四部，為〈漢志〉所未有，並能窮源竟委，自鑄偉詞」〔註37〕，而此史

〔註35〕據《隋書》卷三二〈經籍志一〉序言載：「魏氏代漢，采摭遺亡，藏在祕書中、外三閣。魏祕書郎鄭默始制中經，祕書監荀勗又因中經更著新簿。分為四部，總括群書：……三曰丙部，有史記、舊事、皇覽簿、雜事；……」。

〔註36〕《隋書》卷三三〈經籍志二〉史部小序論曰：「夫史官者，必求博聞強識，疏通知遠之士，使居其位，百官眾職，咸所貳焉。是故前言往行，無不識也；天文地理，無不察也；人事之紀，無不達也。內掌八柄，以詔王治，外執六典，以逆官政。書美以彰善，記惡以垂戒，範圍神化，昭明令德，窮聖人之至賾，詳一代之臺臺。自史官廢絕久矣，漢氏頗循其舊，班、馬因之。魏、晉已來，其道逾替。南、董之位，以祿貴遊，政、駿之司，罕因才授。故梁世諺曰：『上車不落則著作，體中何如則祕書。』於是尸素之儔，盱衡延閣之上，立言之士，揮翰蓬茨之下。一代之記，至數十家，傳說不同，聞見舛駁，理失中庸，辭乖體要。致令允恭之德，有闕於典墳；忠肅之才，不傳於簡策。斯所以為蔽也。班固以史記附春秋，今開其事類，凡十三種，別為史部。」

〔註37〕見余嘉錫《目錄學發微》卷二〈目錄書體制三‧小序〉，頁68。

部小序實可以視為一篇精要的史學批評論綱。

〈隋志〉在古代目錄學史上不僅具有「正名定序」的關鍵地位，其深富理論內涵與學術視野的小序系統，亦提供清朝官修《四庫全書總目》時類目劃分與考論群籍的參照標的。《總目‧凡例》稱：

> 自〈隋志〉以下，門目大同小異，互有出入，各具得失，今擇善而從。……
> 皆務求典據，非事更張。

以上所言充分表明其對〈隋志〉的借重態度。又，在認定知識累積與學術研究皆可謂「踵事增華，勢難遽返」〔註38〕的發展狀況下，既已見識前述經部小序系統再現與崇實學風相關連的諸般思想面相與著錄準則所展示的研究熱忱與學術活力，讀《總目》者勢必期待《總目》將在史部小序系統中超越並開創出凌駕於〈隋志〉之上的史學研究觀點、別開異趣的崇實面相暨總結過往千年的史學流變得失。因此，若舉〈隋志〉的史部小序作一對照，《總目》在〈史部總序〉及其下各類序中陳論了哪些議題？貫注的又是何種精神？

考察的結果或許是令人失望與意外的。〈史部總序〉七百餘言所反覆闡論之旨，即所謂「史之為道，撰述欲其簡，考證則欲其詳」此一面對歷史的撰作與研究原則而已，至於內含於傳統史學的思想議題與理論成就，〈總序〉不僅欠缺欲加總結評議的動力與熱忱，其精神氣力亦遠在前述〈經部總序〉綜論經學六變、權衡漢宋得失之下。不過，序文中指出：

> 苟無事跡，雖聖人不能作《春秋》。苟不知其事跡，雖以聖人讀《春秋》，不知所以褒貶。

此處呼應了《總目‧凡例》所言「論史主於示褒貶，然不得其事跡之本末，則褒貶何據而定」的史學經世要領，意即從史學批評方法論的角度演繹了史學在「求真（明事跡）」與「致用（示褒貶）」兩大端之間，存在著看似對立其實相因的關係層次以及意義範限〔註39〕。《總目》正是藉此關係與意義的辨明，將「敦茲實學」的精神意志導入史部書籍的著錄準則之中，又有鑑於宋明諸儒好議論而亂是非的作史沉痾，〈總序〉愈發迴護為求「有裨正史」必須以「考證欲詳」作為擇存取向的堅定立場〔註40〕。也由於這種理所當然的信念，史部各類小序所反映出來的思想傾向與著

〔註38〕語出《總目》卷六八，史部〈地理類序〉。

〔註39〕參考羅炳良《18世紀中國史學的理論成就》（北京：北京師範大學出版社，2000年11月），下篇第七章〈關於史學與社會的關係〉，頁235～237。

〔註40〕《總目》卷四五〈史部總序〉云：「……考私家記載，惟宋、明二代為多。蓋宋、明人皆好議論，議論異則門戶分，門戶分則朋黨立，朋黨立則恩怨結。恩怨既結，得志則排擠於朝廷，不得志則以筆墨相報復。其中是非顛倒，頗亦熒聽。然雖有疑獄，

錄準則，除了對於目錄類例的考論之外，便相對集中在對於史實的考證增補以及藉史籍以垂鑑人事並務求實用這兩方面的發揮。

就著重對於歷史事蹟的考證增補一端而言。《總目》首先追認了自〈隋志〉以降歷代史志目錄當中將「正史」類置居史部之首的史學意識與目錄學傳統，且與野史類著作有一尊卑嚴明的區隔，故言「正史體尊，義與經配，非懸諸令典，莫敢私增，所由與稗官野記異也」〔註41〕；而對於正史地位的尊崇，既是內在於史學傳統的事實，也是古來歷代統治王朝以解釋、追認前代歷史真偽的發言權作為建立一「真理的政權」之隱喻〔註42〕。至於正史類著錄書籍中有括及二十四史以外者，則是《總目》著眼於當讀者進入此知識領域時便於尋檢的實用性考量，將作為對正史所載述的人物事蹟、典章制度或訂誤、或辨疑、或增益、或補闕的參考資料，一一附列於某部正史典籍之後。而這些書籍發揮它們「有裨於正史」〔註43〕的存在價值與參證取向，則大致表現為「訓釋音義」、「掇拾遺闕」、「辨正異同」與「校正字句」〔註44〕四個方面。今試列一簡表於下，或得以對《總目》專注於考證史學的用心有較為細緻而清晰的認識與掌握：

合眾證而質之，必得其情；雖有虛詞，參眾說而核之，亦必得其情。……此亦考證欲詳之一驗。然則史部諸書，自鄙倍冗雜，灼然無可採錄外，其有裨於正史者，固均宜擇而存之矣。」

〔註41〕詳見《總目》卷四五，史部〈正史類序〉。

〔註42〕參考詹京斯（Keith Jenkins）《歷史的再思考》討論在歷史的論述中何謂「真實」的地位時，引用傅柯《權力／知識》（*Power/Knowledge*）一書中的主張：「……所謂真理，指的不是『有待發現和接受的許多真理的總體』，而是『許多規則的總體，根據這些規則，真偽被分開，而權力的特殊效應被附著到真理上面』；我們也了解真理並不是『代表』真實那回事，它『代表』的是關乎真理的地位及其經濟和政治作用的戰鬥。真理的正確意義，應該是一個『井井有條的許多程序』的系統，這些程序製造、管制、分發、傳布和操作論述。真理與產生它和支持它的權利系統息息相關……一個『真理的政權』。」作者並加以延伸論析曰：「所有這些議論都可以輕易的應用到歷史上面。歷史是一種論述，一種語言的遊戲。在歷史之內，『真理』和類似的說法，是開啟、調節和終止『詮釋』的設計。真理有檢查的作用——它決定分野。我們知道這樣的真理事實上是『有用的虛構』。這些虛構藉權力而進入論述（得有人把它們收進和留在那兒），而權力使用『真理』一字實行控制——真理的政權。真理防止失序。是這種對（失序者的）失序的恐懼，或者從實效性來說，是對於（給不自由者）自由的恐懼，在功能上將它與實質的利害連結在一起。」頁98～99。

〔註43〕《總目》卷四五，〈史部總序〉云：「……史部諸書，自鄙倍冗雜，灼然無可採錄外，其有裨於正史者，固均宜擇而存之矣。」

〔註44〕同註41，〈正史類序〉云：「……其他訓釋音義者，如《史記索隱》之類；掇拾遺闕者，如《補後漢書年表》之類；辨正異同者，如《新唐書糾繆》之類；校正字句者，如《兩漢刊誤補遺》之類。若別為編次，尋檢為繁，既各附本書，用資參證。……」

正　史	附　列　書　籍	「提要」論有裨於正史的撰著宗旨與參證取向
史　記	（宋）裴駰《史記集解》	駰以徐廣史記音義粗有發明，殊恨省略，乃采九經諸史并漢書音義及眾書之目，別撰此書。其所引證，多先儒舊說，張守節正義嘗備述所引書目次。（訓釋音義）
	（唐）司馬貞《史記索隱》	貞初受史記於崇文館學士張嘉會，病褚少孫補司馬遷書多傷踳駁，又裴駰集解舊有音義，年遠散佚，諸家音義，延篤章隱。鄒誕生、柳顧言等書亦失傳，而劉伯莊、許子儒等又多疏漏。乃因裴駰集解撰爲此書。（訓釋音義）
	（唐）張守節《史記正義》	守節所長在於地理，故自序曰郡國城邑，委曲詳明。……又守節徵引故實頗爲賅博，故自序曰古典幽微，竊探其美。……至守節於六書、五音至爲詳審，故書首有論字例、論音例二條。（校正字句）
	（清）汪越《讀史記十表》	考校頗爲精密，於讀史者尚屬有裨。……訂訛砭漏，所得爲多，其存疑諸條，亦頗足正史記之牴牾。異乎瞎捧一書，纖毫必爲回護者，於史學之中可謂人略我詳矣。（掇拾遺闕）
	（清）邵泰衢《史記疑問》	史記探眾說以成書，徵引浩博，不免牴牾。……泰衢獨旁引異同，而一一斷之以理。……大抵皆參互審勘，得其闕隙，故所論多精確不移。（辨正異同）
漢　書	（宋）倪思《班馬異同》	二書互勘，長短較然，於史學頗爲有功。（辨正異同）
後漢書	（宋）熊方《補後漢書年表》	經緯周密，敘次井然，使讀者按部可稽，深爲有裨於史學。（掇拾遺闕）
	（宋）吳仁傑《兩漢刊誤補遺》	仁傑是書，獨引據賅洽，考証詳晰，原元本本，務使明白無疑而後已，其淹通實勝於原書。（校正字句）

三國志	（？）《三國志辨誤》	參校異同，各有根據。……其抉摘精審之處，要不減三劉之於西漢書，吳縝之於五代史也。（校正字句）
	（清）杭世駿《三國志補註》	皆足以資考證。故書雖蕪雜，而亦未可竟廢焉。末附諸史然疑一卷，亦世駿所撰，皆糾史文之疏漏。……大致訂訛考異，所得為多，於史學不為無補。（辨正異同）
晉書、宋書、南齊書、梁書、陳書、魏書、北齊書、周書、隋書、南史、北史、舊唐書	－ －	－ －
新唐書	（宋）吳縝《新唐書糾謬》	歐、宋之作新書，意主文章而疏於考證，牴牾蹖駁本自不少。縝自序中所舉八失，原亦深中其病，不可謂無裨史學也。（辨正異同）
舊五代史	－ －	－ －
新五代史記	（宋）吳縝《五代史記纂誤》	歐陽修五代史義存褒貶，而考證則往往疏舛。……縝一一抉其缺誤，無不疏通剖析、切中癥結，故宋代頗推重之。（辨正異同）
宋　史	－ －	－ －
遼　史	（清）厲鶚《遼史拾遺》	是書拾遼史之遺，有註有補，均摘錄舊文為綱，而參考他書條列於下。凡有異同，悉分析考證，綴以按語。……鶚採摭群書至三百餘種，均以旁見側出之文，參考而求其端緒，年月事跡，一一鉤稽。（摭拾遺闕）
金史、元史	《欽定遼金元三史國語解》	至此書出，而前史之異同得失亦明。不但宋、明二史可據此以刊其訛，即四庫之書，凡人名、地名、官名、物名涉於三朝者，均得援以改正，使音訓皆得其真。（訓釋音義）
明　史	－ －	－ －

　　《總目》對這些採擇著錄於正史典籍之後的書籍的內容評論，明顯著重表彰考證工夫在史學論述形成過程中的重要成分與實質助益，這種思想傾向也間接反映了十八世紀中國史學發展的重要趨勢之一，即為朝向歷史考證工程的焦點轉移以及考史方法的系統建立。而據《總目》自身揭示其所以推尊正史，乃在於「敘興亡、明勸戒、核典章」〔註45〕，具有考證與借鑑的雙重立意。至於梁啓超認為清代史學界更能落實清儒「實事求是」的治學精神〔註46〕，則說明了乾嘉史學的崇實內涵是以考證作為意義匯聚的重心與精神投射的指標。

　　除了在〈史部總序〉以及象徵史部群籍「大綱」的正史類小序中標舉四庫館臣特重考證的史籍擇存觀點之外，《總目》亦於其他類序間或表露該類圖書的著錄準則及其裨益於考證史實的內容面相。如〈雜史類序〉云：

> 雜史之目，肇於《隋書》。蓋載籍既繁，難於條析。義取乎兼包眾體，宏括殊名。……然既繫史名，事殊小說，著書有體，焉可無分。……凡所著錄，則務示別裁。大抵取其事繫廟堂，語關軍國。或但具一事之始末，非一代之全編；或但述一時之見聞，祇一家之私記。要期遺文舊事，足以存掌故，資考證，備讀史者之參稽云爾。若夫語神怪，供談啁，里巷瑣言，稗官所述，則別有雜家、小說家存焉。

《總目》雖因〈隋志〉體例而設「雜史」一類，著眼於以「兼包眾體，宏括殊名」的立場歸置形式內容繁雜難以細分的史籍且維繫固有的目錄學傳統，卻也規劃出有別於傳統的著錄準則。基於「既繫史名，事殊小說」的考量，《總目》明確指出此類書籍的內容要與典章制度、政治軍事等國政朝務相關，並強調載述事實的完整性與史料來源的純粹性；這些標準的設立，無非是希望從量繁體雜的歷史文獻中嚴為擇存著錄的雜史類書籍，能夠發揮其「存掌故」、「資考證」與「備參稽」的實用性內

〔註45〕詳見《總目》卷六五，史部史鈔類存目《廿一史識餘》（明・張墉撰）提要云：「……摘錄二十一史佳事跡語，分類排纂，共五十七門，末又附補遺一門。略仿《世說》之體，而每條下皆注原史之名。其發凡謂何氏《語林》濫及稗官，然《世說新語》古來本列小說家，實稗官之流。而責其濫及稗官，是猶責弓人不當為弓，矢人不當為矢也。且所重乎正史者，在於敘興亡、明勸戒、核典章耳。去其大端而責其瑣事，其去稗官亦僅矣。」

〔註46〕《中國近三百年學術史》十五〈清代學者整理舊學之總成績（三）〉云：「乾、嘉間學者力矯其弊，其方向及工作，則略如王西莊所云云。大抵校勘前史文句之譌舛，其一也；訂正其所載事實之矛盾錯誤，其二也；補其遺闕，其三也；整齊其事實，使有條理易省覽，其四也。其著述門類雖多，精神率皆歸於此四者。總而論之，清儒所高唱之『實事求是』主義，比較的尚能應用於史學界。雖其所謂『事實』者，或毛舉細故、無足輕重，此則視乎各人才識何如。至於其一般用力方法，不可不謂比前代有進步也。」頁382～383。

涵與功能意義。《總目》的考量相對於〈隋志〉初建類目的著錄標準顯然嚴謹甚多，〈隋志〉面對混雜於史籍中語涉「委巷之說，迂怪妄誕，真虛莫測」者，認為若「其大抵皆帝王之事，通人君子，必博采廣覽，以酌其要，故備而存之」〔註47〕；《總目》則明確將「語神怪，供詼嘲，里巷瑣言，稗官所述」等等體雜小說、「荒誕鄙猥」〔註48〕的書籍一一檢出，別入子部雜家或小說家類，大有堅持以史部存實而令子部猶或容虛的構思，符合纂修《四庫全書》「以闡聖學、明王道者為主，不以百氏雜學為重」〔註49〕的官方學術好尚，也表露出四庫館臣去取圖籍的功利姿態與實用觀點〔註50〕。

秉持著這種嚴謹的類目配隸與圖書著錄標準，以及偏向功利與實用考量的收書立場，故《總目》在詔令奏議類詔令之屬除了著錄清朝官修「聖訓」、「聖諭」系統外，僅收宋人宋敏（1019～1079）求編《唐大詔令集》與林虙、樓昉所編《兩漢詔令》，並在案語中指出漢、唐詔令之類公文書能夠「裨史事」、「厚學養」以及有助於歷史考證的致用面相〔註51〕。而對於「政書」一類，《總目》鑒於歷來官修史志目錄中多名「舊事」或「故事」類〔註52〕，導致以記載典章制度為中心的知識範圍，往往因為目錄類例的「循名愄列」，而與稗官、家傳等近乎小說的體裁相混雜，於是

〔註47〕詳見《隋書》卷三三，〈經籍志二〉雜史類序。
〔註48〕詳見《總目》卷首三〈凡例〉云：「古來諸家著錄，往往循名失實，配隸乖宜。……《孝經集靈》舊入孝經類，《穆天子傳》舊入起居注類，《山海經》、《十洲記》舊入地理類，《漢武帝內傳》、《飛燕外傳》舊入傳記類。今以其或涉荒誕、或涉鄙猥，均改隸小說。……」
〔註49〕見《總目》卷首三〈凡例〉。
〔註50〕參考吳哲夫先生論云：「四庫館臣的收書態度，每多存有強烈的功利及實用觀念，……為『協於全書之名』，又不能不附帶收錄諸子或其他類別的圖書，於是規定選錄非儒家著作的標準，以能『羽翼經訓』或『游藝養心之助』的書為優先，可見四庫全書收錄圖書有很大的程度是按照功利和實用為依歸。……」詳見〈四庫全書子部小說家類圖書著錄之評議〉，載於《故宮學術季刊》，第十三卷第一期，民國84年10月，頁1～26。
〔註51〕《總目》卷五五，史部詔令奏議類詔令之屬案語云：「詔令之美，無過漢、唐。《唐大詔令》為宋敏求蒐輯而成，多足以裨史事。《兩漢詔令》雖取之於三史，然彙而聚之，以資循覽，亦足以觀文章爾雅、訓詞深厚之遺。……」又《唐大詔令集》提要云：「……唐有天下三百年，號令文章，粲然明備。敏求父子復為裒輯編類，使一代高文典冊，眉列掌示，頗足以資考據。……唐朝實錄，今既無存，其詔誥命令之得以考見者，實藉有是書。亦可稱典故之淵海矣。」《兩漢詔令》提要云：「……兩漢詔令最為近古。虙等採輯詳備，亦博雅可觀。……其首尾完贍，殊便觀覽，固有足資叅考者焉。」
〔註52〕如《隋書·經籍志》設「舊事」類，《舊唐書·經籍志》、《新唐書·藝文志》、《宋史·藝文志》、《明史·藝文志》皆設「故事」類。

據明人錢溥編《祕閣書目》以「政書」標明類目〔註53〕，並申明只著錄與「國政朝章六官所職」〔註54〕相關的典制書籍，其宗旨不外乎與清高宗表彰政書之纂輯精核者可以「羽翼經史、裨益治道」〔註55〕的經世實用內涵相呼應。至於「史鈔」類之著錄書籍僅《兩漢博聞》、《通鑑總類》與《南／北史識小錄》三部，不僅與類序所稱「博取約存」嚴謹的收書態度相符，對於所存書籍的內容評議，亦頗能彰顯其摒斥明末史學流於簡易剽竊之學風，而要求史鈔書籍應以「含咀英華，刪除冗贅」為法的理念，分別具有資考證、易檢尋、廣異聞的參考價值〔註56〕。

　　以上是《總目》史部總序與各類序中所反映出史部群籍之著錄編纂著重於對歷史事蹟的考證與增補的思想傾向。而在藉史籍以垂鑑人事並務求實用此一方面，《總目》認為戒鑑是對於史料文獻考證增補之後所延伸發揮的深刻的經驗教育功能，而實用則是從歷史當中萃取各門類知識精華並因時制宜以達文化傳播與承續的目的。故〈詔令奏議類序〉論曰：

　　　　……夫渙號明堂，義無虛發，治亂得失，於是可稽。此政事之樞機，

　　非僅文章類也，抑居詞賦，於理為褻。……

《總目》深入探掘出此類公文史料所蘊含歷代治亂興衰的經驗借鑑意義，認為這些

〔註53〕戚志芬《中國的類書政書與叢書》（臺北：臺灣商務印書館，民國84年12月）論政書「這個名稱是在清代修《四庫全書》時才開始使用的」（頁95）。今據《總目》所述可辨其誤。

〔註54〕《總目》卷八一，史部〈政書類序〉云：「志藝文者，有故事一類。其間祖宗創法，奕葉慎守者，為一朝之故事；後鑒前師，與時損益者，是為前代之故事。史家著錄，大抵前代事也。〈隋志〉載漢武故事，濫及稗官；〈唐志〉載魏文貞故事，橫牽家傳。循名怴列，義例殊乖。今總核遺文，惟以國政朝章六官所職者，入於斯類，以符《周官》故府之遺。……」

〔註55〕詳見清高宗乾隆十三年〈御製重刻文獻通考序〉（刊於文淵閣《四庫全書》本《文獻通考》卷首）云：「會通古今，該洽載籍，薈萃源流，綜統同異，莫善於《通考》之書。其考覈精審，持論平正，上下數千年，貫穿二十五代。於制度張弛之跡，是非得失之林，固已燦然具備矣。夫帝王之治天下也，有不敝之道，無不敝之法。綱常倫理，萬世相因者也；忠敬質文，隨時損益者也。法久則必變，所以通之者，必監於前代以為之折衷。……是編也，誠考據之資可以羽翼經史、裨益治道，豈淺鮮也哉。……」

〔註56〕《總目》卷六五，史部史鈔類《兩漢博聞》（宋·楊侃編）提要云：「……雖於史學無關，然較他類書摭採雜說者，究為雅馴。……非無資考證者矣。」《通鑑總類》（宋·沈樞撰）提要云：「……採摭精華，區分事類，使考古者易於檢尋。……」《南／北史識小錄》（清·沈名蓀、朱昆田同編）提要云：「……是書倣《兩漢博聞》之例，取南、北二史，摘其字句之鮮華，事蹟之新異者，摘錄成編。……名蓀等擷其精華，以備選用，使遺文瑣事，披卷燦然。其書雖作自近人，其所採錄，則皆唐以前事，與《藝文類聚》諸書約略相似。存以備考，愈於冗雜之類書多矣。」

典籍「事關國政」〔註57〕的價值與一般詞賦文章不同甚至超乎其上，而此類書籍之前在史志目錄、政書目錄或私家藏書目錄中擺盪於史部或集部的配隸窘境〔註58〕，《總目》因而一併改隸史部，賦予這些「論事之文」〔註59〕較高的經世意義與典藏地位，以爲考史徵實之一助。又，從《總目》對於類目設置與歸屬的理論觀點，似可約略窺見由「尊經崇史」的官方學術偏向所帶出的價值評判層次在《四庫全書》重構知識體系時介入的角度與運作的軌跡。至於最能充分反映史書之資考證與警人事雙重功能者，要屬〈職官類序〉所揭示的該類書籍內容與著錄標準：

> ……蓋建官爲百度之綱，其名品職掌，史志必撮舉大凡，足備參考。故本書繁重，反爲人所倦觀。且惟議政廟堂，乃稽舊典。其間如元豐變法，事不數逢。故著述之家，或通是學而無所用，習者少則傳者亦稀焉。今所採錄，大抵唐、宋以來一曹一司之舊事，與儆戒訓誥之詞。今釐爲官制、官箴二子目，亦足以攷稽掌故、激勸官方。……

類序指出此類書籍之所以仍被視爲有用於史學且具備傳存價值的原因在於，「官制」之屬的書籍對於正史所載文官百官銜名職掌的內容多有「考證異同」〔註60〕的功用，

〔註57〕《總目》卷首三〈凡例〉云：「自〈隋志〉以下，門目大同小異，互有出入，各具得失，今擇善而從。如詔令奏議，《文獻通考》入集部，今以其事關國政，詔令從〈唐志〉例入史部，奏議從〈漢志〉例亦入史部。……」

〔註58〕官修史志目錄如明代焦竑編《國史經籍志》將「制誥」、「表奏」隸屬「集類」；政書目錄如宋人鄭樵編《通志·藝文略》將「制誥」、「表章」、「奏議」等隸屬「文類」，元人馬端臨編《文獻通考·經籍考》將「章奏類」居「集部」；私家藏書目錄如宋人尤袤編《遂初堂書目》將「章奏類」入集部，陳振孫《直齋書錄解題》亦將「章奏類」入「集錄」，明人祁承㸁《澹生堂藏書目》將「詔制類」、「章疏類」排置於概屬傳統集部的分類範圍，清人黃虞稷《千頃堂書目》將「制誥類」、「表奏類」劃入「集部」。

〔註59〕《總目》卷五五，史部〈詔令奏議類序〉云：「……《尚書》誓誥，經有明徵。今仍載史部，從古義也。……考〈漢志〉載《奏事》十八篇，列《戰國策》、《史記》之間，附《春秋》末。則論事之文，當歸史部，其證昭然。……」

〔註60〕《總目》於職官類所著錄書籍之提要中多有論及該書備載一代或某類典章，有助於考證增補史書異同的內容長處。如《唐六典》（唐玄宗御撰，李林甫奉敕注）提要稱：
一代典章，釐然具備。
《翰林志》（唐·李肇撰）提要稱：
其記載賅備，本末燦然，於一代詞臣職掌，最爲詳晰。
《麟臺故事》（宋·程俱撰）提要稱：
其書多記宋初之事，典章文物，燦然可觀。……足以考證異同，補綴疎略，於掌故深爲有裨。
《南宋館閣錄》（宋·陳騤撰）提要稱：
典故條格，纖悉畢備，亦一代文獻之藪也。
《玉堂雜記》（宋·周必大撰）提要稱：

有助於深入掌握歷朝行政事務運作各細部機關環節的互動聯繫，從中汲取提昇效率與防範弊端的歷史經驗〔註61〕，《總目》便以「攷稽掌故」統括其要旨。「官箴」之屬的書籍則蘊含了古代從政為官者深刻省思的道德規範，當中不僅揭示為官德行的原則綱領，亦著重充實富於警惕或楷模意義的實例，具有高度的應用價值與可操作性；而《總目》所著錄之官箴書籍未嘗不存有清廷「訓誡群臣，俾共知炯鑑」〔註62〕

得必大此書互相稽考，南渡後玉堂舊典亦庶幾乎犖然具矣。

《宋宰輔編年錄》（宋‧徐自明撰）提要稱：

本末賅具，最為詳核。又據宋朝大詔令、玉堂制草，備錄其鎖院制詞，更有裨於文獻。……足為讀史者考異之助。……二百五十年間，賢姦進退，畢具是編，於以考國政而備官箴，亦可云諳習典故者矣。

《祕書監志》（元‧王士點、商企翁同撰）提要稱：

凡至元以來建置遷除典章故事，無不具載，……其所紀錄，多可以資考核。……於史學亦多所裨矣。

《翰林記》（明‧黃佐撰）提要稱：

所載皆明一代翰林掌故，……會議纂寫諸條，制度甚詳，均足以備考核。

《禮部志稿》（明‧泰昌元年官修）提要稱：

前列凡例三則，其「溯初制」一則，稱研討典故，要在沿流溯源；其「理條貫」一則，稱典故之編，不急於薈萃，而急於貫通；其「慎稽考」一則，稱網羅舊聞，匪獨挂漏是懼，而考正謬誤，亦編摩第一義。其言皆深得纂輯要領，故其書敍述詳贍，首尾該貫，頗有可觀。

《太常續考》提要稱：

沿革損益之由，名物度數之細，條分縷晰，多《明史‧禮志》、《明會典》、《明集禮》及《嘉靖祀典》之所未載。

《土官底簿》提要稱：

是編詞雖俚淺，而建置原委，一一可徵，存之亦足資考証焉。

《欽定國子監志》（乾隆四十三年奉敕撰）提要稱：

捃摭雜記，以備考核，識大識小，罔弗詳賅，於以誌國家重道崇儒，作人訓俗之盛。

〔註61〕誠如《總目》卷七九，史部職官類官制之屬《欽定歷代職官表》提要所云：「……大抵勢足以相維，則乾綱不失；權有所偏屬，則魁柄必移。故官制之得失，可以知朝政之盛衰也。我國家稽古建官，循名核實，因革損益，時措咸宜。……復念歷朝官制，典籍具存，宜備溯源流，明其利弊，庶前規可鑑，法戒益昭。……考將相及百官公卿之有表，始自馬、班二史，……然所紀僅拜罷年月，與官制無關，且斷代為書，不相通貫，尋檢頗難。至抄撮故實，如孫逢吉《職官分紀》之類，又但供詞藻，於實政無裨。是書發凡起例，悉稟睿裁。包括古今，貫串始末，旁行斜上，援古證今，經緯分明，粲稽詳密。不獨昭垂奕禩，為董正之鴻模，即百爾臣工，各明厥職，用以顧名而思義，亦益當知所儆勖矣。」

〔註62〕見《總目》卷七九，史部職官類官箴之屬《御製人臣儆心錄》提要云：「順治十二年世祖章皇帝御撰。凡八篇，一曰植黨、二曰好名、三曰營私、四曰狥利、五曰驕志、六曰作偽、七曰附勢、八曰曠官。前有御製序。蓋因勳臣譚泰、石漢，大學士陳名夏等，先後以驕怙伏法，因推古今來姦臣惡跡，訓誡群臣，俾共知炯鑑也。……」

的統御用心，故以「激勸官方」總挈其作意。

《總目》對於著錄史部書籍的另一個著重側面，即是該知識門類應切乎人事與實用。就「時令類」而言，《總目》認為此類書籍的內容是「本天道之宜以立人事之節」，雖然大多屬於「農家日用、閭閻風俗」，無關乎前述史籍所涉軍國典章，但「民事即王政」，意即景從天道與順應人事原本不可二分，所有組織制度的建立、工具技術的開發與文明理性的進展，都不能在違反宇宙自然運行則律的狀況下奠定基礎。因此，在「汰除鄙倍，採撮典要」〔註63〕之後，儘管只有著錄宋人陳元靚（1137～1181）的《歲時廣記》與康熙年間御定的《欽定月令輯要》兩部著作，《總目》仍無由銷抹此類書籍的特殊地位，並在提要中具體呈顯其「啓劄應用」〔註64〕的價值取向與宣示官方「敦本重農」〔註65〕的治國理念。至於「地理類」在史部之中，不論著錄或存目書籍俱稱最豐，而《總目》秉持擇雅斥蕪的著錄準則且區分類聚所設置排列的子目品位，則清晰展示了地理類圖籍經世實用的多重面相。〈地理類序〉云：

> ……今惟去泰去甚，擇尤雅者錄之，凡蕪濫之編，皆斥而存目。其編類：首宮殿疏，尊宸居也；次總志，大一統也；次都會郡縣，辨方域也；次河防，次邊防，崇實用也；次山川，次古蹟，次雜記，次遊記，備考核也；次外紀，廣見聞也。若夫《山海經》、《十洲記》之屬，體雜小說，則各從其本類，茲不錄焉。

由此序文所顯現四庫館臣考辨地志圖籍的學術傾向與去取標準，仍圍繞著《總目‧凡例》所稱「崇眞黜僞」〔註66〕的國家文教政策宗旨，而其中僅次於尊拱王室之後所特別強調的「大一統」觀點，正是清高宗藉正統論史觀以建立或鞏固其統治理論的核心議題，又清高宗個人治史則專注於「精思善疑、考據求實」的精神〔註67〕。

〔註63〕詳見《總目》卷六七，史部〈時令類序〉。

〔註64〕《歲時廣記》提要云：「……大抵為啓劄應用而設，故於稗官說部多所徵据，而《爾雅》、《淮南》諸書所載足資考證者，反多遺缺，未可以稱善本。特其於所引典故，皆備錄原文，詳記所出，未失前人遺意，與後來類書隨意刪竄者不同，姑錄存之以備叅考焉。」

〔註65〕《欽定月令輯要》提要云：「……我聖祖仁皇帝欽崇天道，敬授人時，特命儒臣別為編纂，門目雖仍其舊，而刊除無稽之論，增補未備之文，……用以乘時布政，順五氣之宜；趨事勸功，禆四民之業。敬天出治，敦本重農之淵衷，具見於是。固不僅點綴歲華，採擷詞藻，徒供翰墨之資焉。」

〔註66〕《總目》卷首三〈凡例〉稱：「……我國家文教昌明，崇眞黜僞，翔陽赫燿，陰翳潛消，已盡滌前朝之敝俗。然防微杜漸，不能不慮遠思深，故甄別遺編，皆一準至公，剷除畛域，以預消芽蘗之萌。至詩社之標榜聲名、地志之矜誇人物，浮辭塗飾，不盡可憑，亦併詳為考訂，務核其眞。庶幾公道大彰，俾尚論者知所勸戒。」

〔註67〕參考喬治忠《清朝官方史學研究》（臺北：文津出版社，民國83年3月），拾壹〈論

為了契合抑或進而闡揚朝廷政令，《總目》面對地理類書籍的編纂意態理當響應聖學所尚，以考訂為手段，以核實為依歸。

最後，如果要回應之前提問的「《總目》在〈史部總序〉及其下各類序中陳論了哪些議題？貫注的又是何種精神？」大致可以統括為以上所陳述的考證與實用兩大取向。若僅扣住「崇實黜虛」此一思想傾向的脈動而觀，史部小序系統所呈示的樣貌相對於先前所見經部小序系統以及提要富於熱忱活躍的研究精神與多端層出的諸般崇實面相，顯然保守與拘謹許多。清代前期朝野學林共同推重的經史之學中豐沛洋溢的崇實思潮，似乎在史學的論述場域中出現了一種趨於平淡的轉向——朝著考證的精神標的，使得身處四庫館的學術精英在專業的論壇空間中依然呼吸不到議論發揮的舒暢氣息。嘗試推論這種學術動力消長的內在因素，就此一知識門類（史學）與文化工程（纂修四庫）的特殊性而言，仍舊無法避免承受政治意識形態與權力運作的潛在能量〔註68〕。例如從史部〈正史類序〉、〈政書類序〉與〈史評類序〉即清晰可見清高宗對於史籍編纂的直接干預力量〔註69〕。其次，清代官修史書往往內含正人心、厚風俗、利教化等「以上御下」的策略考量〔註70〕，《四庫全書》之

清高宗的史學思想〉，頁273～291；葉高樹《清朝前期的文化政策》，第三章〈淑慝並昭，袞鉞不爽：官修史書的教化取向〉第一節〈滿洲君主對歷史的認識及其史觀〉，頁97～114。

〔註68〕傅柯曾經如此細緻的述說歷史論述與權力儀式的「聯姻」關係：「（歷史）伴隨著對古人的追索，日復一日的年鑒，流傳著的典範匯編，仍然是而且永遠是權力的表現，它不僅僅是一種形象，而且是刺激人精神的一套程序。歷史，就是權力的話語，義務的話語，通過它，權力使人服從；它還是光輝的話語，通過它，權力蠱惑人，使人恐懼和固化。簡言之，通過束縛和固化，權力成為秩序的奠基者和擔保人；而歷史正是這樣一種話語，通過它，保證秩序的兩種功能會得到鞏固並變的更有效率。……」詳見《必須保衛社會》，「1976年1月28日」，頁60～64。

〔註69〕《總目》卷四五，史部〈正史類序〉云：

正史之名，見於〈隋志〉，至宋而定著十有七。明刊監板，合宋、遼、金、元四史為二十有一。皇上欽定《明史》，又詔增《舊唐書》為二十有三。近蒐羅四庫，薛居正《舊五代史》得裒集成編。欽稟睿裁，與歐陽脩書並列，共為二十有四。今並從官本校錄，凡未經宸斷者，則悉不濫登。

卷八一，〈政書類序〉云：

惟我皇上制作日新，垂謨冊府，業已恭登新笈，未可仍襲舊名。

卷八八，〈史評類序〉云：

文士立言，務求相勝，或至鑿空生義，僻謬不情。如胡寅《讀史管見》譏晉元帝不復牛姓者，更往往而有。故瑕纇叢生，亦惟此一類為甚。我皇上綜括古今，折衷眾論，欽定《評鑑闡要》及《全韻詩》，昭示來茲，日月著明，爝火可息。百家讕語，原可無存，以古來著錄，舊有此門，擇其篤實近理者，酌錄數家，用備體裁云爾。

〔註70〕參考葉高樹《清朝前期的文化政策》，第三章，第三節〈官修史書中的「以史御下」策

纂修作為擇精納置官修書籍並重整傳統知識體系的鮮明的象徵符號，對於史部群籍的清理，更可以透過強化文化認同、表彰特定模範的取徑促成翻轉集體記憶、消融族群邊界進而達到鞏固與延續統治權力的政治目的。另外，四庫館中史學領域之權威當推餘姚邵晉涵（1743～1796）〔註71〕，史部正史類諸書提要幾乎全部出自其手筆，但據學者較論今傳《總目》與邵氏提要稿之間異同，竟得出「大凡邵氏博辨處皆保留，而議論發揮處，則多遭刪削」〔註72〕的結論。可見史部小序系統所反映出偏重考證與實用的思想傾向與著錄準則，並非由四庫館臣的學術涵養所能塑定，必定有更高的學術（政治）權威積極介入並支配裁量。也因此，傳統士人藉史學經世的理想，在《四庫全書》所重構的知識世界中，將稍掩隱於考據工程的背後轉成為一種精神伏流，而提要文字的措辭猶或約略提供些許的暗示與線索，容讀者得以管窺甚至進階深探其中內蘊經世實用的治史意態。

〔註70〕略〉，頁 143～160。

〔註71〕據錢大昕（1728～1804）撰〈日講起居注官翰林院侍講學士邵君墓誌銘〉（收入《潛研堂文集》卷四三）曾如此推崇邵晉涵：「自四庫館開，而士大夫始重經史之學。言經學則推戴吉士震，言史學則推君。君於國史，當在翰林、文苑之列，朝野無間言。」

〔註72〕參考杜維運〈邵晉涵之史學〉，載於《政治大學歷史學報》第 11 期，民國 83 年 1 月，頁 35～51；倉修良〈邵晉涵史學概述〉，收入《史家·史籍·史學》（濟南：山東教育出版社，2000 年 3 月），頁 463～482；羅炳良〈邵晉涵史學批評述論〉，載於《北方工業大學學報》，第 9 卷第 2 期，1997 年 6 月，頁 59～65。

第五章　經史二部提要的措辭與崇實內涵的呈顯

　　本章內容旨在進一步解析《總目》之措辭所呈顯的崇實內涵與折射面相，意即抽象的精神活動如何藉由文字加以再現？又，再現出的是何種樣貌？我採取以詞頻統計為主、原文瀏覽為輔的方式，篩檢出與「崇實」意義相關的措辭語彙加以歸納分析，試圖從中讀解乃至於重構出最為鮮明且具有代表性的思想徵狀暨其所鑲嵌的歷史文化脈絡。至於其他隱性的崇實措辭為數亦多，限於篇幅與時間未能兼及，僅以表格形式附於文末，分別標示出各篇提要中所透露的通經、考史、用世、修德、黜虛等措辭指向（見附錄二、三），或許可以約略彌補析論不週的缺憾。

第一節　「徵實不誣」的研經內涵

　　若對《總目》經部著錄書籍之篇目提要作一初步的字詞檢索與資料篩選，可以檢出與崇實之思想內涵或價值取向相關的二字詞如「切實」、「淳實」、「篤實」……等等共計78例，見於75則書目提要之中。此一檢選結果包括「篤實」出現30例最為頻繁，其次為「實行」、「實用」共9例，「切實」8例，「淳（醇）實」7例，「徵實」5例，「實際」4例，「實學」3例，其他相關之措辭9例。今分別概述於下：

一、「篤實」與「淳（醇）實」

　　《總目》對於漢儒師承「篤實嚴謹」學風的嚮往與敦崇，從經部提要反覆致意於以「篤實」一詞作為評價歷代研經者之個人學養或論著內涵乃至於鳥瞰時代學術群體之風格趨向，可見其偏重的深入程度與基本面相。

首先，就個人學養而言。《總目》往往將個人學術修養與時代學術氣氛並舉，或從時代性當中凸顯學者個人的卓越風範。例如在《洪範口義》提要中首先點出宋儒昧於象數與「圖書」之學，無法深切闡明經義，而後推崇提倡「明體達用」之學的胡瑗（993～1053）「學問最爲篤實」，尤其肯定他「以經註經」的治學方法〔註1〕。又如《總目》排抑陸九淵（1139～1192）所引領的金谿學風「恍惚窈冥」，而錢時（1175～1244）卻能在此師承譜系中「以篤實爲宗」〔註2〕；金履祥（1232～1303）受業於「詆毀聖經」的王柏，然其學「謹嚴篤實」〔註3〕；宋儒論《春秋》有「虛憍恃氣、廢傳求經」之弊，陳深（1293～1362）卻「獨能考據事實」，受《總目》稱讚爲「篤實君子」〔註4〕。對宋儒如此，《總目》對元、明學者也大抵採取同樣的陳述模式以表彰他們的「篤實」的學問修養，如元人許謙（1270～1337）「博覈事實」的撰述精神，在宋末元初瀰漫著一片虛談風氣的學術界中顯見其可貴〔註5〕；明人邵寶（1460～1527）則處於漢學瀕臨絕滅的時代趨勢中「所學獨篤實不支」，不隨日漸玄虛的論學氣息而「沉酣經窟」〔註6〕。至於胡居仁（1434～1484）與趙南星（1550

〔註1〕《總目》卷十一，經部書類一，《洪範口義》（宋·胡瑗撰）提要云：「……洪範以五事配庶徵，本經文所有，伏生大傳以下，逮京房、劉向諸人，遂以陰陽災異附合其文，劉知幾排之詳矣。宋儒又流爲象數之學，惟圖書同異之是辯，經義愈不能明。瑗生於北宋盛時，學問最爲篤實，故其說惟發明天人合一之旨，不務新奇。……又詳引周官之法，推演八政，以經註經，特爲精確。其要皆歸於建中出治，定皇極爲九疇之本。辭雖平近，而深得聖人立訓之要，非讖緯術數者流所可同日語也。」

〔註2〕《總目》卷三三，經部五經總義類，《融堂四書管見》（宋·錢時撰）提要云：「……蓋時之學出於楊簡，簡之學出於陸九淵，門戶迥殊，故不用程、朱之本。……然金谿之學，惟憑心悟，或至於恍惚窈冥，時則以篤實爲宗，故其詮發義理，類多平正簡朴，不爲離析支蔓之言。……」

〔註3〕《總目》卷三五，經部四書類一，《大學疏義》（宋、金履祥撰）提要云：「……履祥籍隸蘭溪，於王柏爲同郡，故受業於王柏。然柏之學詆毀聖經，乖方殊甚，履祥則謹嚴篤實，猶有朱子之遺。……書中依文銓解，多所闡發。蓋仁宗延祐以前尚未復科舉之制，儒者多爲明經計，不爲程試計，故其言切實，與後來時文講義異也。」

〔註4〕《總目》卷二七，經部春秋類二，《讀春秋編》（宋·陳深撰）提要云：「……其說大抵以胡氏爲宗，而兼采左氏。蓋左氏身爲魯史，言必有據，非公羊、穀梁傳聞疑似者比。自宋人喜以空言說《春秋》，遂併其事實而疑之，幾於束諸高閣。深所推闡，雖別無新異之見，而獨能考據事實，不爲虛憍恃氣、廢傳求經之高論，可謂篤實君子，未可以平近忽之矣。」

〔註5〕《總目》卷十二，經部書類二，《讀書叢說》（元·許謙撰）提要云：「……自蔡沈《書集傳》出，解經者大抵樂其簡易，不復參考諸書。謙獨博覈事實，不株守一家，故稱『叢說』。……宋末元初說經者多尚虛談，而謙於《詩》考名物，於《書》考典制，猶有先儒篤實之遺，是足貴也。……」

〔註6〕《總目》卷三三，經部五經總義類，《簡端錄》（明·邵寶撰）提要云：「……前有寶自敘，又有雍正壬子華希閔重刊序。稱『格物一義，頓悟者方欲掃除一切。先生則

～1627）二人，分別因爲篤實的學養識見超越其師以及當時講學諸家，德行與學識皆足爲學者表率〔註7〕。若是面對本朝的學者，《總目》則偏向從學者間的互動或是清儒與宋學之間的關涉分際加以留心著墨，例如高抬陳祖范（1676～1754）之學問篤實以貶斥毛奇齡的囂爭誹詆〔註8〕；或如楊名時（1661～1737）學承清初理學名臣李光地，其純以義理解經的成果亦獲得肯定〔註9〕；或如查慎行（1650～1727）學承清初大儒黃宗羲，故其論學篤實而不昧於支離蔓衍之學〔註10〕。綜觀《總目》經部提要就「篤實」一詞對於歷代學者的評價態度與陳述方式，約略可以窺探四庫館臣觀照經學流衍的價值意向以及《總目》併人品與學術作一綜合考察的提要撰述體例〔註11〕。

其次，就論著內涵而言。得到《總目》著錄於經部且在篇目提要中肯定其撰述內容「篤實」的經學研究著作，大致上共同展示了不涉穿鑿、闡明義理、切近人事、恪循古義等學術內涵。如宋人趙汝楳撰《周易輯聞》，《總目》論其「推闡詳明」、「不

日格物猶言窮理也，理即物之所以爲物也。不日窮理，而日物者，要之於其實也』云云。蓋時方趨向良知，以爲聖人祕綸，儒者日就虛無，實所學獨篤實不支，故其言如此。全書大旨不外於斯，雖步步趨趨，尚未爲沈酣經窟。然馬、鄭、孔、賈之學，至明殆絕，研思古義者，二百七十年內稀若晨星，迨其中葉，狂禪瀾倒，異說飆騰，乃併宋儒義理之學，亦失其本旨。實所箚記，雖皆寥寥數言，而大旨要歸於醇正，亟錄存之，亦不得已而思其次也。」

〔註7〕《總目》卷五，經部易類五，《易象鈔》（明・胡居仁撰）提要云：「……居仁之學，雖出於吳與弼，而篤實則遠過其師，故在明代與曹端、薛瑄俱號醇儒。所著《居業錄》，至今稱『道學正宗』。其說《易》亦簡明確切，不涉支離幽渺之談。……」《總目》卷三六，經部四書類二，《學庸正說》（明・趙南星撰）提要云：「……雖體例近乎講章，然詞旨醇正，詮釋詳明。……皆確然守先儒之舊。蓋南星爲一代名臣，端方勁直，其立朝不以人情恩怨爲趨避，故其說經亦不以流俗好尚爲是非。雖平生不以講學名，而所見篤實過於講學者多矣，未可以其平近而忽之也。」

〔註8〕《總目》卷三三，經部五經總義類，《經咫》（清・陳祖范撰）提要云：「……祖范學問篤實，必非剽取人書者。或奇齡之書，盛氣叫囂，肆行誹詆，爲祖范所不欲觀。……」

〔註9〕《總目》卷六，經部易類六，《周易箚記》（清・楊名時撰）提要云：「……名時本李光地所取士，故其《易》學多得之光地。……其詮解經、傳，則純以義理爲宗，不涉象數，大抵於程、朱之義，不爲苟異，亦不爲苟同，在宋學之中，可謂明白而篤實矣。……」

〔註10〕《總目》卷六，經部易類六，《周易玩辭集解》（清・查慎行撰）提要云：「……慎行受業黃宗羲，故能不惑於圖書之學。……其言皆明白篤實，足破外學附會之疑。……其說經則大抵醇正而簡明，在近時講《易》之家，特爲可取焉。」

〔註11〕《總目》卷首三〈凡例〉稱：「……今於所列諸書，各撰爲提要，分之則散弁諸編，合之則共爲總目。每書先列作者之爵里，以論世知人。次考本書之得失，權眾說之異同，以及文字增刪，篇帙分合，皆詳爲訂辨，巨細不遺。而人品學術之醇疵，國紀朝章之法戒，亦未嘗不各昭彰癉，用著勸懲。其體例悉承聖斷，亦古來之所未有也。」

同穿鑿」〔註12〕；胡士行撰《尚書詳解》，則標舉其「根據舊說」、「留心古義」〔註13〕。元人著作如曾貫《易學變通》之「兼存古義，尤善持平」〔註14〕、朱祖義《尚書句解》之「隨文詮釋，辭意顯明」〔註15〕、劉瑾《詩傳通釋》之「研究義理，究有淵源」〔註16〕，皆因爲著作內容有助於學者研經或作者自身的崇高氣節而受到《總目》的重視與標榜。明人著作中呈顯其「篤實」內涵者，則大多偏重人事義理的闡發，且又以《易》學研究最能表明此一態勢。如崔銑（1478～1541）《讀易餘言》「大旨舍象數而闡義理」〔註17〕、張獻翼《讀易紀聞》「桃莊老之元虛，闡程朱之義理」〔註18〕、錢一本《像象管見》「即卦爻以求象，即象以明人事」〔註19〕、張次仲《周

〔註12〕《總目》卷三，經部易類三，《周易輯聞》提要云：「……其說推闡詳明，於比應乘承之理，盈虛消長之機，皆有所發揮，不同穿鑿，於宋人《易》說之中，猶爲明白篤實。……」

〔註13〕《總目》卷十一，經部書類一，《尚書詳解》提要云：「……其解經多以孔《傳》爲主，而存異說於後。孔《傳》有未善，則引楊時、林之奇、呂祖謙、夏僎諸說補之。諸說復有所未備，則以己意解之。……雖皆根據舊說，要能薈萃以成一家之言，猶解經之篤實者也。……亦見其留心古義，不但空談名理矣。」

〔註14〕《總目》卷四，經部易類四，《易學變通》提要云：「……是書純以義理說《易》，……立義皆爲純正。其他剖析微細，往往能出前儒訓解之外。間取互體立說，兼存古義，尤善持平。在說《易》諸家，可謂明白而篤實。且其成仁取義，無愧完人，而《元史‧忠義傳》失於記載，殊傷漏略。今蒐輯遺文，著之於錄，非惟其書足重，亦因以表章大節，發潛德之幽光焉。」

〔註15〕《總目》卷十二，經部書類二，《尚書句解》提要云：「……祖義是書，專爲啓迪幼學而設，故多宗蔡義，不復考證舊文，於訓詁名物之間，亦罕所引據。然隨文詮釋，辭意顯明，使殷盤、周誥詰屈聱牙之句，皆可於展卷之下，了然於心口，其亦古者離經辨志之意歟？以視附會穿鑿、浮文妨要，反以晦蝕經義者，此猶有先儒篤實之遺矣，亦未可以其淺近廢也。」

〔註16〕《總目》卷十六，經部詩類二，《詩傳通釋》提要云：「……其學問淵源出於朱子。故是書大旨在於發明《集傳》，與輔廣《詩童子問》相同。陳啓源作《毛詩稽古編》，於二家之言多所駁詰。然廣書皆循文演義，故所駁惟訓解之辭；瑾書兼辨定故實，故所駁多考證之語。……故啓源譏胡廣修《詩經大全》，收瑾說太濫，然徵實之學不足，而研究義理，究有淵源，議論亦頗篤實，於詩人美刺之旨尚有所發明，未可徑廢。……漢儒務守師傳，唐疏皆遵註義，此書既專爲朱《傳》而作，其委曲遷就，固勢所必然，亦無庸過爲責備也。」

〔註17〕《總目》卷五，經部易類五，《讀易餘言》提要云：「……是書以程《傳》爲主，而兼採王弼、吳澄之說，與朱子《本義》頗有異同。大旨舍象數而闡義理，故謂陳摶所傳圖象，皆衍術數，與《易》無干。諸儒卦變之說，亦支離無取，……要其篤實近理，固不失爲洛、閩之傳矣。……」

〔註18〕《總目》卷五，經部易類五，《讀易紀聞》提要云：「……獻翼放誕不羈，言行詭異，殆有狂易之疾，而其說《易》乃平正通達，篤實不支，桃莊、老之虛無，闡程、朱之義理。凡吉凶、悔吝、進退、存亡，足爲人事之鑒者，多所發明，得聖人示戒之旨。……」

易玩辭困學記》「獨以義理爲宗」〔註20〕，至如王樵（1526～1590）的《春秋輯傳》與呂柟（1479～1542）的《四書因問》，則以其「不涉穿鑿」或強調躬行實踐的工夫〔註21〕，與當時深爲科舉時文所浸染的俗學有別。至於清代諸家經學論著受到《總目》稱爲「篤實」之作者，有晏斯盛（？～1752）的《楚蒙山房易經解》，《總目》評論其兼採象數與義理之學卻能不涉曲說空談的偏弊〔註22〕；有王心敬（1656～1738）的《豐川易說》，以其說經立論之旨務求「象義雙顯」，「切於實事實理」〔註23〕，故獲《總目》予以肯定；有姜炳璋（1736～1813）的《詩序補義》，對於漢學家之「尊序」與宋學家之「廢序」採取「置而不爭」的立場〔註24〕，頗符合〈經部

〔註19〕《總目》卷五，經部易類五，《像象管見》提要云：「……是書不取京、焦、管、郭之說，亦不取陳摶、李之才之義，惟即卦、爻以求象，即象以明人事，故曰『像象』。象者天道，像其象者，盡人合天之道也。大旨謂由辭得象，而後無虛懸說理之病；知像爲象，而後有神明默成之學，而深闢言象遺理、言理遺象、仿佛其象而仍不知所以爲象之弊。雖間有支蔓，而篤實近理者爲多。自稱用力幾二十年，亦可謂篤志矣。」

〔註20〕《總目》卷五，經部易類五，《周易玩辭困學記》提要云：「……是書前有自序，謂『賦性顓愚，不敢侈談象數，又雅不信讖緯之說，惟於語言文字間求其諦當有益身心者，輒便疏錄。歲久成帙，經二十餘年，凡六七易稿而後成。』持論最爲篤實，……蓋掃除轇轕之說，獨以義理爲宗者。雖盡廢諸家義例，未免開臆斷之門，然其盡廢諸圖，則實有剗削榛蕪之力。且大旨切於人事，於學者較爲有裨，……」

〔註21〕《總目》卷二八，經部春秋類三，《春秋輯傳》提要云：「……以朱子爲宗，博采諸家，附以論斷，未免或失之冗，然大旨猶爲醇正。……明人之說《春秋》，大抵範圍於胡《傳》。其爲科舉之計者，固不足言；其好持議論者，又因仍奇說，彌用推求，巧詆深文，爭爲刻酷，尤失筆削之微旨。樵作此書，差爲篤實，其在當日，亦可云不移於俗學者矣。」又《總目》卷三六，經部四書類二，《四書因問》提要云：「……所說多因《四書》之義，推而證諸躬行，見諸實事。……皆開示親切，不徒爲訓詁空談。柟文集佶屈聱牙，純爲僻體，而其解《四書》，平正篤實乃如此。……」

〔註22〕《總目》卷六，經部易類六，《楚蒙山房易經解》提要云：「……不廢象數，而不爲方技術數之曲說；不廢義理，而不爲理氣心性之空談。在近日說《易》之家，猶可云篤實近理焉。」

〔註23〕《總目》卷六，經部易類六，《豐川易說》提要云：「……心敬受業於李顒，而謹嚴不逮其師。所注諸經，大抵好爲異論，《書》及《春秋》爲尤甚。惟此編推闡《易》理，最爲篤實。其言曰：『學《易》可以無大過，是孔子明《易》之切於人身，即是可以知四聖人繫《易》之本旨，並可以識學《易》之要領。』……又曰：『置象言《易》，是謂懸空；執象舍義，是爲泥跡。象義雙顯，則體用一源，顯微無間。』……又曰：『學者讀《易》不知求設教之本旨，讀《書》不知〈洪範〉經世之宏猷，每於河圖、洛書穿鑿附會，何切於實事實理？』……其說皆明白正大，故其書皆切近人事，於學者深爲有裨。至於互卦之說，老陰、老陽始變之說，錯綜之說，卦變之說，皆斥而不信，併《左氏》所載古占法而排之。雖主持未免太過，要其立言之大旨則可謂正矣。」

〔註24〕《總目》卷十六，經部詩類二，《詩序補義》提要云：「……要其恪守先儒，語必有據，

總序〉所謂「消融門戶」、「務取持平」之旨；有焦袁熹（1660～1725）的《此木軒四書說》，不爲科舉之風所偏而「獨能深求於學問」〔註25〕。從以上所見《總目》所稱「篤實」諸書的提要內容，可以對就其評價觀點相牽連的考量層面與條件有一較爲清晰的認識。

最後，就時代學風而言。《總目》對元代士人群體所反映的學術風格是抱持積極肯定的態度，故稱「元儒之學，主於篤實」〔註26〕，而四庫館臣從學術發展的各方面進行整體評估，以爲這股篤實的學風尙能延續到十六世紀初期即明代正德（1506～1521）、嘉靖（1522～1566）年以前，所謂「元儒篤實之風，明初猶有存焉」〔註27〕、「正、嘉以前，儒者猶近篤實」〔註28〕，並且公認萬曆年間（1573～1620）乃

而於廢序諸家，亦置而不爭，不可不謂篤實近裏之學也。……」

〔註25〕《總目》卷三六，經部四書類二，《此木軒四書說》提要云：「……雖不免賢智之過，然其他皆疏理簡明，引據典確。間與《章句集注》小有出入，要能犂然有當於人心。自明以來，講《四書》者多爲時文而設，袁熹是書，獨能深求於學問。原序稱其心師陸隴其，終身不名不字，而不走其門。蓋志不近名，宜其言之篤實矣。」

〔註26〕《總目》卷十六，經部詩類二，《詩演義》（元・梁寅撰）提要云：「……前有自序云：『此書爲幼學而作，博稽訓詁以啓其塞，根之義理以達其義，隱也使之顯，略也使之詳。』今考其義，大抵淺顯易見，切近不支。元儒之學，主於篤實，猶勝盧談高論、橫生臆解者也。」

〔註27〕《總目》卷十六，經部詩類二，《詩解頤》（明・朱善撰）提要云：「……其說不甚訓詁字句，惟意主借詩以立訓。故反覆發明，務在闡興觀群怨之旨、溫柔敦厚之意，而於興衰治亂，尤推求源本，剴切著明。在經解中爲別體，而實較諸儒之爭競異同者爲有裨於人事。……蓋元儒篤實之風，明初猶有存焉，非後來空談高論者比也。」

〔註28〕《總目》卷五，經部易類五，《易經存疑》（明・林希元撰）提要云：「……其書本爲科舉之學，故主於桃漢而尊宋。然研究義理，持論謹嚴，比古經師則不足，要猶愈於剽竊庸膚、爲時文弋獲之術者。蓋正、嘉以前，儒者猶近篤實也。……」此外，《總目》卷五八，史部傳記類二，《明儒學案》（清・黃宗羲撰）提要亦稱：「……夫二家之學，各有得失。及其末流之弊，議論多而是非起，是非起而朋黨立，恩讎輒輒，毀譽糾紛。正、嘉以還，賢者不免。……」《總目》卷一二四，子部雜家類存目一，《雅述》（明・王廷相撰）提要云：「……宏、正以前之學者，惟以篤實爲宗，至正、嘉之間，乃始師心求異。……」《錢子測語》（明・錢琦撰）提要云：「……正、嘉時人猶淳實，……」而在集部提要中更屢見四庫館臣以弘治、正德、嘉靖三朝近百年的世代視作區分文風嬗變之轉關，如《總目》卷一七一，別集類，《震澤集》（明・王鏊撰）提要云：「……宏、正閒文體爲一變……」卷一七六，別集類存目三，《靜芳亭摘稿》（明・陳洪謨撰）提要云：「……宏、正之間，風氣初變，漸趨七子之派，而未盡離三楊之體也。……」卷一七一，別集類，《大復集》（明・何景明撰）提要云：「……正、嘉之閒，景明與李夢陽俱倡爲復古之學，天下翕然從之，文體一變。……」卷一百七，別集類，《懷麓堂集》（明・李東陽撰）提要云：「……正、嘉以後，文以沈博偉麗爲宗，其究漸流於虛憍。……」等等，以此可證《總目》對於學風遞嬗的輪廓勾勒，是一經過綜合考察、審慎評估以及前後統貫的結果，斷非片面之詞。

是明代學術日趨荒殆的歷史分水嶺，只有像魏濬這等「博考究文，兼存古義」〔註29〕尤遺漢儒篤實學統的學者，方為四庫館臣所注目。

《總目》取「淳（醇）實」一詞評論詁經之說，大抵反映於宋、元學者的著作提要，而其中不僅反復表現出四庫館臣對於先儒學風之嚮往致意、對於研經之說由虛還實的推崇，更明白揭示《總目》透過「存以示戒」的著錄體例以針砭學術風向、推考變易原始的用心。前者如四庫館臣再三點出「考先儒學問，大抵淳實謹嚴」〔註30〕、「唐以前儒風淳實，不搖惑於新說」〔註31〕、「（五代以前）其時儒風淳實，尚不以鑿空臆斷相高」〔註32〕等宏觀體探，而後人在經學言說場域中尚能遠承此種論述精神者，如宋儒方實孫所撰《淙山讀周易記》，《總目》論其經說「多主於爻象，不設空談」〔註33〕，較諸宋人說《易》輒流入冥心臆測、玄遠恍惚之詭域，其論旨尚屬淳實；又如元代李簡所撰《學易記》，《總目》稱許其兼括博綜與精審的編撰態度，謂「始博終約，蓋非苟作，故所言多淳實不支」〔註34〕，且保存了許多早已亡佚的先儒經說，復含致用於經學本身的文獻價值；而清初李塨所撰《周易傳注》，則將詮解《易》理的路向從卦變、河圖洛書、先天八卦等無用之道轉而歸於專明人事，《總目》也從經學史的角度肯定李塨代表明清之際易學論述崇實黜虛的轉折意義〔註35〕。至於後者，《總目》一則舉出北宋劉敞（1019～1068）撰《七經小傳》之說經內容「變先儒淳實之風」、「開南宋臆斷之弊」的肇因，在於「好以己意改經」〔註36〕的論學誤失；不過對於此書在改動經文或增字釋經或獨發新意之餘時有精核確鑿之論，《總目》仍著意予以迴護。此外，《總目》復舉《易》學轉入心性之學的發展緣

〔註29〕《總目》卷五，經部易類五，《易義古象通》提要云：「……明自萬歷以後，經學彌荒。篤實者局於文句，無年發明；高明者驚於虛無，流為恣肆。濬獨能博考舊文，兼存古義，在爾時說《易》之家，譬以不食之碩果，殆庶幾焉。」《總目》卷一二三，子部雜家類七，《少室山房筆叢》（明‧胡應麟撰）提要亦云：「……明自萬曆以後，心學橫流，儒風大壞，不復以稽古為事。……」《總目》卷一三二，子部雜家類存目九，《續說郛》（明‧陶珽編）提要亦云：「……正、嘉以上，淳樸未漓，猶頗存宋、元說部遺意。隆、萬以後，運趨末造，風氣日偷。……」

〔註30〕詳見《總目》卷十五，經部詩類一《詩補傳》（宋‧范處義撰）提要。

〔註31〕詳見《總目》卷二一，經部禮類三禮記之屬《禮記纂言》（元‧吳澄撰）提要。

〔註32〕詳見《總目》卷二二，經部禮類四三禮通義之屬《三禮圖》（明‧劉績撰）提要。

〔註33〕詳見《總目》卷三，經部易類三，《淙山讀周易記》提要。

〔註34〕見《總目》卷四，經部易類四，《學易記》提要。

〔註35〕《總目》卷六，經部易類六，《周易傳注》提要云：「……其說頗為淳實，不涉支離恍惚之談。……明自隆、萬以後，言理者以心學竄入易學，率持禪偈以詁經，言數者奇偶黑白遞相推衍，圖日積而日多，反置象占詞變、吉凶悔吝於不問，其蠹蝕經術，實弊不勝窮。塨引而歸之人事，深得聖人垂教之旨。……」

〔註36〕詳見《總目》卷三三，經部五經總義類，《七經小傳》提要。

由〔註37〕，以「醇實」與「幻眩」相對比，深斥南宋王宗傳所撰《童溪易傳》「引《易》以歸心學，引心學以歸禪學，務屏棄象數，離絕事物，遁於恍惚窅冥，以爲不傳之祕」〔註38〕的偏差導向，具有標明其爲始作俑者的警示意味。

　　從上述數例，似乎可以覺察出內含於《總目》經部提要中的崇實思想，其實應具有其鮮明的排他性格，而受此種性格作用且蔓衍其中的圖書著錄準則，亦不斷爲之建構起層次嚴密的價值邊界。

二、「實行」與「實用」

　　《總目》在經部著錄書籍之篇目提要中論及「實行」或「實用」者，亦可以歸納爲數種學術評議的觀照角度與各專門知識的功能指向——

　　其一爲學者的論學態度。如宋人林岊所撰《毛詩講義》，《總目》在此書提要中徵引《福建通志》對他在地方講學時要求學生「敦勉實行」的評述，又肯定他正當南宋紹熙（1190～1194）至嘉定（1208～1224）年間學術界一片廢除詩序聲浪正盛之際，依然謹守漢學家重視詩序的說經傳統，且能在先儒流傳積澱的論述脈絡中融會貫通、折衷異同〔註39〕。又如清初理學大家孫奇逢，《總目》稱其學術取向「主於明體達用」〔註40〕，且其論《易》之作不取「圖書」之說，致力於闡明人事義理〔註41〕，這種以崇實致用爲主體的論學態度頗與《總目》強調「用《易》而不作《易》」

〔註37〕《總目》卷三，經部易類三，《童溪易傳》提要云：「……宗傳之說，大概祧梁、孟而宗王弼，故其書惟憑心悟，力斥象數之弊，……蓋弼易祖尚元虛以闡發義理，漢學至是而始變。宋儒掃除古法，實從是萌芽。然胡、程祖其義理而歸諸人事，故似淺近而醇實；宗傳及簡祖其元虛而索諸性天，故似高深而幻眩。……《春秋》之書事，《檀弓》之說禮，必謹其變之所始。錄存是編，俾學者知明萬歷以後，動以心學說《易》，流別於此二人，亦說《周禮》者存俞庭椿、邱葵意也。」

〔註38〕見《總目》卷五，經部易類五，《周易易簡說》提要。

〔註39〕《總目》卷十五，經部詩類一，《毛詩講義》提要云：「……《宋史》不爲立傳，而《福建通志》稱其在郡九年，頗多惠政，重建清湘書院，與諸生講學，勉敦實行，郡人祀之柳宗元廟，則亦循吏也。是編皆其講論《毛詩》之語，觀其體例，蓋在郡時所講授，而門人錄之成帙者，大都簡括箋疏，依文訓釋，取裁毛、鄭而折衷其異同。雖範圍不出古人，然融會貫通，要無枝言曲說之病。當光寧之際，廢序之說方盛，岊獨力闡古義，以詔後生，亦可謂篤信謹守者矣。……」

〔註40〕見《總目》卷九七，子部儒家類存目三，《歲寒居答問》（清‧孫奇逢撰）提要云：「……奇逢之學主於明體達用，宗旨出於姚江，而變以篤實，化以和平，兼採程、朱之旨，以彌其闕失。……」

〔註41〕《總目》卷六，經部易類六，《讀易大旨》（清‧孫奇逢撰）提要云：「……奇逢說《易》，不顯攻圖書，亦無一字及圖書。大意發明義理，切近人事，……其平生之學主於實用，故所言皆關法戒，有足取焉。」

的精神相契和，故被推許爲足堪取法之書。

　　其二爲書籍本身所蘊含的知識效用。如前述學主經世實用的孫奇逢，其《四書近指》一書在四庫館臣眼中亦被認爲可以令研讀者「知反身以求實行實用」〔註42〕，故有益於後學以及四書經義的發揮。而明代黃道周（1585～1646）所撰的《儒行集傳》，《總目》以爲此書之撰著本旨初不在解經而意欲借以納諫，又指摘作者成書過於倉卒致使疏於考證，甚至作出「非解經之正軌」這種足以將此書打入存目之域甚至不得登錄的嚴厲批判，卻獨以書中內容具有「切於實用」、「不失聖人垂教之心」〔註43〕的功能指向，而開「不能不列之經部」的特例。其他如乾隆年間欽命莊親王允祿（1695～1767）等人編撰的《御製律呂正義後編》，目的即以康熙朝敕撰《律呂正義》所訂的樂律制度爲基礎，「而審訂源流，驗諸器數」，詳細載錄各種樂章、樂譜、舞譜以及樂器、舞具的圖示與圖說，至於其功能作用則如《總目》所稱：

　　　　蓋《御製律呂正義》殫窮理數之蘊，妙契聲氣之元者，至是而被諸金
　　石，形諸歌頌，一一徵實用焉〔註44〕。

於是此書之編撰，不僅成爲使清代宮廷禮樂制度得以定型的經典，其格外重視的「實用」指向更足堪與文治武功、權力身分以及文化傳統等政治象徵意義作一高度結合〔註45〕。而小學類書籍，《總目》雖然未在經部小序系統當中明顯言及其與崇實思想相關的學術內涵及著錄準則，但從唐人顏元孫《干祿字書》之提要中可以看出，此書獲得著錄的原因仍本於「酌古準今，實可行用」〔註46〕的實際知識效用。

　　其三爲書籍的撰著本旨。如元代黃鎮成（1287～1362）撰《尚書通考》一書，《總目》雖然病其汎濫、冗瑣、例雜，然而論析其撰著本書之初衷實乃「以實用求《書》，不以空言求《書》」〔註47〕，故著錄之並申明此關鍵原委。至於乾隆二十年

〔註42〕《總目》卷三六，經部四書類二，《四書近指》提要云：「……奇逢之學兼採朱、陸，而大本主於窮則勵行，出則經世。故其說如此，雖不一一皆合於經義，而讀其書者知反身以求實行實用，於學者亦不爲無益也。」

〔註43〕《總目》卷二一，經部禮類三，《儒行集傳》提要云：「……若《禮記》五篇，則借以納諫，意原不主於解經。且一年之中，輯書五種，亦成之太速，故考証或不免有疏。然賦詩斷章，義各有取，郢書燕說，國以大治。苟其切於實用，則亦不失聖人垂教之心。故雖非解經之正軌，而不能不列之經部焉。」

〔註44〕詳見《總目》卷三八，經部樂類，《御製律呂正義後編》提要。

〔註45〕參考劉桂騰〈清代乾隆朝宮廷禮樂探微〉，載於《中國音樂學》，2001年第3期，頁43～67。

〔註46〕詳見《總目》卷四一，經部小學類二，《干祿字書》提要。

〔註47〕《總目》卷一二，經部書類二，《尚書通考》提要云：「……鎮成此編，雖頗嫌蕪雜，然猶爲以實用求書，不以空言求書者。其自序有曰求帝王之心易，考帝王之事難，可謂知說經難易之故矣。」

（1755）敕撰之《御纂周易述義》，自當藉官方纂修群書的機會與管道，敷陳其切近人事、遵循古義、闡明經義、兼採漢宋的編撰要旨，宣達「切於實用爲本」〔註48〕的研經指標，以爲學者解《易》之科律規條。

三、「切實」與「實際」

　　《總目》於評議經部群書的學術內涵與治學方法時，復有取「切實」一詞以爲衡量標準者。如北宋耿南仲（？～1129）撰《周易新講義》，《總目》認爲其對《易》理之詮釋誤導了對當時戰、和時局的評估與判斷，不過本書大抵能就實事而發爲警語，「往往切實有裨」〔註49〕；而四庫館臣著錄此書之用意，或許即在凸顯所謂「經術誤國」的經世警訊。又如李光（1078～1159）曾爲胡銓（1102～1180）《易解》作序，言及「《易》之爲書，凡以明人事。學者泥於象數，《易》幾爲無用之書。邦衡說《易》，眞可與論天人之際」，《總目》便以此語論李光撰《讀易詳說》之本旨，並將評論重心置放在作者「於當世之治亂，一身之進退，觀象玩詞，恆三致意」的解經內涵以及「因事抒忠，依經立義」的論學動機兩方面，認爲李光此書若從「切實近理」〔註50〕的評價角度來看，實在胡銓《易解》之上。至於元人王申子撰《大易輯說》，四庫館臣注意到他治學取徑之有別於先儒傳統，儘管批評其「自命未免太高，不足爲據」，卻也肯定本書詮解經文尚有「平正切實」〔註51〕的成分，以資彰示《總目》兼容並蓄的學術評判襟懷；而熊朋來（1246～1323）所撰《五經說》，《總目》儘管歷數其學承宋儒所能盡涉之諸弊，然就此書內容對義理發明之立論醇正而言，

〔註48〕《總目》卷六，經部易類六，《御纂周易述義》提要云：「……所解皆融會群言，擷取精要，不條列姓名，亦不駁辨得失。而遺文詮釋，簡括宏深，大旨以切於實用爲本。……」

〔註49〕《總目》卷二，經部易類二，《周易新講義》提要云：「……南仲畏戰主和，依違邊就，即此苟求無咎與無拂天道之說有以中之。是則經術之偏，禍延國事者也。然大致因象詮理，隨事示戒，亦往往切實有裨，究勝於高語元虛，推演奇偶，晦蝕作《易》之本者，節取所長可矣。」

〔註50〕以上引文詳見《總目》卷二，經部易類二，《讀易詳說》提要。

〔註51〕《總目》卷四，經部易類四《大易輯說》提要云：「……其說《易》則力主數學，而持論與先儒迥異。……於古來說《易》七百餘家中，惟取六家：一河圖洛書，二伏羲，三文王，四周公，五孔子，六周子《太極圖》也。其自命未免太高，不足爲據。……蓋萬事不出乎奇偶，故圖書之學，縱橫反覆，皆可以通，彼亦一是非，此亦一是非耳。然考申子之繳繞圖書者，僅前二卷，至於三卷以後，詮解經文，仍以詞變象占比應乘承爲說，絕不生義於圖、書。其言轉平正切實，多有發明，然則又何必繪圖作解，纏纏然千萬言乎？讀是書者，取其詁經之語，而置其經外之旁文可也。……」

仍肯定他「在宋學之中，亦可謂切實不支」〔註52〕的長處而著錄之，亦可藉此宣揚四庫館臣力圖型塑其超越門戶之見的表相立場。若論當代學者之論著，則舉出如陳法撰《易箋》專言人事，持論「切實不支」〔註53〕；錢澄（1612～1694）之撰《田間詩學》以其對於名物訓詁、山川地理的考證切實見長〔註54〕；李光地撰《詩所》多能推求興觀群怨之旨，「其言皆明白切實，足闡朱子未盡之義」〔註55〕是為得《總目》所重之解詩內涵；胡渭撰《大學翼真》，憑藉著深厚的經學素養與精密的考據工夫，而能得出迥異於性命理氣之空談的切實論見〔註56〕。

　　至於《總目》對經部著錄諸書凡是冠以「實際」作為評論定位者，幾乎皆與空言、虛談相對舉以確認、維護此一措辭之意義疆界，且大多帶有積極致用性格的知識指向。如明人黃佐（1490～1566）所撰《泰泉鄉禮》，《總目》以作者不受講學家之名所累而論其內容「多節實際」，具有「可見施行」的實用價值，並舉出黃佐所補注之《黃極經世》以作「有用」、「無益」之較論〔註57〕。又如清人連斗山（1771～1832）所撰《周易辨畫》，採用乾嘉考據學者最為信賴的「以本經證本經」的解經規範，故得《總目》論其「與高談性道以致惝怳無歸者，尚較有實際焉」〔註58〕。又

〔註52〕《總目》卷三三，經部五經總義類，《五經說》提要云：「……朋來之學，恪守宋人。故《易》亦言先天、後天、河圖、洛書，《書》亦言〈洪範〉錯簡，《詩》亦不主小序，《春秋》亦不主三傳。蓋當時老師宿儒相傳如是，門戶所限，弗敢尺寸踰也。……然其書發明義理，論頗醇正，於《禮》經尤疏證明白。在宋學之中，亦可謂切實不支矣。寸有所長，固無妨錄備一家也。」

〔註53〕《總目》卷六，經部易類六，《易箋》提要云：「……其書大旨以為《易》專言人事，故象、爻之辭，未嘗言天、地、雷、風諸象，亦並不言陰陽。……法所云象辭不言象者，未為盡合，然其持論之大旨，則切實不支。……」

〔註54〕詳見《總目》卷十六，經部詩類二，《田間詩學》提要。

〔註55〕《總目》卷十六，經部詩類二，《詩所》提要云：「……是編大旨，不主於訓詁名物，而主於推求詩意。其推求詩意，又主於涵泳文句，得其美刺之旨而止，亦不旁徵事跡，必求其人以實之。……其言皆明白切實，足闡朱子未盡之義，亦非近代講章揣骨聽聲者所可及也。」

〔註56〕《總目》卷三六，經部四書類二，《大學翼真》提要云：「……皆引據精核，考證詳明，非空疏游談者可比。……所見切實，視泛為性命理氣之談，以五常百行之外別有一物謂之道、別有一事謂之學者，勝之遠矣。」

〔註57〕《總目》卷二二，經部禮類四雜禮書之屬，《泰泉鄉禮》提要云：「……佐之學雖恪守程朱，然不以聚徒講學名，故所論述，多切實際。……第取其今世可行而又不倍戾於古者。……皆深寓端本厚俗之意。……大抵皆簡明切要，可見施行，在明人著述中，猶為有用之書。視所補註之《皇極經世》支離曼衍，敝精神於無益之地者，有空言、實事之分矣。」

〔註58〕《總目》卷六，經部易類六，《周易辨畫》提要云：「……其逐卦詳列互體，剖析微渺，亦頗有合於精理者。蓋即爻論爻，乃能以《易》詮《易》，雖間有附會之失，而錯綜變化之本旨，猶可藉以參觀，固與高談性道以致惝怳無歸者，尚較有實際焉。」

如沈廷芳（1711～1772）所撰《十三經註疏正字》，因其校正的方法、體例與成果足徵考信，而對於《十三經註疏》亦有疏通經義之顯著功用，故《總目》稱其「較諸訓詁未明而自謂能窮理義者，固有虛談、實際之分矣」〔註59〕。又如黃宗羲所撰《孟子師說》，儘管以「師說」題名，大體仍在發揮個人對《孟子》義理的見解，而非端賴其師劉宗周之學術觀點，且時對所承之說發論立異。《總目》對於梨州學術及此書的評論則是「案諸實際，推究事理，不爲空疏無用之談」〔註60〕，此論亦與黃宗羲終生懷抱博學經世的學術性格相仿。

四、「徵實」

「徵實」乃是《總目》對於清初學者投身經學論述形塑的精神趨勢與確實成果的概觀與總評，儘管這種學術取向難免帶出時而失之瑣碎的研究代價，但不可否認其深植於《總目》作爲著錄經部群書的重要準則之一。此處所舉五例，皆是對於經學著作內涵的高度肯定，而從中又可以解析出個別的治學取徑。如宋人劉敞的《春秋權衡》，《總目》論其「說貴徵實」，乃著眼於其對禮學有深刻掌握的涵養，辨析諸家經說方能切合經義而不失諸臆斷〔註61〕此書作爲劉敞《春秋》學的根柢，其後諸作如《春秋傳》、《春秋意林》、《春秋傳說例》等秉此精神遞進開展，《總目》因之對其論學旨趣作出「得經意者爲多」〔註62〕、「灼然得聖人之意者亦頗不少」〔註63〕等正面評價，也爲他在宋明經學史或春秋學史上圈置一席之地。又如明人毛晉（1598～1659）所注《毛詩陸疏廣要》，《總目》之所以稱其「言言徵實」，即是注意到作者本身所獨具富藏圖籍善本的資源背景，遂進一步點出書藏質量以及善用書藏資源的

〔註59〕《總目》卷三三，經部五經總義類，《十三經註疏正字》提要云：「……是書所舉，或漏或拘，尚未能毫髮無憾。至於爹稽眾本，考驗六書，訂刊板之舛訛，祛經生之疑似。《註疏》有功於聖經，此書更有功於《註疏》。較諸訓詁未明而自謂能窮理義者，固有虛談、實際之分矣。」

〔註60〕《總目》卷三六，經部四書類二，《孟子師說》提要云：「……宗周之學，雖標慎獨爲宗，而大旨淵源，究以姚江爲本。故宗義所述，仍多闡發良知之旨。然於『滕文公爲世子』章，力闢沈作喆語，辨無善無惡之非；於『居下位』章，力闢王畿語，辨性亦空寂，隨物善惡之說，則亦不盡主姚江矣。其他議論，大都案諸實際，推究事理，不爲空疏無用之談。略其偏駁而取其明切，於學者不爲無益，固不必執一格而廢眾論，因一眚而廢全書也。」

〔註61〕《總目》卷二六，經部春秋類一，《春秋權衡》提要云：「……蓋敞邃於禮。故是書進退諸說，往往依經立義，不似復之意爲斷制，此亦說貴徵實之一驗也。」

〔註62〕見《總目》卷二六，經部春秋類一，《春秋傳》提要。

〔註63〕見《總目》卷二六，經部春秋類一，《春秋意林》提要。

學術敏感度，對於學術研究尤其是「辨難考訂」工程的鉅大助益〔註64〕。而馮應京（1555～1606）的《六家詩名物疏》，《總目》也是基於其解詩遵循古義且徵引賅博、考證確實而肯定爲「徵實之學者」〔註65〕。至於清朝王夫之所撰《周易稗疏》，《總目》同樣以「徵實之學」論其內涵，則具體陳述了反映此一內涵的三個外顯面相：其一不信陳摶先天之學、京房災異之術；其二排拒河圖洛書、讖緯雜說；其三推離老莊空談玄渺之旨〔註66〕。《總目》復舉陳啓源（？～1689）的《毛詩稽古編》以爲經學研究自蹈虛轉趨徵實的代表作，更是直言表彰此書「堅持漢學」的發論立場〔註67〕。由此可見，「徵實」的圖書著錄準則，不論包容若干治經方法或撰著體例的異同取徑，要其旨歸，終究須爲「漢學」底蘊發微明志。

五、「實學」

詳考四庫館臣於《總目》著錄書提要中言及「實學」者僅只八處〔註68〕，而從

〔註64〕《總目》卷十五，經部詩類一，《毛詩陸疏廣要》提要云：「……（毛晉）家富圖籍，世所傳影宋精本，多所藏收。又喜傳刻古書，汲古閣板至今流布天下。……蓋儲藏本富，故徵引易繁；採摭既多，故異同滋甚。辨難考訂，其說不能不長也。……明季說詩之家，往往簸弄聰明，變聖經爲小品，晉獨言言徵實，固宜過而存之，是亦所謂論其世矣。」

〔註65〕《總目》十六，經部詩類二，《六家詩名物疏》提要云：「……其徵引頗爲賅博，每條之末，間附考証。……其議論皆有根柢，猶爲徵實之學者。……」

〔註66〕《總目》卷六，經部易類六，《周易稗疏》提要云：「……大旨不信陳摶之學，亦不信京房之術，於先天諸圖、緯書、雜說，皆排之甚力，而亦不空談幻渺，附合老、莊之旨，故言必徵實，義必切理，於近時說《易》之家爲最有根據。……卷帙雖少，固不失爲徵實之學焉。」

〔註67〕《總目》卷十六，經部詩類二，《毛詩稽古編》提要云：「……其間堅持漢學，不容一語之出入，雖未免或有所偏，然引據賅博，疏証詳明，一一皆有本之談。蓋明代說經，喜騁虛辨，國朝諸家，始變爲徵實之學，以挽頹波。古義彬彬，於斯爲盛，此編尤其最著也。……」

〔註68〕《總目》中出現「實學」的措辭分別見於：
　　經部卷十一，書類一，《尚書要義》（宋·魏了翁撰）提要云：
　　　　……《尚書》文既聱牙，註疏復又浩汗，學者卒業爲艱。了翁汰其冗文，使後人不病於蕪雜，而一切考證之實學，已精華畢撷，是亦讀注疏者之津梁矣。……
　　經部卷三三，五經總義類，《古經解鈎沉》（清·余蕭客撰）提要云：
　　　　……自宋學大行，唐以前訓詁之傳，率遭排擊，其書亦日就散亡。沿及明人，說經者遂憑臆空談，或蕩軼於規距之外。國朝儒術昌明，士敦實學，復仰逢我皇上稽古右文，詔校刊《十三經註疏》頒行天下。風教觀摩，凡著述之家，爭奪發而求及於古，蕭客是書其一也。……
　　經部卷三六，四書類二，《四書纂箋》（元·詹道傳撰）提要云：

這些提要內容可以明顯看出,《總目》所指「實學」皆有一與之相對應或相對比的意義指向。與之相對應者如審訂文字音讀、考證器物制度、註解典故出處之類,而大體上以「考證」或「儒術」予以統括;與之相對比者則如「心性」、「空言」之類,在重建或整理傳統知識與思想世界的過程中受到普遍的貶抑與排擠。《總目》以為從唐、宋、元、明以至於清代之歷代學術中,皆內含著一種要求學者治學必須兼顧修養德行的基礎、嫻熟經典的內涵以及明瞭用世的指向等側重面相,而面對晚明以來蹈虛凌空的論學態度與疏離經義的言說內容,「實學」措辭所呼喚的正是回歸於經典本身以求開拓切近於人事見諸世用的經義資源,並以嚴謹的字義訓詁作為發掘的對話介面。清高宗於乾隆十二年（1747）三月官方重刻《十三經注疏》的序文中也明白指出朝廷刻書的意義不在於「徒備金匱石室之藏」,而是有其學術針對性與號召力地要「嘉與海內學者,篤志研經,敦崇實學」〔註69〕。可以確定的是,「實學」作為明末清初儒學轉型過程中一種「欲把形上世界往下拉落的時代傾向」〔註70〕與學

是書略仿古經箋疏之體,……正其音讀,考其名物度數,各注於本句之下,亦間釋朱子所引之成語。……大致皆有根柢,猶元儒之務實學者。……

史部卷八一,政書類一,《通典》（唐・杜佑撰）提要云:

　　……其博取五經、群史及漢魏六朝人文集、奏疏之有裨得失者,每事以類相從,凡歷代沿革,悉為記載,詳而不煩,簡而有要,元元本本,皆為有用之實學,非徒資記問者可比。……

子部卷一三五,〈類書類序〉云:

　　……此體一興,而操觚者易於檢尋,注書者利於剽竊,轉輾稗販,實學頗荒。然古籍散亡,十不存一,遺文舊事,往往託以得存。……

子部卷一一五,譜錄類,《欽定西清古鑑》（乾隆十四年奉敕撰）提要云:

　　……蓋著述之中,考證為難,考證之中,圖譜為難,圖譜之中,惟鐘鼎款識,義通乎六書,制兼乎三禮,尤難之難。讀是一編,而三代法物恍然如覿。聖天子稽古右文,敦崇實學,昭昭乎有明驗矣。

子部卷一二二,雜家類六,《震澤長語》（明・王鏊撰）提要云:

　　……鏊文詞醇正,又生當明之盛時,士大夫猶崇實學,不似隆慶、萬曆以後聚徒植黨,務以心性相標榜,故持論頗有根據。……

集部卷一五九,別集類十二,《攻媿集》（宋・樓鑰撰）提要云:

　　……蓋宋自南渡而後,士大夫多求勝於空言,而不甚究心於實學。鑰獨綜貫今古,折衷攷較,凡所論辨,悉能洞澈源流,可謂有本之文,不同浮議。……

集部卷一七三,別集類二六,《果堂集》（清・沈彤撰）提要云:

　　彤博究古籍,精於考據,……是集多訂正經學文字,……皆援據典核,考證精密。……集雖不尚詞華,而頗足羽翼經傳,其實學有足取者,與文章家固別論矣。

〔註69〕詳見《清高宗實錄》卷二八六,乾隆十二年三月丙申條。

〔註70〕參考鄭宗義《明清儒學轉型探析——從劉蕺山到戴東原》,第七章〈明清儒學的轉型〉,頁183～185。

術趨勢，在《總目》當中雖然沒有被刻意強調或賦予其產生支配評價學術的明顯措辭強度，卻是連接與反映這股崇實思潮其他諸面相的核心意義。

六、其　他

在經部提要之中，尚有其他可以反映《總目》秉持「崇實黜虛」的精神以開展或深化其「徵實不誣」的研經內涵與經學批評語境的措辭例證。如論宋人戴溪（1141～1215）所撰《續呂氏家塾讀詩記》，《總目》接連引述陳振孫（1183～1261）《直齋書錄解題》以及《溫州府志》對於其人其書的批評，不約而同提到作者具備「平心靜氣」、「平實簡易」〔註71〕的論學修養，側重人品與學術、修德與通經兩個評論層次的整體觀照。同樣以「平實」論元人許謙撰《讀四書叢說》演繹義理的學術內涵，《總目》亦不吝於補述此書平實內涵得以外顯的體例取徑：一則以言簡意賅的筆觸發揮義理；一則製繪圖說以消解窒礙；一則增補對於名物訓詁的考證以發明朱熹學說〔註72〕。這可說是《總目》藉彰顯圖書學術價值以深入描繪著錄書籍之思想邊界的規範方式。

《總目》還有以「典實」論明人張次仲所撰之《待軒詩記》。此處分別取「典」含「文雅」之義與「實」含「明確」之義，有層次地評述張次仲論學不同於毛奇齡「以朱子爲敵國」或孫承澤（1594～1676）「以毛氏爲罪人」的激越情態，進而肯定其持中的發論立場以及引據明確的解經方式〔註73〕。這種講求詳明與根據的論著方式如果置於「春秋類」書籍的討論範圍，其應用的對象便轉換爲對歷史實事的考求與意義掌握。蓋《春秋》旨含褒貶，《總目》在〈凡例〉中已指明：「不得其事跡之本末，則褒貶何據而定？」因此，當《總目》稱明人湛若水（1466～1560）之《春

〔註71〕《總目》卷十五，經部詩類一，《續呂氏家塾讀詩記》提要云：「……《書錄解題》謂其大旨不甚主小序。然皆平心靜氣，玩索詩人之旨，與預存成見，必欲攻毛、鄭而去之者，固有殊。《溫州志》稱溪平實簡易，求聖賢用心，不爲新奇可喜之說，而識者服其理到，於此書可見一斑矣。……」

〔註72〕《總目》卷三六，經部四書類二，《讀四書叢說》提要云：「……黃溍作謙墓誌，亦稱是書敦繹義理，惟務平實，……書中發揮義理，皆言簡意該。或有難曉，則爲圖以明之，務使無所凝滯而後已。其於訓詁名物，亦頗考証，有足補《章句》所未備，於朱子一家之學，可謂有所發明矣。」

〔註73〕《總目》卷十六，經部詩類二，《待軒詩記》提要云：「……大抵用蘇轍之例，以小序首句爲據，而兼採諸家以會通之。其於《集傳》，不似毛奇齡之字字譏彈，以朱子爲敵國，亦不似孫承澤之字字阿附，併以毛氏爲罪人。故持論和平，能消融門户之見。雖憑心揣度，或不免臆斷之私，而大致援引詳明，辭多有據，在近代經解之中，猶爲典實。……」

秋正傳》「猶說經家之謹嚴不支者」時，即著眼於作者能夠「核諸實事」〔註74〕以求《春秋》義旨的治學關鍵。而「核實」觀念倘若對應到「小學類」書籍的編撰旨趣與評議指標，則大抵成為考據工夫最根本的學術要求，由錢大昕等人於乾隆年間奉旨編撰的《欽定音韻述微》即反映了「考證務期核實」這樣的思想傾向〔註75〕。

清代小學的發展帶動了考據活動的興盛，其精神與方法更成為經學研究的核心動力，以是如解詩之作務求「引据確實，樹義深切」，以便與「枵腹說經、徒以臆見決是非者」〔註76〕作一明確區隔。然而，儘管像張尙瑗的《三傳折諸》受到《總目》長篇指摘，只因為稍具「引据典核，可資考證」的長處，即能以「蒐羅薈萃，猶為摭實之言」〔註77〕包容其失，這或許是《總目》操持太過之處。此外，對於其他知識技術的進步與突破有助於經學之研究開展者，《總目》亦有留心。如蔣廷錫（1669～1732）撰《尙書地理今釋》，廣徵歷代地志且得以考見新繪輿圖以為實據，故論其「考訂精核，足証往古之訛，釋後儒之惑」〔註78〕。由此可見，四庫館臣面對當代經學研究著作時，已經覺察並重視其中投入多元知識方法所獲致的成果，故《總目》又推崇李鍾倫所撰《周禮訓纂》，指其重要的考證成就皆「得諸實測，非同講學家之空言也」〔註79〕。

〔註74〕《總目》卷二八，經部春秋類三，《春秋正傳》提要云：「……此書大旨以《春秋》本魯史之文，不可強立義例，以臆說汩之，惟當考之於事，求之於心。事得，而後聖人之心、《春秋》之義皆可得。……《春秋》治亂世之書，謂聖人必無特筆於其間，亦不免矯枉過正。然比事屬辭，《春秋》之教，若水能舉向來穿鑿破碎之列，一掃空之，而核諸實事，以求其旨，猶說經家之謹嚴不支者矣。」

〔註75〕《總目》卷四二，經部小學類三，《欽定音韻述微》提要云：「……蓋《音韻闡微》所重在字音，故訓詁不欲求詳；此書所重在字義，故考證務期核實。兩書相輔而並行，小學之蘊奧，眞毫髮無遺憾矣。」

〔註76〕見《總目》卷十六，經部詩類二，《詩說》（清・惠周惕撰）提要。

〔註77〕《總目》卷二九，經部春秋類四，《三傳折諸》提要云：「……惟其書貪多務得，細大不捐，每据摭漢、魏以下史事，與傳文相證，往往支離曼衍。如因衛懿公好鶴，遂涉及唐元宗舞馬之類，不一而足，與經義或渺不相關，殊為蕪雜。然取材既廣，儲蓄遂宏，先儒訓詁之遺，經師授受之奧，微言大義，亦多錯見於其中。所謂披沙簡金，往往見寶，固未可以其糠粃而盡棄其精英。且《春秋》一經，說者至夥，自孫復、劉敞之徒倡言廢傳，後人沿其流派，遂不究事實而臆斷是非。胡安國《傳》自延祐以來懸為功令，而僖公十七年之滅項，乃誤歸獄於季孫，由議論多而考證少也。尚瑗是書，雖未能刊削浮文，頗乖體要，而蒐羅薈萃，猶為摭實之言。過而存之，視虛談褒貶者，固勝之遠矣。」

〔註78〕見《總目》卷十二，經部書類二，《尙書地理今釋》提要。

〔註79〕見《總目》卷十九，經部禮類一，《周禮訓纂》提要。

第二節 「務切實用」的經世史學

同樣是對《總目》史部著錄書籍提要採取相關詞彙檢索，並且配合資料瀏覽篩選的處理方式，可以檢出與崇實之思想內涵或價值取向相關的二字詞共計 38 例。此一檢選結果不但遠較經部提要在數量上大爲降低，所得措辭內容也有不同偏重的變化。其中以「實用」、「實行」共 12 例爲最多，其次爲「切實」、「近實」共 9 例，再者有「據實」、「得實」共 4 例，其他出現詞頻低於 2 次之相關措辭共 13 例。今分別概述於下：

一、「實用」與「實行」

《總目》對於史部書籍的著錄，除了強調考據精核的治史思想趨向以外，便是著眼於史籍所應具備並發揮有裨於「實用」的文化內涵與知識功能。而從提要的措辭內容來看，又以「詔令奏議類」、「地理類」與「政書類」這三類書籍最能夠集中反映《總目》重視實用意義的知識屬性。

首先，在「詔令奏議類」當中，尤其以奏議之屬的書籍獨具鮮明的經世實用特質。自魏文帝曹丕撰《典論‧論文》，基於其對身處時代的文學與政治環境的觀察與體認，提出「奏議宜雅，書論宜理，銘誄尚實，詩賦欲麗」的文章四科論與體派風格論之際，奏議之文便相當程度地承擔了「經國之大業，不朽之盛事」〔註80〕的經世重責。《總目》評選歷代奏議類文集時，更格外偏重於前朝賢良之臣面對時事政策所殫思進言的精進之方或變改之道，從中提取可供當代相關事務參考的智慧結晶。例如明人潘季馴（1521～1595）所撰《兩河經略》與《河防一覽》，即是其磬畢生精力整治黃河的對策省思與工程實錄，《總目》皆以爲「有裨實用之言」〔註81〕，高度肯定其以實際歷練沉澱理論系統的奉獻精神。而從四庫館臣眼中再現出的明代末

〔註80〕詳見梁蕭統編、唐李善注《文選》（臺北：華正書局，據嘉慶十四年胡刻本景印，民國 83 年 9 月），卷五二，論二，頁 720。

〔註81〕《總目》卷五五，史部詔令奏議類奏議之屬《兩河經略》提要云：「……季馴先後總河務二十七年，晚輯《河防一覽》。其大旨在以隄束水，以水刷沙，卒以此奏功。此集所載諸疏，並規度形勢，利弊分明，足以見一時施工之次第，與所作《河防一覽》，均爲有裨實用之言。不但補史志之疏略，備輿圖之考證已也。」又卷六九，史部地理類二河渠之屬《河防一覽》提要云：「……生平規畫，總以束水攻沙爲第一義。考《漢書》載王莽時徵治河者大司馬史張戎，已有水自刷除成空語。是借水刷沙，古人已露其意，特從未有見諸行事者。季馴乃斟酌相度，神而明之，永爲河渠利賴之策。後來雖時有變通，而言治河者終以是書爲準的。……」此處稱許潘氏以實踐落實理念的精神與作爲，並引閻若璩居處山陽的實際觀察以肯定此書的實用價值。

期，不論官場或學界皆瀰漫著一股玄虛輕浮的言說空氣，《總目》深為貶斥不取，故如周起元（1572～1626）《周忠愍奏疏》其內容多屬「有關國計民生」者，以較諸其他朝臣奏議遠為實用而受到重視；加上其因剛介直諫遭受閹黨迫害身亡，《總目》更以「其人其言，足垂不朽」〔註82〕表彰他的崇高氣節。至於提要述論中所見奏議之屬著錄的其他書籍，內容有與符合知識實用性或當代參考借鑑價值相關者，尚可舉出如明人王恕（1416～1508）《王端毅公奏議》、馬文升（1426～1510）《馬端肅奏議》、胡世寧（？～1530）《胡端敏奏議》等，是有關國計朝政與經濟世務〔註83〕；如楊廷和（1458～1529）《楊文忠公三錄》、潘季馴《潘司空奏疏》等，是能切實指陳時弊〔註84〕；如清人靳輔（1633～1692）《文襄奏疏》，是取其實務經驗可為後人指示

〔註82〕《總目》卷五五，史部詔令奏議類奏議之屬《周忠愍奏疏》提要云：「……明末積習，好以譏訐取名，其奏議大抵客氣浮詞，無裨實用。起元諸疏，尚多有關國計民生，非虛矜氣節者比。其人其言，足垂不朽。……」案，此為浙江文瀾閣本提要之內容（臺北：藝文印書館，民國86年9月），武英殿本提要則云：「……當魏忠賢肆虐之日，國事日非，……起元獨與楊左諸人奮起而嬰其鋒，雖卒至白骨銜冤、黃泉茹痛，而士大夫尚賴此數十君子知世間有廉恥事，亦不可謂非中流之砥柱也。其人足重，斯其言可傳。豈明末臺諫連篇累牘，徒以譏訐取名者所可同日語哉？錄而存之，以表章忠義之氣也。」所論更著重人格表揚。至於有關《總目》浙本與殿本之比較異同，可參考司馬朝軍《四庫全書總目研究》（武漢：武漢大學圖書館學博士論文，2001年4月）第二章「《四庫全書總目》版本考」，頁31～36。

〔註83〕《總目》卷五五，史部詔令奏議類奏議之屬《王端毅公奏議》提要云：「……集中所載，如〈劾奏鎮守太監〉及〈論中使擾人〉等疏，皆剴切直陳，無所回護。又如〈處置地方〉及〈撥船事宜〉諸狀，皆籌畫詳盡，具有經略。其他亦多有關一時朝政，可資史傳之參証。……」《馬端肅奏議》提要云：「……文升砥礪廉隅，練達政體，朝端大議，往往待之而決，與王恕、劉大夏俱負一時重望。……凡史傳所載直言讜論，全文皆具在集中。……大抵有關國計，不似明季臺諫惟事囂爭。……」《胡端敏奏議》提要云：「……世寧為推官時，屢折岐藩之勢；為主事時，上書極論時政闕失，與李承勛、魏校、余祐善稱南都四君子；為江西副使時，上疏劾寧王宸濠，為所構中，危禍幾於不免。宸濠敗後復起，又屢糾中官趙欽、剛聰等，風節震一世。……是集所錄奏議，皆與史傳相發明。史稱世寧吶不出口，及具疏，援據古今，洞中窾會。今觀是集良然。……薛應旂《方山文錄》有〈世寧小傳〉曰：『公嘗言學貴經濟，不在詩文。故其奏議二十卷及所著書數十種，皆有裨於世務，非空言也。』」

〔註84〕《總目》卷五五，史部詔令奏議類奏議之屬《楊文忠公三錄》提要云：「……其奏疏有過於朴率之病，然告君以達意為主，不以修詞為工。如正德中〈請慎重郊廟疏〉、〈請還宮疏〉，嘉靖中〈請停齋醮疏〉，皆指陳時獎，在當日可謂讜言。其他亦多切直中理，言雖質直而義資啟沃，固與春華自炫者異矣。」《潘司空奏疏》提要云：「……季馴雖以治河顯，而所至皆有治績。集中如〈查議弓兵工食〉及〈損益南京兵政〉諸疏，皆足補《明會典》所未備。又〈查解兵衛存留糧餉濟邊〉諸奏，亦深切當時獎政，足與史志相參考云。」

門徑〔註85〕。這些個人奏議專集的內容儘管有其焦點匯聚之偏取異同，但《總目》貫串於考評學術內涵的一致標準，即是對作者德行品格的甄辨與肯定。至於奏議總集如宋人趙汝愚（1140～1196）編《諸臣奏議》、明人楊士奇（1365～1444）等奉敕編《歷代名臣奏議》以及乾隆年間《欽定明臣奏議》等書的著錄準則，大致上表現為可以明典故之沿革、昭得失之法戒的借鑑意義〔註86〕。不在上列者，率皆取其或考時政、或補史闕等有助於歷史考證的面相。

其次，《總目》已明言「地理類」底下「河渠」與「邊防」兩子目所著錄的書籍，其擇存標準與貫注其中的思想傾向便是崇尚實用，且這一部分書籍在象徵尊拱王室、天下一統與辨別方域等思想指向的書籍之後能夠獨占一卷編制，更凸顯四庫館臣有意賦予此類書籍獨立而完整的實用性意義與知識品位。而就知識本身的歷史內涵及其與人類生活、文明進展的密切程度言之，與「水」相關的自然物象與人文建設則尤其受到重視；昔日司馬遷即是以親身考察的經驗，深刻體認出水利建設與農業生產、民生安寧攸關的內在聯繫，故作〈河渠書〉〔註87〕並於正史系統中首建體例，而自《漢書・溝洫志》以降，正史中是否纂置河渠志則端賴此一時期黃河水文是否安定〔註88〕。因此，《總目》提出「水為民之害，亦為民之利」〔註89〕的認

〔註85〕《總目》卷五五，史部詔令奏議類奏議之屬《文襄奏疏》提要云：「……其持論以築堤崖、疏下流、塞決口、有先後而無緩急數語為綱領。故在事十年，具著成績。諸疏並在集中，無不指陳原委，言之鑿鑿，至今論治河者猶稱輔焉。……」

〔註86〕《總目》卷五五，史部詔令奏議類奏議之屬《諸臣奏議》提要云：「……其去取頗不苟，自稱上可以知時事之得失，言路之通塞；下可以備有司之故實，其大旨以備史氏之缺遺，非夸飾也。……今此集仍以門分，不以人分，不用朱子之說。蓋以人而分，可以綜括生平，盡其人之是非得失，為論世者計也。以事而分，可以參考古今，盡其事之沿革利弊，為經世者計也。平心而論，汝愚所見者大矣。」《歷代名臣奏議》提要云：「……自漢以後，收羅大備。凡歷代典制沿革之由，政治得失之故，實可與《通鑑》、《三通》互相考證。……雖義例蕪襍，而採摭賅備，固亦古今奏議之淵海也。」《欽定明臣奏議》提要云：「……蓋敷陳之得失，足昭法戒。而時代既近，殷鑒尤明。將推溯勝國之所以亡，與昭代之所以興者，以垂訓於無窮，故重其事也。……蓋宋人之弊，猶不過議論多而成功少；明人之弊，則直以議論亡國而已矣。……是編稟承訓示，辨別瑕瑜，芟薙浮文，簡存偉議，研求史傳，以後效驗其前言。……一代得失之林，即千古政治之鑑也。……」

〔註87〕《史記》卷二九，〈河渠書〉太史公曰：「余南登廬山，觀禹疏九江，遂至于會稽太湟，上姑蘇，望五湖；東闚洛汭、大邳，迎河，行淮、泗、濟、漯洛渠；西瞻蜀之岷山及離碓；北自龍門至于朔方。曰：甚哉，水之為利害也！余從負薪塞宣房，悲瓠子之詩而作河渠書。」卷一百三十〈太史公自序〉則云：「維禹浚川，九州攸寧；爰及宣防，決瀆通溝。作〈河渠書〉第七。」

〔註88〕參考鄒逸麟〈歷代正史河渠志淺析〉，載於《復旦學報》（社會科學版），1995 年第 3 期，頁 158～164。

知，並以「務切實用」〔註90〕標舉其所著錄河渠水利撰述的思想價值與功能指向，的確頗符合古代將水利建設與富厚民生乃至於鞏固政權作一縝密思量的理念淵源與傳統。又，除了明顯指出該書的「實用」意義之外，《總目》更透露出這種意義的基礎其實是來自於撰述者親身經歷、實地考察的踐履精神，否則徒爲「紙上空談」，完全不能應驗於環境事物的需求且發揮具體成效，此亦《總目》深所詬病者。秉此，《總目》乃藉更多的評論文字以鋪敘此重視經驗效益的思想內容，如論宋人單鍔（1031～1110）的《吳中水利書》則取其「周覽源流、考究形勢」〔註91〕的閱歷之言，論元人沙克什（1278～1351）撰《河防通議》則取其對治水方法細節的具體規劃〔註92〕，論明人姚文灝（1455～1504）撰《浙西水利書》則取其官任工部主事時的實際考察經驗〔註93〕，論歸有光（1506～1571）《三吳水利錄》則取其居所正處於松江之上的形勢之便〔註94〕，論陳應芳《敬止集》亦取其家於泰州對形勢的熟悉〔註95〕，論

〔註89〕詳見《總目》卷六九，史部地理類二河渠之屬《吳中水利書》（宋・單鍔撰）提要。

〔註90〕如《三吳水考》（明・張內蘊、周大韶同撰）提要云：「……雖體例稍冗，標目亦多杜撰，而諸水之源流、諸法之利弊，一一詳賅。蓋務切實用，不主著書，固不必以文章體例繩之矣。」《居濟一得》（清・張伯行撰）提要云：「……皆得諸閱歷，非徒爲紙上之談者。伯行平生著述，惟此書切於實用。……」至於薛鳳祚撰《兩河清彙》，《總目》則因「其學乃出鹿善繼、孫奇逢，講求實用」的學術背景，加上他精研天文、地理之學，故取其書「於河防得失，疏證頗明」的優點，可供治河職官取爲參考。

〔註91〕《吳中水利書》提要云：「……得第以後，不就官，獨留心於吳中水利。嘗獨乘小舟，往來於蘇州、常州、湖州之間，經三十餘年。凡一溝一瀆，無不周覽其源流，考究其形勢。因以所閱歷，著爲此書。……」

〔註92〕《河防通議》提要云：「……凡物料功程、丁夫輸運以及安椿下絡、疊埽修堤之法，條例品式，粲然咸備，足補列代史志之闕。昔歐陽元嘗謂司馬遷、班固記河渠、溝洫，僅載治水之道，不言其方，使後世任斯事者無所考。是編所載，雖皆前代令格，其間地形改易、人事遷移，未必一一可行於後世，而準今酌古，矩矱終存，固亦講河務者所宜參考而變通矣。」

〔註93〕《浙西水利書》提要云：「……成化甲辰進士，官工部主事。考明《孝宗實錄》，載宏治九年七月提督淞江等處水利工部主事姚文灝言治水六事，上從之。則是書當爲是時作也。……蓋斟酌形勢，頗爲詳審，不徒採紙上之談云。」

〔註94〕《三吳水利錄》提要云：「……有光居安亭，正在松江之上，故所論形勢，脈絡最爲明晰。其所云宜從其湮塞而治之，不可別求其他道者，亦確中要害。言蘇松水利者，是書固未嘗不可備考核也。」

〔註95〕《敬止集》提要云：「……應芳家於泰州，因講求水道源委與河之利害，悉其形勢，集當時奏疏、公移、私札言河道者爲一書，名曰《敬止》，重桑梓也。……雖今昔異宜，形勢遞變，核以水道，與所圖已不相符；然其書議論詳明，以是地之人言是地之利病，終愈於臨時相度，隨事揣摩。因其異同以推求沿革之故，於疏濬築防亦未爲無補矣。」

張國維（1595～1646）《吳中水利全書》則取其爲官治水之政績閱歷〔註96〕，論清人靳輔《治河奏績書》與陳儀（1670～1744）《直隸河渠志》則皆取其爲官任職所親身參與的經營建樹〔註97〕。由此可見，《總目》以踐履精神作爲發揮實用意義的基礎，其著錄理念便是爲了確保這些河渠水利撰述能夠提供切實可行的治水方案或經驗借鑑。

　　另外，邊防之屬的書籍雖然只有著錄明人胡宗憲（1512～1565）的《籌海圖編》與鄭若曾（1503～1570）的《鄭開陽雜著》二部，但同是著重於凸顯著作內容所能夠帶出的實際應用價值，這樣的理念並不受到其他主觀因素（如人品、身世或學養）的限制或干擾。例如《總目》儘管認爲胡宗憲「喜功名而尙權詐」〔註98〕，然而所著《籌海圖編》不但紀錄了胡宗憲個人抗禦倭寇的事蹟，同時對明代海防實務有完整詳細的載述，其雄才識見至清朝尤有參考價值。至於《鄭開陽雜著》，《總目》則取其目擊形勢、咨訪考究的閱歷與實據，故可使其學「用之而效」〔註99〕以有別於其他講學者之空言虛談。以上，可視爲四庫館臣對於地理類河渠、邊防二屬目書籍著錄的思想傾向與甄辨準則，亦完全符合紀昀所言「以實心勵實行，以實學求實用」〔註100〕的崇實精神綱領。

〔註96〕《吳中水利全書》提要云：「……所記雖止明代事，然指陳詳切，頗爲有用之言。……國維之於水利，實能有所擘畫。是書所記，皆其閱歷之言，與儒者紙上空談固迥不侔矣。」

〔註97〕《治河奏績書》提要云：「……輔自康熙十六年至三十一年，凡三膺總河之任，故疏議獨多。其專以治上河爲治下河之策，雖據一時所見，與後來形勢稍殊，然所載修築事宜，亦尚有足資採擇者。與張伯行《居濟一得》均尚非紙上之空談也。」《直隸河渠志》提要云：「是編即其經理營田時作。……儀本土人，又身預水利諸事，於一切水性地形，知之較悉，故敷陳利病之議多，而考證沿革之文少。錄而存之，亦足以參考梗概也。」

〔註98〕《籌海圖編》提要云：「……《明史》稱趙文華督察浙江軍務，宗憲深附之。總督張經破倭於王江涇，文華盡掩經功歸宗憲，經遂得罪。又陷撫臣李天寵。文華還朝，力薦宗憲，遂擢顯秩。宗憲又因文華結納嚴嵩，以爲內援。其喜功名而尙權詐，誠有如傳贊所云奢黷蒙垢者。……〈經略考〉三卷，內凡會哨、鄰援、招撫、城守、團結、保甲、宣諭、間諜、貢道、互市及一切海船、兵仗、戎器、火器，無不周密。又若唐順之、張時徹、俞大猷、茅坤、戚繼光諸條議，是書亦靡不具載。於明代海防，亦云詳備。蓋其人雖不醇，其才則固一世之雄也。」

〔註99〕《鄭開陽雜著》提要云：「……若曾少師魏校，又師湛若水、王守仁。與歸有光、唐順之亦互相切磋。數人中惟守仁、順之講經濟之學，然守仁用之而效，順之用之不甚效。若曾雖不大用，而佐胡宗憲幕平倭寇有功。蓋順之求之於空言，若曾得之於閱歷也。此十書者，江防海防形勢皆所目擊，日本諸考皆咨訪考究，得其實據。非剿撥史傳以成書，與書生紙上之談固有殊焉。」

〔註100〕詳見紀昀《閱微草堂筆記》卷十六〈姑妄聽之二〉云：「……道學與聖賢各一事也。

　　最後，在「政書類」之中，則屬「典禮」、「邦計」與「軍政」三子目所著錄的書籍，比較集中地反映《總目》期望從內含於史籍的文化脈絡與知識系統中提取可資應用於當代時事的意義成分，或者藉官方編纂相關政書的詮釋途徑而主動賦予史籍務切實用的精神價值。就「典禮之屬」所著錄的書籍而言，《總目》在嚴為去取、擇精存萃的指導原則下，為了不使《四庫全書》淪為文獻堆積的墳塚而葬送了史料的經世指標，於是提出此類書籍應當具有「朝廷有大疑，稽是書而可定；國家有盛舉，即是書而可行」〔註101〕的實用特性，而乾隆即位之初所敕撰的《大清通禮》便是著眼於「古今異制，後世斷不能行」的時空區隔，故以「事求其合宜，不拘泥於成跡；法求其可守，不夸飾以浮文」作為禮書淑世牖民的治世準範，期望超越前代禮書「鋪陳掌故，不切實用」〔註102〕的編纂盲點與史料侷限。又，典禮之書被錄存、鑲嵌於史部知識結構當中，除了本身所具有或後天被賦予的「資實用」與「備考證」〔註103〕的意義之外，更蘊含了經由政治權力意志介入操控運作之後所再度呈顯的詮釋能量。例如，康熙帝藉六十七代衍聖公孔毓圻（1657～1723）等人撰進的《幸魯盛典》昭示其「續道統」的統治理據與基本國策〔註104〕；乾隆帝則藉《大金德運圖

聖賢依乎中庸，以實心勵實行，以實學求實用。道學則務語精微，先理氣、後彝倫、尊性命、薄事功，其用意已稍別。聖賢之於人，有是非心，無彼我心；有誘導心，無苛刻心。道學則各立門戶，不能不爭，既已相爭，不能不巧詆以求勝。以是意見生種種作用，遂不盡可令孔孟見矣。……」（收入孫致中等校點《紀曉嵐文集》，冊二，頁410）。

〔註101〕詳見《總目》卷八二，史部政書類二典禮之屬《大唐開元禮》提要引周必大之序。

〔註102〕《欽定大清通禮》提要云：「……考《儀禮》古經殘缺，諸儒所說，多自士禮上推於天子。且古今異制，後世斷不能行。其一朝令典，今有傳本者，惟《開元禮》、《政和五禮新儀》、《大金集禮》、《明集禮》，大抵意求詳悉，轉涉繁蕪。以備掌故則有餘，不能盡見諸施行也。我皇上聲律身度，典制修明。特命酌定此編，懸為令甲。自朝廷以逮於士庶，鴻綱細目，具有規程。事求其合宜，不拘泥於成跡；法求其可守，不夸飾以浮文。與前代禮書鋪陳掌故，不切實用者迥殊。……」

〔註103〕如《總目》所稱《諡法》（宋·蘇洵撰）「雖其中間收僻字，今或不能盡見諸施行，而歷代相傳之舊典，猶可以備參考焉」，《政和五禮新儀》（宋·鄭居中等奉敕撰）「北宋一代典章……惟是書僅存，亦論掌故者所宜參考矣」，《大金集禮》「非得此書，無以知史志之疎謬也。則數金源之掌故者，此為總匯矣」，《廟學典禮》「一代廟學之制，措置規畫，梗概具存，頗可與《元史》相參考。……留此一編，猶足以見一朝養士之典，固考古者所必稽矣」，《頖宮禮樂疏》（明·李之藻撰）「稽故証今，考辨頗為賅悉」，《明諡記彙編》（明·郭良翰撰）「茲編輯有明一代諡法，最為詳備。……亦考典故者所宜取證」，《北郊配位議》（清·毛奇齡撰）「考辨精核，援引博贍，於宋、明以來議禮之家，要為特出」，《廟制圖考》（清·萬斯同撰）「統會經史，折衷廟制。……不可謂非通經之學」等等。

〔註104〕《幸魯盛典》提要云：「……洪惟我聖祖仁皇帝統接羲、軒，心源洙、泗，褒崇聖教，典禮優隆，為亘古所未有，非區區管闚蠡測所可形容。然文物典章，毓圻等得諸見

說》以「闢謬論」，意圖破除五行讖緯浮誇之說〔註105〕；藉《明宮史》以「存殷鑑」，特意頒諭將此書依其原樣抄入四庫，用資「考鏡得失」〔註106〕，其後諭令編纂《國朝宮史》亦秉此防微杜漸、匡助政治的修史宗旨〔註107〕；藉《滿洲祭神祭天典禮》與《皇朝禮器圖式》以「正學術」，導正歷來漢、宋兩派學者詮釋禮經時「強不知以為知」，以及前代禮圖之書多因揣摩臆測導致附會失真的陋習〔註108〕。此外，康、乾兩朝所編《萬壽盛典》、《南巡盛典》、《八旬萬壽盛典》等書，更具有「宣教化」的意義與功能〔註109〕。而這些書籍所蘊含的多重知識面相，則是共同匯聚在切合實

聞，頗能臚具。伏讀是編，大聖人崇儒重道之至意，猶可仰見其萬一。是固宜藏諸金匱，以昭示無極者矣。」

〔註105〕《大金德運圖說》提要云：「……五德之運不見六經，惟《家語》始有之。而其書出於王肅偽撰，不可據為典要。後代泥於其說，多侈陳五行傳序之由，而牽合遷就，附會支離，亦終無一當。仰蒙我皇上折衷垂訓，斥妄袪疑，本宅中圖大之隆規，破讖緯休祥之謬說，闡發明切，立千古不易之定論。是編所議，識見皆為偏陋，本不足錄。然此事史文簡略，不能具其始末，存此一帙，尚可以補掌故之遺。並恭錄聖製，弁諸簡首，俾天下後世曉然知驪衍以下皆妄生臆解，用以袪曲說之惑焉。」

〔註106〕乾隆四十七年四月十七日頒諭內閣曰：「……蓋明季寺人所為，原不堪採登府冊，特是有明一代秕政多端，總因奄寺擅權，交通執政，……著將此書交該總裁等，照依原本抄入四庫全書，以見前明之敗亡，實由于宮監之肆橫。則其書不足錄，而考鏡得失，未始不可，藉此以為千百世殷鑒。……」（詳見《纂修四庫全書檔案》，上海：上海古籍出版社，1997年7月，下冊，頁1556～1557）

〔註107〕《明宮史》提要云：「……乾綱獨握，宮掖肅清，已足垂法於萬世，乃猶防微杜漸，慮遠思深，特命繕錄斯編，登諸冊府，著前代亂亡之所自，以昭示無窮。……蓋時代彌近，資考鏡者彌切也。皇上於內殿叢編，檢逢是帙，闢其謬而仍存之，聖人之所見者大矣。謹恭錄諭旨，弁冕簡端。仰見衡鑒親操，折衷眾論，勒千古未有之鴻編。皆義主勸懲，言資法戒，非徒以雕華浮艷，為藏弄之富也。」《國朝宮史》提要云：「……伏讀諭旨，申明編輯是書之意，拳拳於立綱陳紀，聰聽明訓，為萬萬世遵循之本。蓋修齊治平之道，並具於斯矣。」又，清高宗於《國朝宮史》卷首〈聖諭〉中亦云：「夫祖宗立綱陳紀、垂之典則者若此，朕之防微杜漸、謹其操柄者又若此。不有成書，曷以行遠？」

〔註108〕《欽定滿洲祭神祭天典禮》提要云：「……每一卷成，必親加釐正，至精至詳。祈報之義，對越之忱，皆足以昭垂萬世。乾隆四十二年，復詔依文音釋譯為此帙，與《大清通禮》相輔而行，用彰聖朝之令典。……並以傳信闕疑，見聖心之敬慎。視漢儒議禮附會緯書，宋儒議禮紛更錯簡，強不知以為知者，尤迥乎殊焉。」《欽定皇朝禮器圖式》提要云：「……每器皆列圖於右，系說於左。詳其廣狹長短圍徑之度，金玉璣貝錦段之質，刻鏤繪畫組繡之制，以及品數之多寡，章采之等差，無不縷悉條分，一一臚載。……諸家追述古制，大抵皆約略傳注之文，揣摩形似，多不免於失真。是編所述，則皆昭代典章，事事得諸目驗。故毫釐畢肖，分刌無訛。聖世鴻規，燦然明備。……」

〔註109〕如《萬壽盛典》提要稱「是書之成，非徒以紀昇平之鉅典，正可以俾萬世臣民仰見至聖持盈保泰之盛心，為景命延洪之大本也」，《南巡盛典》提要稱「一展卷而我皇

用的標的之下，漸次折射出經官方所認可帶有馭民色彩的「經世」光譜。

就「邦計之屬」所著錄的書籍而言，《總目》認爲此類書籍所承載之時事物數皆與民生教養相關，故尤其著重知識主體所具備的實用意向，以及制度經驗所累積的借鑑價值。例如，宋人董煟所撰《救荒活民書》，可以考見昔時朝臣如朱熹、王安石等人面對國家遭遇災荒之際所提出的應變措施，以及這些防災與救災政策具體施行的利弊得失，故《總目》以爲本書「猶古書中之有裨實用者」〔註110〕。清人陳芳生所撰《捕蝗考》有鑒於蝗災實屬傳統農業社會之生計鉅患，而歷來記載捕蝗之法的文獻又甚爲零散，因此「取史冊所載事蹟議論，彙爲一編」，內容則著重於事前的預防與臨時的反制之道，儘管篇帙單薄卻緊繫於民生，故《總目》仍以其「有裨於實用」〔註111〕予以著錄。至於由朝臣因奏呈經史講義撰進而受到清高宗御定賜名的《康濟錄》，其內容非唯徒就歷代救災故實考古與審鑑，且兼括面對災荒之「先事」、「臨事」與「事後」的各種相關應變舉措；可以看出統治者所認定的「有裨於實用」的價值意義應當與「人事之修舉」相密契，亦藉此書之御定與著錄於《全書》，彰顯宣揚高宗「勤求民瘼」、「俯察邇言」〔註112〕的治國理念。而在「軍政之屬」的著錄書籍提要當中，雖未見以明顯的措辭來強化「實用」觀念，但除了官修的《八旗通志初集》之外，其餘三部著錄書籍亦皆著眼於識見實出自親歷、撰述能切中時弊或議論乃本於務實者，如宋人所撰《歷代兵制》與《補漢兵志》〔註113〕之類便是。又，

上諮詢之切，誥誡之殷，惠澤之覃布，如在瞻就間。俾守土者有所遵循，而服疇者有所感發，非徒申歌頌、備典章而已也」，《八旬萬壽盛典》提要稱「茲編所載，事皆徵實。蓋德盛而後化神，澤洽而後頌作，功成治定而後禮樂興，氣淑年和而後嘉祥集。……洵與聖祖仁皇帝萬壽盛典祖武孫謀，後先焜燿，並萬代之隆軌矣」。

〔註110〕《救荒活民書》提要云：「……是書前有自序，謂『上卷考古以證今，中卷條陳救荒之策，下卷備述本朝名臣賢士之所議論施行，可爲法戒者』。……當時利弊，言之頗悉，實足補宋志之闕。……宋代名臣救荒善政，亦多堪與本傳相參證，猶古書中之有裨實用者也。」

〔註111〕《捕蝗考》提要云：「……芳生此書，取史冊所載事蹟議論，彙爲一編。首備蝗事宜十條，次前代捕蝗法，而明末徐光啓奏疏最爲詳核，則全錄其文。附以陳龍正語及芳生自識二條。大旨在先事則預爲消弭，臨時則竭力翦除，而責成於地方官之實心經理。條分縷析，頗爲詳備。雖卷帙寥寥，然頗有裨於實用也。」

〔註112〕《欽定康濟錄》提要云：「……初，仁和監生陸曾禹作《救饑譜》，吏科給事中倪國璉爲檢擇精要，薈爲四卷。會詔翰林科道輪奏經史講義，國璉因恭錄進呈。皇上嘉其有裨於實用，命內直諸臣刪潤其詞，剞劂頒布，因賜今名。……是以國璉是編，特邀睿賞。臣等校錄之下，仰見勤求民瘼之心，與俯察邇言之意，均迥軼千古也。」

〔註113〕《歷代兵制》（宋·陳傳良撰）提要云：「……傳良當南宋之時，目睹主弱兵驕之害，故著爲是書，追言致弊之本，可謂切於時務者矣。」《補漢兵志》（宋·錢文子撰）提要引朱彝尊跋文稱其「言近而旨遠，詞約而義該，非低頭拱手，高談性命之學者所能」，儘管四庫館臣以爲錢文子「寓兵於農」之論「言之則成理，而試之則不可

《總目》認為明代軍政最為積弱敝壞〔註114〕，故僅取楊時喬（？～1609）所撰《馬政紀》一部，備其制度之詳而戒其利病之深〔註115〕。

　　以上，是從關切「實用」的文化內涵與知識功能的角度，概述了《總目》對於史部群籍的措辭評論暨其所發揮導引的思想傾向。前已述及，《總目》意欲推闡或彰顯的實用意義是要以身體力行的踐履精神作為基礎與方法，否則這種轉向具體實證價值並且拆解、拒斥形上超驗價值的言說立場與持續動力，便沒有存在與維繫的根由。此處可再從「正史類」與「傳記類」著錄書籍提要中舉出二例，以見《總目》對「實行」意義的明確標舉，率皆與史書褒貶及選錄人物的精神意向相關，其一是對於唐太宗敕撰《晉書》所錄人物與史料來源的批評，其二則是肯定清人孫奇逢撰《中州人物攷》論贊河南人物的思想旨趣。《總目》批評《晉書》，主要集中於對唐太宗御撰傳論的人物對象，以及史官所參考載錄的史料來源與性質，反應其深不以為然的觀點。其論曰：

> 考書中惟陸機、王羲之兩傳，其論皆稱「制曰」，蓋出於太宗之御撰。夫典午一朝，政事之得失，人材之良楛，不知凡幾，而九重揆藻，宣王言以彰特筆者，僅一工文之士衡，一善書之逸少，則全書宗旨，大概可知。其所褒貶，略實行而獎浮華；其所採擇，忽正典而取小說，波靡不返，有自來矣〔註116〕。

《總目》認為，《晉書》載錄的人物大抵不出於「宏獎風流，以資談柄」的層級，而唐太宗以其一代英主審斷人物、領略治道的眼光與史觀，竟只注目於工文善書的陸機與王羲之二人，忽略表彰同時代富有崇高品德與踐履精神之士，無異自低自限正史褒貶人物所能散發解釋歷史的影響力以及時代史學的格局。不過，余嘉錫卻在《四庫提要辨證》中，措辭嚴厲地具體指陳四庫館臣失之粗疏的考校態度與流於主觀的

　　行」、「明知其弊而不能驟革」，卒猶以此書「所論切中宋制之弊，而又可補漢志之闕，故仍錄之，以備參考」。

〔註114〕如《總目》卷五三，史部雜史類存目二《南征錄》（明・張瑄撰）提要論其「所述當日軍政，殊無紀律。蓋明人積弱，自其盛時已然，非一朝一夕之故也」；卷五四《平叛記》（清・毛霦撰）提要言「明季軍政之壞，此亦可見一斑」；卷五六，史部詔令奏議類存目奏議之屬《按晉疏草》提要言「明季軍政敝壞至此，固不待獻、闖並熾，而亡徵先見矣」，《真定奏疏》（明・衛楨固撰）亦稱書中〈論劾白廣恩淫掠〉及〈領兵官潘鳳閣擅責縣官〉諸疏，於明季軍政之不修，可以概見一二」。

〔註115〕《馬政紀》提要云：「……於因革損益，各悉原委。馬政莫詳於明，亦莫弊於明。時喬目擊其艱，身親其事，故雖裒集案牘之文，而所言深中時病。其條理悉具自序中。……」

〔註116〕詳見《總目》卷四五，史部正史類一《晉書》提要。

臆測論斷，然後歸結出「《晉書》之不求篤實，自是史官之不才，安得歸咎於太宗乎」〔註117〕的評價觀點，與《總目》可謂標的相仿而取徑迴殊。

這種比較差異的觀點對舉，也間接反映出四庫館臣身處於清初帝王對於修史與論史，採取幾近監視之政治干預舉措的時代環境與言說氣氛之中〔註118〕，或許意圖藉由片面評斷、曲解清高宗心目中「三代以下，特出之賢君」〔註119〕的唐太宗御撰《晉書》傳論所表露史學素養之侷限，用以彌彰聖學崇實的思想旨趣並迎合、屈從於由皇帝親操歷史褒貶裁奪權柄的史學獨斷意識。由此，亦可隱約感受四庫館臣透

〔註117〕《四庫提要辨證》卷三，史部一正史類一《晉書》條云：「舊書房玄齡傳云：『尋與中書侍郎褚遂良受詔重撰《晉書》，太宗自著宣、武二帝及陸機、王羲之四論，於是總題云御撰。』《唐會要》云詔令修史所重撰《晉書》，其太宗所著宣、武二帝及陸機、王羲之四論，稱制旨焉；房玄齡以下，稱史臣。然則太宗所撰，實有四篇，史傳具有明文。故晁、陳二家，皆依以立說。《提要》了不參考，即本書亦讀之未徧，僅粗閱陸、王兩傳一過，便率然命筆，大肆詆諆，鹵莽滅劣，一至斯乎。且宣、武二論，當時既載之《晉史》，後來又選入《英華》，館臣領校群書，豈應瞑目不見？觀其斥仲達前忠而後亂，則直誅其心；惜武皇始善而終乖，則歷陳其弊。莫不明著是非，永為法戒。斯誠千秋之金鑑，一代得失之林也。特其責人則明，處己則暗。貞觀末葉，無異太康，樹晉王於青宮，庸愚不減於惠帝；納媚娘於椒殿，淫兇尤甚於南風。持此反骨，自當結舌。《提要》乃議其不談政事，有媿王言。如此揣測之詞，抑何誣罔之甚，原文具在，復審無難。若其讚逸少，雖僅稱筆法之工；至於論陸機，不徒推文章之美。故嘗陳三世為將之忌，歎全身行己之難。知誅降之不祥，席衍美之非所。憐才深矣，垂戒切矣。《提要》之言，蓋讀未終篇耳。考《大唐新語》著述篇，太宗謂監修國史房玄齡曰：『比見前後漢史，載揚雄〈甘泉〉、〈羽獵〉，司馬相如〈子虛〉、〈上林〉，班固〈兩都賦〉，此既文體浮華，無益勸戒，何暇書之史策。』然則太宗固深明史法，痛惡浮華。文如揚、馬，猶將屏棄，何有於二陸、三張？《晉書》之不求篤實，自是史官之不才，安得歸咎於太宗乎？」

〔註118〕參考牟潤孫〈論清代史學衰落的原因〉（收入《海遺雜著》，香港：中文大學出版社，1990年，頁71～73），以及何冠彪〈論清高宗自我吹噓之歷史判官形象〉（收入《明清人物與著述》，香港：香港教育圖書公司，1996年，頁146～182）、〈清代前期君主對官私史學的影響〉（載於《漢學研究》，第16卷第1期，民國87年6月，頁155～184）。

〔註119〕詳見清高宗《御製樂善堂全集定本》（臺北：臺灣商務印書館，據國立故宮博物院藏文淵閣四庫全書本影印，民國72年）卷五，〈唐太宗論〉云：「……即位之後，勵精圖治，損己益人，愛民從諫，躬行仁義。用房元齡、魏徵之儔，君臣相得，不敢怠遑。用致貞觀之盛，令德善政，不可殫述。可謂三代以下，特出之賢君矣。……夫賢君不世出，成、康以降，數百年而有漢文帝；漢文以降，又數百年而有太宗。要之以虛心待物，損上益下，用致天下之盛，太宗與文帝率用是道。文帝質美德純過於太宗，然致治之盛，豈能及貞觀哉？」卷六，〈宋太祖論〉亦云：「自三代以下，治極生亂、亂極思治者有之矣，然未有如前五代、後五代之分崩離析而亂若彼其久者也。故吾於開創之君，獨以唐太宗、宋太祖為不可及焉。二君者皆以不世之才平一天下，而以仁愛之心、寬平之政，保養百姓，治功燦然，昭於千古。……」以上所引兩段論史之文，可以充分顯現清高宗對於唐太宗的崇敬之情。

過提要措辭進行轉移投射所再現出「崇實行而黜浮華」的意識內涵，背後其實鑲嵌著學術言說主體的自我壓抑意態，以及形塑此種言說意態的政治權力網絡。

　　至於《總目》在傳記類著錄書籍中明確指陳並讚譽孫奇逢撰《中州人物攷》分「理學」、「經濟」、「忠節」、「清直」、「方正」、「武功」、「隱逸」等七科載錄人物，惟獨不置「文士」一類，其宗旨即意欲「黜華藻，勵實行」〔註120〕，故甚獲四庫館臣注目。而從《總目》每每論及孫氏之著作事蹟，亦再三致意於其超然理學門戶同異之上的論學襟懷、提倡躬行踐履經世宰物的實行精神，以及對後輩學行的深刻影響〔註121〕，則可以約略察見明末清初諸大儒所開闢的崇實學風，漫衍至十八世紀時為官方統治思想所融攝並從中汲取裨益化育臣民的見解之後，再轉而投注於學術文化重構程式之中的契合成分。

二、「切實」與「近實」

　　如果說「實行」與「實用」是《總目》為了凸顯史籍經世的鮮明面相，那麼對於歷來史家纂輯既存史料與撰述新生文獻之「切實」與「近實」與否的關注，則同時資助了歷史考證之所需，並為史籍實用性的功能指向維護其信實可靠的經驗基

〔註120〕詳見《總目》卷五八，史部傳記類二總錄之屬《中州人物攷》提要。
〔註121〕如先前已引經部《讀易大旨》、《四書近指》提要，史部《兩河清彙》提要，子部《歲寒居答問》提要。又，《總目》卷九七，子部儒家類存目三《理學傳心纂要》（孫奇逢撰）提要稱：

　　奇逢行誼，不愧古人，其講學參酌朱、陸之間，有體有用，亦有異於迂儒。故湯斌慕其為人，至解官以從之遊。

《常語筆存》（湯斌撰）提要稱：

斌學術出於孫奇逢，介在朱、陸二派之間，而有體有用，號曰「醇儒」。

卷一七三，集部別集類二六《湯子遺書》（湯斌撰）提要稱：

　　斌之學源出容城孫奇逢，其根柢在姚江，而能持新安、金谿之平。大旨主於刻勵實行，以講求實用，無王學杳冥放蕩之獘。

卷一八一，別集類存目八《五公山人集》（王餘祐撰）提要稱：

　　其學則出自容城孫奇逢、定興柱越，以砥礪品行，講求經濟為主。故立身孤介刻苦，有古獨行之風。

卷一八二，別集類存目九《荊樹居文略》（李懋緒撰）提要稱：

　　懋緒與趙御眾、漆士昌為友。御眾、孫奇逢弟子也。故耳目濡染，其語錄亦宗姚江之學。然不為明季門戶之見，以奇逢亦不立門戶故也。

卷一八三，別集類存目十《南昀文集》（彭定求撰）提要案稱：

　　定求之學出於湯斌，斌之學出於孫奇逢，奇逢之學出於鹿善繼，善繼之學則宗王守仁《傳習錄》。故自奇逢以下，皆根柢於姚江，而能參酌朱、陸之間，各擇其善，不規規於門戶之異同。

礎。爲了「黜僞存眞」〔註122〕，確保這些重建「過去」樣貌的「證據」資料得以進入準確、穩定且密近於歷史眞實的文獻傳遞軌道，《總目》普遍地在「編年」、「紀事本末」、「別史」、「雜史」、「傳記」、「地理」、「職官」、「史評」等各類書籍提要中，以顯著的措辭提示了「切實」與「近實」的纂史／著史要領與史籍著錄準則。

在「編年類」書籍當中，以「切實」作爲著史批評的措辭是出於一種長短相較的對比結論。《總目》取宋人胡宏所撰《皇王大紀》與羅泌的《路史》相比較，二書內容皆是載述秦漢以前皇古茫昧之事，但羅著多所徵引緯書以及道家文獻的資料處理態度，則令《總目》深以爲不可據信。故儘管《總目》將《路史》著錄於「別史類」，謂其可與《逸周書》等史籍「互取證明」〔註123〕，備爲一體，是著眼於書中所載內容有助於後來詞人採摭以及部分考證辨難精核之見令瑕不掩瑜，而其他史籍若以本書爲主要資料來源或徵摘對象者，《總目》則多列入「存目」〔註124〕，明白表露對依託臆斷之說的排拒。比較起來，胡著即便受陳振孫批評爲「無徵不信」，亦遠不及於清人馬驌（1621～1659）《繹史》的「蒐羅繁富，詞必有徵」〔註125〕，《總目》仍然肯定其採錄史料頗見「切實」的著史態度〔註126〕。此外，《總目》也舉清人徐文靖（1667～1756）所撰《竹書統箋》與孫之騄的《考定竹書》相較，以兩人

〔註122〕語出《總目》卷七四，史部地理類存目三《泰州志》提要與卷一四八，集部別集類一《陶淵明集》提要。

〔註123〕《總目》卷五十，史部〈別史類序〉云：「……陳振孫《書錄解題》創立別史一門，以處上不至於正史，下不至於雜史者，義例獨善，今特從之。蓋編年不列於正史，故凡屬編年，皆得類附。《史記》、《漢書》以下，已列爲正史矣。其岐出旁分者，《東觀漢記》、《東都事略》、《大金國志》、《契丹國志》之類，則先資革創；《逸周書》、《路史》之類，則互取證明；《古史》、《讀後漢書》之類，則檢校異同。其書皆足相輔，而其名則不可以並列，命曰『別史』，猶大宗之有別子云爾。……」

〔註124〕如《皇王史訂》（清·李學孔撰）列入「編年類存目」，《總目》論其「大抵摭拾羅泌《路史》之說，加以臆斷耳」。《遂古記》（明·朱謀㙔撰）列入「別史類存目」，《總目》批評此書「大抵出入於劉恕《外紀》、胡宏《皇王大紀》、羅泌《路史·前紀》、金履祥《通鑑前編》之間。所引多緯書荒誕之說，既非信史，又尠異聞。謀㙔號爲博洽，平生著述一百餘種，今不盡傳。其傳者，此爲最劣矣」。《稽古編》（明·郭之奇撰）亦列入「別史類存目」，《總目》言其「夏以前則全抄《路史》禪通諸紀，三代至秦則多用《史記》、《漢書》。……是書義例多乖，更沿流而失之者矣」。《衡湘稽古》（清·王萬澍撰）則列入「雜史類存目」，《總目》稱本書內容「多摭自《路史》諸書，既非地志，又非史傳，與廖道南之《楚紀》，其叢雜約略相等云」。

〔註125〕語見《總目》卷四九，史部紀事本末類《繹史》提要。

〔註126〕《總目》卷四七，史部編年類《皇王大紀》提要云：「……陳振孫《書錄解題》嘗譏其誤取《莊子》寓言，及敘遂古之初，無徵不信。然古帝王名號可考，統系斯存，典籍相傳，豈得遽爲芟削。至其採摭浩繁，雖不免小有出入，較之羅泌《路史》，則切實多矣，未可以一眚掩也。……」

同樣是採摘群書史料爲《竹書紀年》一書所載歷代編年條目進行補注推勘的撰著性質作爲比較的基礎，認爲孫著徒有薈萃成說、蒐採補綴的「徵引」功夫，且犯了「愛博嗜奇」的毛病，致使欠缺考訂眞僞的「辨正」眼光〔註127〕，以是孫氏著作《總目》皆列入「存目」，評價不高〔註128〕。相形之下，徐著能「引證諸書，皆著出典，較孫之騄爲切實，而考正地里，訂正世系，亦較之騄爲詳晰」〔註129〕，故爲《總目》所重而著錄爲唯一附列於《竹書紀年》之後的著作。

　　在「紀事本末類」書籍中，《總目》則立足於當代明史研究的史料學立場，以考察史料採擇與內容鑑別的眼光，指出吳偉業（1609～1671）撰《綏寇紀略》猶具「記事尚頗近實」的可取之處。《總目》引朱彝尊所作書跋述及此書得以著錄於「四庫」的歷史機緣，乃因康熙年間重開史館纂修《明史》，徵集天下野史文獻，此書遂爲學者所見〔註130〕。且明史館臣承沿了明人王世貞（1526～1590）《史乘考誤》以來批評野史類書籍「多誣」、「多舛」、「多誕」的觀點，面對這些數量龐雜而質量參差的史料文獻亦相應以博採精審的嚴謹要求〔註131〕。《總目》復引朱彝尊所論，以

〔註127〕詳見《總目》卷四八，史部編年類存目《考定竹書》提要云：「……是編以沈約所注《竹書紀年》未爲詳備，因采摭諸書別爲之注。然之騄愛博嗜奇，多所徵引，而不能考正眞僞。如帝癸十年地震，引華嚴合論大地有六種震動，所謂遍動、遍起、遍涌、遍震、遍吼、遍擊者爲說，殊爲蕪穢。又劉知幾《史通・疑古篇》中，排詆舜、禹，以末世苶、操心事推測聖人，至爲乖謬，而一概引用，漫無辨正。沈約註出依託。尚能知伊尹自立之誣、太甲殺伊尹之妄。之騄乃旁取異說，以熒耳目，云能補正沈注，未見其然。……」

〔註128〕例如《別本尚書大傳》列入經部「書類存目」，《總目》稱本書「原可不存，然之騄於舊帙未出之前，鉤稽參考，閱歲月而成是編，其好古之勤，亦不可沒，故仍附存其目」。《松源經說》列入「五經總義類存目」，《總目》稱其「大抵薈萃成說而不能自研經義」。《二申野錄》列入史部「雜史類存目」，《總目》稱「其誕者則小說家言也」。《南漳子》列入「地理類存目」，《總目》則論本書體例「於古無徵」。《晴川蟹錄》列入子部「譜錄類存目」，《總目》更批評此書「餖飣掇拾，冗雜無緒，在《晴川八識》之中最爲下乘」。《樊紹述集註》、《玉川子詩集註》與其個人文集《松源集》皆列入集部「別集類存目」。《總目》認爲樊宗師之文格「詭異」，「本非正軌」，則孫氏掇拾其文並加以注釋，「謂之好奇則可，如謂有當於文章，則未也」；《總目》也認爲孫氏對於盧仝詩「考之未詳」，且「仝詩故爲粗獷，非風雅之正聲」，而孫氏特意爲之作注，也僅出於「嗜奇」而已，立意不高。

〔註129〕詳見《總目》卷四七，史部編年類《竹書統箋》提要。

〔註130〕《總目》卷四九，史部紀事本末類《綏寇紀略》提要云：「……考朱彝尊《曝書亭集》有此書跋云：梅村以順治壬辰舍館嘉興之萬壽宮，輯《綏寇紀略》。久之，其鄉人發雕。是編僅十二卷而止，《虞淵沉》中下二卷未付棗木傳刻。《明史》開局，求天下野史盡上史館，於是先生是本出。……」

〔註131〕參考姜勝利《清人明史學探研》（天津：南開大學出版社，1997年6月），第三章〈清人明史研究中的史料學〉，頁51～67；葉建華〈論清初明史館館臣的史學思想〉，載

為吳偉業撰述此書乃基礎於作者立身朝廷親自聽聞的口碑資料，雖體涉小說，但史料本身有一定的可信度與參考價值〔註132〕，故仍能通過環境條件的考驗，先後搏得明史館臣與四庫館臣的肯定。

在「別史類」書籍中，《總目》將史料本身的可信程度以及處理史料的態度，與史書的撰著體例作成一內在聯繫，並透過作者對此一關係的掌握層次提出評論；清人陳厚耀（1648～1722）撰《春秋戰國異辭》即當中深受《總目》肯定之作。就《總目》所論，陳著之長表現在三個方面：一則史料採摭之浩繁超越了馬驌《繹史》；再則採用元人齊履謙（？～1329）撰《春秋諸國統紀》的體裁，兼及唐人李涪《刊誤》與宋人程大昌《演繁露》著書之例，使本書更具有便於尋檢的實用功能；三則能就所採史料中「以切實可據者為正文，而百家小說悠謬荒唐之論，皆降一格附於下」，顯見作者對於史料眞實性的尊重之意。本此，《總目》雖然批評陳著存在著「眞贋雜糅」且「稍失裁斷」的缺陷，卻仍稱許此書「頗有體例」，甚至不吝加意推崇陳厚耀對於清代春秋學的積極貢獻〔註133〕。

在「雜史類」與「傳記類」書籍中，《總目》對於著史紀事務求「近實」的要求，似乎又轉回了資助史學考證的關注面相，而這種關注考證的學術視野，則並未逾越本乎親身經歷的撰述立場與事繫治道世教的選書標準。例如《總目》所指宋人曹勛（1098～1174）的《北狩見聞錄》以及明人王世貞的《嘉靖以來首輔傳》所紀史事「大都近實」，即由於作者親目所見的徵信基礎〔註134〕與能夠準確運用當代典

於《史學史研究》，1994 年第 4 期，頁 24～34。

〔註132〕《綏寇紀略》提要云：「……彝尊又稱『其書以三字標題，仿蘇鶚《杜陽雜編》、何光遠《鑑戒錄》之例』。考文章全以三字標題，始於繆襲魏鏡歌詞，鶚、光遠遂沿以著書。偉業敘述時事，乃用此例，頗不免小說纖仄之體。其回護楊嗣昌、左良玉，亦涉恩怨之私，未為公論。然記事尚頗近實。彝尊所謂『聞之於朝，雖不及見者之確切，而終勝草野傳聞，可資國史之采輯』，亦公論也。」

〔註133〕《總目》卷五十，史部別史類《春秋戰國異辭》提要云：「……《異詞》以切實可據者為正文，而百家小說悠謬荒唐之論，皆降一格附於下，亦頗有體例。雖其間眞贋雜糅，如莊、列之寓言，《亢倉子》之偽書，皆見採錄，未免稍失裁斷，而採摭浩繁，用力可稱勤至。又所引諸書，多著明某篇某卷，蓋仿李涪《刊誤》、程大昌《演繁露》之例，令觀者易於檢核，亦無明人杜撰炫博之獘。蓋馬驌《繹史》用袁樞記事本末體，厚耀是書則用齊履謙諸國統記體。而驌書兼採三傳、《國語》、《戰國策》，厚耀則皆摭於五書之外，尤獨為其難。雖涉蕪雜，未可斥也。厚耀所著《春秋長曆》及《春秋世族譜》皆與是編相表裏。而自言平生精力，用於是書者多云。」

〔註134〕《總目》卷五一，史部雜史類《北狩見聞錄》提要云：「……惟述密賚衣領御書及雙飛蛺蝶金環事，則勛身自奉使，較他書得自傳聞者，節次最詳。末附徽宗軼事四條，亦當時所並上者。紀事大都近實，足以証《北狩日記》諸書之妄，且與高宗繼統之事尤為有關。雖寥寥數頁，實可資史家之考証也。」

章文獻的史學素養〔註135〕所致。且就二書內容觀之，前者有助於了解易代之際歷史轉關的重要事件，後者指出一朝一代的政治得失實與內閣閣揆之賢庸與否密切相關〔註136〕，可見這些史籍用資考證卻不流於餖飣煩碎的務實傾向。

在「地理類」與「史評類」的書籍中，《總目》採用「近實」作爲對著錄史籍進行學術批評的措辭指向，從前述針對採錄史料的態度、史籍本身的價值與體例，轉移至對史著內容所呈現之作者論見的深刻觀察，並且同樣是出自比較後的結論。《總目》在「地理類」著錄了宋人張敦頤的《六朝事跡編類》，在「史評類」著錄了宋人李燾（1115～1184）的《六朝通鑑博議》，對二書的評價方式則率皆取宋人李舜臣（1545～1598）的《江東十鑑》相較論，而同樣聚焦於作者所表露的主戰或主和意態。《總目》緊守「自古以來，無以偏安江左而能北取中原者」一端立論，且全然承受清高宗的政治指令，認爲李舜臣之書徒以虛談誇言振勵主戰恢復之聲勢，甚不足取〔註137〕。反之，張敦頤《六朝事跡編類》所載與《總目》反戰之意向相同，四庫館臣更蓄意敷陳李燾《六朝通鑑博議》「修人事以自強」〔註138〕的著書旨趣，於是措辭一致地肯定二人著作較《江東十鑑》之「虛張形勢」來得切實〔註139〕。《總

〔註135〕《總目》卷五一，史部雜史類《弇山堂別集》提要云：「……世貞承世家文獻，熟悉朝章，復能博覽群書，多識於前言往行，故其所述頗爲詳洽。……」

〔註136〕《總目》卷五八，史部傳記類二總錄之屬《嘉靖以來首輔傳》提要云：「……是編乃紀世宗、穆宗、神宗三朝閣臣事蹟。案明自太祖罷設丞相，分其事權於六部。至成祖始命儒臣入直文淵閣參預機務，但稱閣臣而不以相名。其後閣倖干政，閣臣多碌碌充位。至嘉靖間，始委政內閣，而居首揆者責任尤專，凡一時政治得失，皆視其人爲輕重。故世貞作此書，斷自嘉靖爲始，以明積漸所由來。……於當時國事是非，及賢姦進退之故，序次詳悉，頗得史法。……」

〔註137〕詳見《總目》卷一百，子部兵家類存目《江東十鑑》提要云：「……是編蒐輯江東戰勝之跡，上起三國，下至六朝，共得十事。……蓋宋自高宗南渡，偏據一隅，地處下游，外臨勁敵，岌岌乎不能自保。故舜臣特作此編，以勵戰氣。然自古以來，無以偏安江左而能北取中原者，舜臣徒爲大言，未核事勢也。……恭讀皇上御題，綜括南北之大勢，洞燭往古之得失，用以闢舜臣之虛談，揭廣孝之私意，經緯天地，睿見高深，爲萬古定評，非尋常管蠡之見所能窺測萬一也。……」

〔註138〕《總目》卷八八，史部史評類《六朝通鑑博議》提要云：「……《十鑑》徒侈地形、飾虛詞以屬戰氣，可謂夸張無實。此則得失兼陳，法戒具備，主於修人事以自強，視李舜臣所論，較爲切實。史稱燾嘗奏考宗，以即位二十餘年志在富彊，而兵弱財匱，與教民七年可以即戎者異。又孝宗有功業不足之嘆，燾復言功業見於變通，人事既修，天應乃至。蓋其納規進誨，惟拳拳以立國根本爲先，而不侈陳恢復之計。是書之作，用意頗同。後其子壁不能守其家學，附合韓侂冑之意，遂生開禧之兵端。然後知燾之所見，固非主和者所及，亦非主戰者所及也。」

〔註139〕《總目》卷七十，史部地理類三雜記之屬《六朝事跡編類》提要云：「……總敘門內〈六朝保守〉一篇，曆數自吳以來南朝不可北伐，北伐必敗，即倖勝亦不能守。蓋亦南渡之初，力主和議之說者。然核諸情事，其說亦不爲無因。固與《江東十鑑》

目》之論，誠如余嘉錫《辨證》所稱「其勢則然」〔註140〕，是出自政權意識形態的驅役。不過，四庫館臣尚且致意於將「切實」的批評意涵導向以修持人事作爲立國根本，非僅顧及維護滿清政權的統治立場，也透過提要措辭的重複展示，呈顯出《總目》期望被認同的特殊思想與情感面相，具有正面的經世教化作用。

最後，在「職官類」書籍中，《總目》高度推崇元人張養浩（1269～1329）所撰《三事忠告》實爲一部「切實近理」、「不涉迂闊」的重要官箴書，同時指出淬練並豐富其著作內涵的質素，全繫於作者本身留心實政、敷舉實歷以及力求實行的精神貫注〔註141〕，展現出爲官任職應具備的進退格局，誠可作爲後人表率。《總目》不僅藉著此書的著錄與提要措辭，用以呈顯史家與史籍所應具備的崇實內涵，同在「官箴之屬」著錄的其他書籍，亦大抵著眼於出自「閱歷有得」〔註142〕的根本陳論立場、指向「究心吏事，洞悉民情」〔註143〕與「潔己清心，愛民勤政」〔註144〕的爲政標竿，以及期望收得「指陳善敗，觸目警心」〔註145〕的垂鑑效果。此一考察標準的周延規劃，非唯完全體現〈職官類序〉所稱官箴書籍之著錄旨在「激勸官方」的設置目的，同時可以輔成清高宗纂修《四庫全書》秉持「有益於世道人心」〔註146〕

之虛張形勢者，較爲切實矣。」案，浙本提要於「然核諸情事」前尚有「其識見未免卑懦」句，殿本提要將之勾刪，更顯見館臣逢迎揣摩上意，弭平一切可能被察覺挑撥的勵戰聲息。

〔註140〕 詳見《四庫提要辨證》卷四，史部二紀事本末類《蜀鑑》條云：「……南宋人著書，涉及此事，其立論固不得不如此。四庫館臣服官清代，承詔撰述，自不敢主宋人恢復之說。故於《江東十鑑》、《江東十考》、《南北十論》等書，不能不加以痛闢，亦其勢則然。……」

〔註141〕 總目卷七九，史部職官類官箴之屬《三事忠告》提要云：「……其言皆切實近理，而不涉於迂闊。蓋養浩留心實政，舉所閱歷者著之，非講學家務爲高論，可坐言而不可起行者也。……」

〔註142〕 《官箴》（宋・呂本中撰）提要云：「……本中以工詩名家，然所作《童蒙訓》，於修己治人之道，具有條理，蓋亦頗留心經世者。故此書多閱歷有得之言，可以見諸實事。……」

〔註143〕 《州縣提綱》提要云：「……其書論州縣蒞民之方，極爲詳備，雖古今事勢未必盡同，然於防姦釐獎之道，抉摘最明。而首卷推本正己省身，凡數十事，尤爲知要，亦可爲司牧之指南。雖不出於裹手，要非究心吏事，洞悉民情者不能作也。」

〔註144〕 《晝簾緒論》（宋・胡太初撰）提要云：「……書中臚列事宜，雖多涉宋代條格，與後來職制不盡相合，然其大旨以潔己清心、愛民勤政爲急務，言之似乎平近，而反覆推闡，實無不切中事情。……」

〔註145〕 《百官箴》（宋・許月卿撰）提要云：「……月卿效法其體，雖申明職守，僅託空言。而具列官邪，風戒有位，指陳善敗，觸目警心，亦未嘗無百一之裨焉。」

〔註146〕 乾隆三十八年五月十七日曾頒諭內閣：「……所有進到各書，並交總裁等，同《永樂大典》內現有各種詳加核勘，分別刊鈔。擇其中罕見之書，有益於世道人心者，壽之梨棗，以廣流傳。餘則選派謄錄，彙繕成編，陳之冊府。其中有俚淺訛謬者，止

的選書初衷。

三、「摭實」與「得實」

　　《總目》對於各類史籍處理史料的態度與方法暨其所呈現風貌的學術批評，既有概括性的宏觀取義，也偶爾展示出四庫館臣別具針對性的微觀體察。前者如上文所述「切實」、「近實」措辭，後者即爲此處所要繼續討論的「摭實」與「得實」。

　　在「正史類」書籍當中，《總目》特別提出劉知幾（661～721）撰《史通》對於《周書》的批評，且爲令狐德棻（583～666）等纂修官辯駁。《總目》徵引《史通·雜說中》批評《周書》的主要觀點，一是令狐德棻僅根據牛弘（545～610）所撰《周史》內容「重加潤色」，致使載記多有疏略；再則牛著「彌尚儒雅」，將史料中的口語俚詞多摹擬經史而改作筆文書語，悖離了劉知幾所重「適俗隨時」的敘事要領，遂間接造成《周書》「文而不實，雅而不檢，眞跡甚寡，客氣尤繁」的失實樣貌。從所謂「實錄史學」的觀點而言，劉知幾之所以主張史文敘事應力求質樸、「言必近眞」（《史通·言語》）的語言風格，如實保留當時所通用流傳的方言俗語，即因他「已敏銳地察及，方言世語之演化，甚至僅僅稱謂之類的變遷，既是社會演進之生動見證，亦是後來史家重建往事，研究歷代風俗制度之可靠憑藉」〔註147〕；唯有將語言對於（歷時性的與地域性的）情感與文化的深刻記憶功能歸置入歷史典籍的載錄格式之中，才能夠在必要的時候藉由語言記憶的召喚令讀者更貼近事件原相。《總目》則以「文質因時」與「紀載從實」兩方面回應《史通》的批評，前者意指令狐德棻並沒有改易周代文書典雅的語言風格，況且「正史體尊，義與經配」，理當刪削體近小說稗官之雜文；後者意指《周書》對於史料的掌握與處理已經達到不墮疏略、不尙虛辭的程度，其纂編宗旨「意在摭實」，尙具考疑傳信的功能與價值。不過，《總目》駁辯之辭在余嘉錫眼中卻暴露出主觀考察的片面性與邏輯上的缺陷，《辨證》云：

　　　夫既曰文質因時，則宇文言類互鄉，辭多醜惡，質既如此，文之奚爲？
　　既曰紀載從實，則周書博採古文，動遵經典，所載若斯，實於何有？知幾
　　第謂不當易彼俚語，改作妍辭耳，未嘗謂本紀錄大誥之篇，列傳載六條之
　　詔，亦當變厥文言，譯爲俗語也。若謂牛弘之書仿古製言，德棻以弘書爲

存書名，彙爲總目，以彰右文之盛。此採擇《四庫全書》本指也。……」（詳見《纂
　　修四庫全書檔案》，上冊，頁117）
〔註147〕參考許冠三《劉知幾的實錄史學》（香港：中文大學出版社，1983年），〈四、實錄義
　　例中：撰述論〉，頁93～108。蔣義斌〈劉知幾的語言觀〉，載於《華岡文科學報》，
　　第20期，民國84年4月，頁99～121。

本，不能擅自改易，則知幾固嘗言之矣〔註148〕。

由此例可見，「摭實」是被四庫館臣用以針對正史史文撰述進行評論的一種具有策略性的維護措辭。而正史既然出於「聖斷」，則這種措辭策略的指向除了有意識地淨化正史典籍的體例，更擔負彰顯引領帝王裁斷史籍的所謂「崇實黜虛」的思想準則。不過，如果純粹只爲了「淨化」《四庫全書》所著錄正史之內容體例，《總目》大可無需徵引《史通》之評論以橫生枝節。從《總目》引據內容之準確與回應的層面相對欠缺嚴密暨防禦力的角度來看，《周書》提要未嘗不隱含著四庫館臣對於《周書》的既定評價，而以「摭實」作爲回護辯駁與尊拱聖裁之聲腔，其實與劉知幾的「實錄史學」有著內在觀點的一致性。若非如此，四庫館臣便不會又在《夢粱錄》（宋·吾自牧撰）提要中重提《史通》圖存「方言世語」之論，認爲「措詞質實」〔註149〕誠無損於考史之助了。

另外，在「編年類」書籍中，基於清初帝王十分重視「綱目體」史籍的纂修〔註

〔註148〕詳見《四庫提要辨證》卷三，史部一正史類一《周書》條。余嘉錫就《史通》對《周書》的批評較《總目》多有補述，並詳細論證《史通》與《總目》評議《周書》之得失，其論曰：「知幾持論，大抵謂史臣敘事紀言，當具載俚詞，存其口語，務從實錄，不失本眞。……不須改作華詞，強效書語。其評論《周書》，猶再三致意於此，不只如《提要》所引也，……其言皆明白痛快。合而觀之，則其所以詆諆《周書》者，可以知其故矣。《提要》所引，亦見於〈雜說〉篇，尋其語意，猶是爲其枉飾虛言而發也。其所以牽引蘇綽者，特因綽之文體奚準《尚書》，自文帝懸爲準則，於是柳虬牛弘之徒，迭秉史筆，莫不摹擬經史，塗澤語言，以紀當時之事，其弊實自蘇綽發之。觀其言曰『苟記言若是，則其謬愈多』，斯其命意，固自瞭然。……然則德棻苟志存實錄，非無所取材，而乃唯憑本書重加潤色，疏略之譏，知難幸免已。夫知幾惡牛弘之文雅，獎王劭之質樸，嗜好既與俗殊，或不免主張過度。然其言揚榷古今，洞達體例，實南北諸史之諍臣，亦詞人秉筆之良藥也。固不必強相駁詰，爲令狐德棻輩左袒矣。」
〔註149〕《總目》卷七十，史部地理類三山川、古蹟、雜記之屬《夢粱錄》提要云：「……是書全仿《東京夢華錄》之體，所紀南宋郊廟宮殿，下至百工雜戲之事。委曲瑣屑，無不備載。然詳於敘述，而拙於文采，俚詞俗字，展笘紛如，又出《夢華錄》之下。而觀其自序，實非不解雅語者，毋乃信劉知幾之說，欲如宋孝王〈關東風俗傳〉，方言世語由此畢彰乎？要其措詞質實，與《武林舊事》詳略互見，均可稽考遺聞，亦不必責以詞藻也。……」
〔註150〕據《明史》卷一七六〈劉定之傳〉載其於明景帝即位時上書之言，當中論及：「……夫經莫要於《尚書》、《春秋》，史莫正於《通鑑綱目》。陛下留心垂覽。其於君也，既知禹、湯、文、武之所以興，又知桀、紂、幽、厲之所以替，而趨避審矣。於馭內臣也，既知有呂強、張承業之忠，又知有仇士良、陳弘志之惡；於馭廷臣也，既知有蕭、曹、房、杜之良，又知有李林甫、楊國忠之奸，而用舍當矣。如是則於知仁勇之德，豈不大有助哉。……」清初君主之所以重視「綱目」體史籍的纂修，亦是著眼於《資治通鑑》可爲帝王施政之法戒而《資治通鑑綱目》堪作警勸臣節之規範；延續「綱目」體史籍的纂修不僅可與正史之紀傳相爲表裡，更有助於治道與風

150〕，遂牽動了四庫館臣對於自宋以降學者致力於「綱目」之學的學術脈絡考察。《總目》在清人陳景雲（1670～1747）所撰《綱目訂誤》一書提要中，就考證辨誤的角度極扼要地帶出一道學術進程：從宋人尹起莘《通鑑綱目發明》無裨於史學的「黨附」〔註151〕之辭，後來周密（1232～1298）撰《癸辛雜識》、《齊東野語》始不受「尊朱」所礙，方才展現出考證典核、補闕史傳〔註152〕的學術眼光，多能辨正《綱目》之失，更令人不得不正視小說家言對於考史所善盡之功〔註153〕。到了明末張自勳撰《綱目續麟》「始以春秋舊法糾義例之訛」，清初芮長恤撰《綱目分註拾遺》「始以通鑑原文辨刪節之失」〔註154〕，則陸續有方法論的開創與更進一步的釐正斬獲。在歷

教的闡揚。參考葉高樹《清朝前期的文化政策》，第三章〈淑慝並昭，袞鉞不爽：官修史書的教化取向〉，頁 127～129、145～146。另可參考何冠彪〈清高宗御批歷代通鑑輯覽編纂考釋〉（載於《嶺南學報》第 2 期，民國 89 年 10 月，頁 131～167）、〈清高宗御撰資治通鑑綱目三編的編纂與重修〉（載於《中央研究院歷史語言研究所集刊》第 70 本第 3 分，民國 88 年 9 月，頁 671～697）、〈清初君主與資治通鑑及資治通鑑綱目〉（載於《中國文化研究所學報》第 7 期，民國 87 年，頁 103～132）、〈清高宗綱目體史籍編纂考〉（載於《國立編譯館館刊》第 24 卷第 1 期，民國 84 年 6 月，頁 129～150）。

〔註151〕《總目》卷四七，史部編年類《資治通鑑》（宋・司馬光撰、元・胡三省音注）提要云：「……（胡三省）并能条証明確，而不附會以求其合，深得注書之體。較尹起莘《綱目發明》附和回護，如諂臣媚子所為者，心術之公私，學術之真偽，尤相去九牛毛也。……」卷八八，史評類《學史》（明・邵寶撰）提要云：「……寶平生湛深經術，持論平正，究非胡寅輩之刻深，尹起莘輩之黨附所可擬也。」案，浙本提要原先更將「黨附」直書為「膚淺」，顯見館臣強烈的貶斥觀點。

〔註152〕《總目》卷一二一，子部雜家類雜說之屬《齊東野語》提要云：「……中頗考正古義，皆極典核，而所記南宋舊事為多。……皆足以補史傳之闕。……」

〔註153〕《總目》卷一四一，子部小說家類二雜事之屬《癸辛雜識》提要云：「……是編以作於杭州之癸辛街，因以為名，與所作《齊東野語》大致相近。然《野語》兼攷證舊文，此則辨訂者無多，亦皆非要義；《野語》多記朝廷大政，此則瑣事雜言居十之九，體例殊不相同。故退而列之小說家，從其類也。……書中所記頗猥雜，如姨夫、眼眶諸條，皆不足以登記載。而遺文佚事可資攷據者實多，究在《輟耕錄》之上。所記羅椅、董敬庵、韓秋巖諸人，於宋末講學之弊，言之最悉。其引沈仲固語一條、周平原語一條，尤言言炯戒，有關於世道人心，正未可以小說忽之矣。……」

〔註154〕語出《總目》卷八八，史部史評類《御批通鑑綱目》提要。又，卷四七史部編年類《綱目續麟》提要云：「……其《續麟》二十卷，則案原書次第，摘列《綱目》及《考異》、《書法》、《發明》、《考證》之文，而一一辨正其是非。……其說皆鑿鑿有徵，非故與朱子為難者比。……不必以鈔胥刻工之失，執為朱子之筆削，尤為洞悉事理之言。視徒博尊朱子之名而牽合迂謬，反晦朱子之本旨者，相去遠矣。」《綱目分註拾遺》提要云：「……長恤考究本原，知不出朱子之手，故凡分註之刪削《通鑑》以至失其本事者，悉列原文某句某字之內，有某句某字於前。而推求事理，為之考辨於後，使證佐分明，具有條理。……其說皆引據舊文，原書具在，亦非逞臆私談，憑盧肆辨，如姚江末流所為者。是亦可為《綱目》之功臣矣。……」

經研究態度與方法的由陋轉精之後，《總目》更加肯定陳景雲之《綱目訂誤》能「捃摭諸家所未及，悉引據前史原文，互相考證」，並條舉書中「指摘精確，足正傳訛」〔註155〕的實例多達二十五條，稱之爲「愈推愈密」的學術成就。《總目》於是將「綱目之學」與「摭實之學」作成直接的聯繫，爲官修綱目體史籍意欲彰顯人主「敬天勤民，兢兢業業」〔註156〕的教化宣導，鋪墊了徵實傳信的學術根柢。

《總目》尚有以「得實」作爲「傳記類」書籍之著錄標準者，並且此一措辭乃專指該書所載述的人物史料，是對於正史之纂修或校讀具有直接的補證作用；此處列舉《總目》以「得實」作爲評論措辭的兩部史籍，皆與《宋史》相關。其一爲宋人袁韶（1161～1237）所撰《錢塘先賢傳贊》，《總目》認爲此書取材所涉「雖止及一鄉之耆舊」，但當中紀錄之人物多有名列正史者，足以凸顯這些地方人物的重要意義與史料的代表性；再加上當時之人紀當時之事「於事實多所綜覈」〔註157〕的傳信價值，遂使本書成爲元人纂修《宋史》的重要文獻憑據之一。又，四庫館臣爲了抬高本書有裨於史學的層級，更將本書與宋人王稱（？～1200 後）〔註158〕的《東都事略》互相校核；《東都事略》已受館臣推崇爲宋人私史當中最有可觀的三部鉅著之一〔註159〕，而本書尚能補其所闕，則詳贍得實的文獻內涵益加昭彰。其二爲南宋遺

〔註155〕詳見《總目》卷四七，史部編年類《綱目訂誤》提要。

〔註156〕詳見乾隆四十七年十一月初七日搬諭內閣，將《御批通鑑綱目續編》議論詆毀處交皇子等刪潤黏簽進呈。收入《纂修四庫全書檔案》，下冊，頁 1675～1676。

〔註157〕詳見《總目》卷五七，史部傳記類一總錄之屬《錢塘先賢傳贊》提要。

〔註158〕《總目》作「王偁」，余嘉錫舉陸心源《儀顧堂續跋》卷七〈宋槧東都事略跋〉、五松閣仿程舍人本《東都事略》、錢綺據影鈔宋本校五松閣本所作校勘記、陳垣口述、《學海類編》、海源閣藏宋蜀刻二百家名賢文粹序，以及實際考求趙希弁《讀書附志》、《玉海》等書所載述，論定「四庫所收，蓋明人刻本，誤稱爲偁，提要信之」、「宋人所見之本無作偁者，提要翻以作稱者爲偁改，失之不詳考也」，故應作「王稱」（詳見《四庫提要辨證》卷五，史部三別史類《東都事略》條，頁 264～266）。又，當代學者胡玉冰亦從古人名與字的關係、古人避諱、他人引稱、傳世版本等方面，斷言四庫館臣錯將誤字作正字，遂擅自臆改「王稱」爲「王偁」（詳見〈宋朝漢文西夏史籍及其著者考述〉，載於《寧夏大學學報（人文社會科學版）》，第 23 卷第 3 期，2001 年，頁 13～15）。

〔註159〕《總目》卷五十，史部別史類《東都事略》提要云：「……父賞，紹興中爲實錄修撰。偁承其家學，旁搜九朝事蹟，采輯成編。……敘事約而該，議論亦皆持平。……宋人私史，卓然可傳者，唯偁與李燾、李心傳之書，固宜爲考《宋史》者所寶貴矣。」又卷四七，史部編年類《續資治通鑑長編》（宋·李燾撰）提要云：「……燾作此書，經四十載乃成。自實錄、正史、官府文書以逮家錄、野紀，無不遞相稽審，質驗異同。雖採摭浩博，或不免虛實並存，疑信互見，未必一一皆衷於至當。……然燾進狀自稱，『寧失之繁，毋失之略』，蓋廣蒐博錄以待後之作者。其淹貫詳贍，固讀史者考証之林也。」《建炎以來繫年要錄》（宋·李心傳撰）提要云：「……是書述高

民所傳錄撰述之《昭忠錄》，《總目》認爲書中所載南宋末年爲國殉義諸人之死難事實「大多確實可據」〔註160〕，不僅許多人物事蹟爲《宋史・忠義傳》所遺漏失載，更可以補正正史纂修時未及採摭參考本書所造成的疏略之處。此外，《總目》著眼於史料對象完全針對忠臣義士之行誼，具有崇高的人格教化內涵，故「復彰幽光」是爲優先於考證指向而驅動四庫館臣著錄本書的關鍵因素〔註161〕。

四、其 他

　　前述幾項關於《總目》史部提要的措辭，大致上從務切實用的文化知識屬性、經世宰物的踐履實行精神、切近事理的史籍纂撰態度以及求索原相的史料掇拾方法等方面，明確呈示了可以相互銜接並鋪展出崇實內涵的精神徵狀與思想傾向。在這些四庫館臣反覆致意的面相之外，尚可見出於其他相關細節的評論觀點，以進一步充實與強化史部書籍所匯聚顯露的著錄意識。

　　首先，從對於唐人李延壽修撰《南史》的批評，可以看出《總目》是以史料本身的原始屬性論定其存傳價值；認爲只要是與九錫綏賜、符命告天等禮儀典制相關繫的文辭，誠附屬於行爲制度之外而飽含煩冗虛飾的文辭堆棧，皆不涉實證者，應當把握刪繁補闕的修史契機盡予芟削一淨〔註162〕。然而，經採《南史》與《宋書》、《南齊書》、《梁書》、《陳書》諸史實際比勘之後，卻仍復顯見這些備受四庫館臣所摒棄的史料「陳陳相因」的沿襲痕跡〔註163〕。又，《總目》痛陳「延壽採雜史爲實

宗朝三十六年事蹟，仿《通鑑》之例，編年繫月，與李燾《長編》相續。……其書以國史、日曆爲主，而系之以稗官、野史、家乘、誌狀、案牘、奏議、百司題名，無不臚採異同，以待後來論定。故文雖繁而不病其冗，論雖岐而不病其雜，在宋人諸野史中，最足以資考證。……大抵李燾學司馬光而或不及光，心傳學李燾而無不及燾。其宏博而有典要，非熊克、陳均諸人所能追步也。……」可見三書爲《總目》肯定之程度。
〔註160〕詳見《總目》卷五七，史部傳記類一總錄之屬《昭忠錄》提要。
〔註161〕《昭忠錄》提要云：「……謹著之於錄，庶一代忠臣義士未發之幽光，復得以彰顯於世，且俾讀《宋史》者亦可藉以考正其疎略焉。」此可見《總目》考量著錄因素之主從次第。
〔註162〕《總目》卷四六，史部正史類二《南史》提要云：「……然宋、齊、梁、陳四朝九錫之文、符命之說、告天之詞，皆沿襲虛言，無關實證，而備書簡牘，陳陳相因，是芟削未盡也。……」
〔註163〕例如《宋書・武帝本紀》、《南齊書・高帝本紀》、《梁書・武帝本紀》、《陳書・高祖本紀》等所載錄封綬九錫之詔第五篇、禪位之詔四篇、柴燎告天之第四篇，《南史》幾乎原文摭置，出入只在數字之參差而已；至於《北史》則刪削較見簡淨。杜維運《中國史學史》（臺北：三民書局，民國87年1月）論謂：「延壽的南北史，基礎建立在宋書、南齊書、梁書、陳書、魏書、北齊書、周書、隋書等八書之上，增其

錄」〔註 164〕，更是直指史家未能謹守史料來源的純粹性而導致傳信失據的重大缺陷。《總目》對於史料來源與屬性甄別審辨的嚴謹與細緻程度，由此可見其精。

其次，崇實的措辭批評亦從不同的切入角度，透露出能使史籍體例益臻美善的態度與方法。例如「傳記類」中著錄明人廖道南（？～1547）所撰《殿閣詞林記》，《總目》便指出本書儘管有近六成內容是取材自黃佐（1490～1566）的《翰林記》，但作者一則標明出處，再則將黃著內容稍作修改也是為了協於一家體例，對這些細微環節的審慎舉措正反映出一種敦尚篤實、不務虛名的編輯精神〔註 165〕。又如「地理類」中著錄宋人梁克家（1127～1187）撰《淳熙三山志》，《總目》不僅著眼於表彰作者深厚溫雅的文章風格暨其獨創體例所謹守的「核實之道」〔註 166〕，且意在揭示此書作為福建地區地理書載述的肇始意義〔註 167〕，後人續作實不及於此；而對於明人董斯張（1586～1628）所撰《吳興備志》編輯湖州（今屬浙江省）一地各類遺聞瑣事，《總目》則偏重肯定作者因襲張鳴鳳《桂勝》、《桂故》之創例〔註 168〕卻猶能獲致「實際」的正面評價，即在於摒棄排除影響附會、剽竊掄諸等陋習，將「典

所缺，而刪其繁冗，去其濃辭。八書中九錫之文，禪位之詔，告天之詞，皆沿襲虛詞，無關實證，南北史刪削之。」（第二冊，頁 219）恐片面誤解提要批評之意以為肯定之詞，且不及細察如此。

〔註 164〕詳見《南史》提要。

〔註 165〕《總目》卷五八，史部傳記類二總錄之屬《殿閣詞林記》提要云：「……自卷九以下，標題皆作國子監祭酒黃佐、侍講學士廖道南同編，蓋道南採掇黃佐《翰林記》之文，不沒所自，猶有前輩篤實之遺。……」卷七九，史部職官類官制之屬《翰林記》提要云：「……廖道南撰《殿閣詞林記》，自九卷以後多採佐書以足成之。今以此本互相檢核，其文不盡相合。蓋道南又有所點竄，以歸一家之體例。……」

〔註 166〕《總目》卷六八，史部地理類一都會郡縣之屬《淳熙三山志》提要云：「……史稱其為文深厚明白，自成一家。制命尤溫雅，多行於世。今所作已罕流傳，惟此書尚有寫本。……其志主於紀錄掌故，而不在誇耀鄉賢、侈陳名勝，固亦核實之道，自成志乘之一體，未可以常例繩也。其所紀十國之事，多有史籍所遺者，亦足資攷證。視後來何喬遠《閩書》之類，門目猥雜、徒溷耳目者，其相去遠矣。」

〔註 167〕《總目》卷六八，史部地理類一都會郡縣之屬《福建通志》提要云：「……福建自宋梁克家《三山志》以後，記輿地者不下數十家，惟明黃仲昭《八閩通志》頗稱善本，而亦不免闕略。……」

〔註 168〕《總目》卷七十，史部地理類三山川之屬《桂勝》十六卷附《桂故》八卷提要云：「……《桂勝》以山水標目，各引證諸書，敘述於前，即以歷代詩文附本條下，而於石刻題名之類，搜採尤詳。又隨事附以考證，多所訂正。董斯張《吳興備志》、朱彝尊《日下舊聞》即全仿其體例，於地志之中最為典雅。《桂故》分郡國、官名、先政、先獻、游寓、襍志六門。……在明代輿記之中，於康海《武功志》、韓邦靖《朝邑志》外，自屬別調，可以鼎立而三，他家莫之逮也。二書所載、皆止於南宋。蓋年遠者易湮，時近者易濫，詳人所略，略人所詳，其書乃博贍而有體，是又鳴鳳創例之微意歟？」

雅」的敘事要素與「確核」的考證方法鎔鑄於一爐〔註169〕，成為充分符合四庫館臣嚴選標準的地志範本。至於《總目》著錄清高宗為平治黃河水患進而考探黃河源流以正史志訛誤所敕撰的《河源紀略》，除了展示官方修史體例嚴整、綜核精審的學術規格，也彰顯出傳統的文獻經驗必須與科學的實證經驗相融通〔註170〕，方能豐富經世意向的內涵與成效；而這種致力於強調證據理性的徵實態度，也鮮明地自四庫館臣對於《漢志考》與《法帖刊誤》等考史賞鑑書籍的學術評價之中透顯出來〔註171〕。

　　最後，尚有具體反映史籍得以著錄四庫的崇實措辭，更深刻地指向與探求傳統學術內涵與社會文化的道德詮釋語境。例如《總目》卷五八《元儒考略》（明・馮從吾撰）提要云：

> 宋儒好附門牆，於淵源最悉；明儒喜爭同異，於宗派尤詳。語錄學案，動輒災梨，不啻汗牛充棟。惟元儒篤實，不甚近名，故講學之書，傳世者絕少，亦無匯合諸家，勒為一帙，以著相傳之系者。從吾掇拾殘剩，補輯此編，以略見一代儒林之梗概，存之亦足資考證。物有以少見珍者，此之謂歟？

此篇文字充分展示了清代官方對於宋、元、明三代學術特性與生態的宏觀體察與評

〔註169〕《總目》卷六八，史部地理類一都會郡縣之屬《吳興備志》提要云：「……是編輯錄湖州故事，分二十六徵，……采摭極富，於吳興一郡遺聞瑣事，徵引略備。每門皆全錄古書，載其原文。有所攷正，則附著於下；蓋張鳴鳳《桂故》、《桂勝》體例如是，而斯張因之。雖意主博奧，不無以泛濫為嫌。然當時著書家影響附會之談、剽竊掇撦之習，實能一舉而空之。故所摘錄，類皆典雅確核，足資考据。明季諸書，此猶為差有實際。黃茅白葦之中，可以謂之翹楚矣。」

〔註170〕《總目》卷六九，史部地理類二河渠之屬《欽定河源紀略》提要云：「……皇上因考徵實驗，參訂舊文，御製河源詩一章，詳為訓釋，系以案語。……所綜核者，無一事不得其真；所任使者，亦無一人敢飾以偽。與篤什之探尋未竟、遽顢頇報命者，更復迥異。是以能沿溯真源，祛除謬說，親加釐定，勒為一帙，以昭示無窮。……」

〔註171〕《總目》卷八一，史部政書類一通制之屬《漢志考》（宋・王應麟撰）提要云：「……是編因《漢書》、《續漢書》諸志，於當日制度，多詳於大端，略於細目，因摭采諸家經注，及《說文》諸書所載，鈎稽排纂，以補其遺，頗足以資考証。又以唐時賈、孔諸疏去古已遠，方言土俗，時異名殊，所謂某物如今某物，某事如今某事者，往往循文箋釋，於舊文不必悉符，亦一一詳為訂辨。……要其大致精核，具有依據。較南宋末年諸人，侈空談而鮮實徵者，其分量相去遠矣。」卷八六，史部目錄類二金石之屬《法帖刊誤》（宋・黃伯思撰）提要云：「……初，米芾取淳化閣帖一一評其真偽，多以意斷制，罕所考證。伯思復取芾之所定，重為訂正，以成此書。……其論多確，其他亦指摘真偽，率有依據。……」又《淳化祕閣法帖考正》（清・王澍撰）提要亦云：「……初，宋元祐中，米芾作《法帖題跋》以辨別真偽。然芾精於賞鑑，特據其筆跡以意之而已，雖錙銖不爽，究未能確指其所以然也。大觀中，黃伯思作《法帖刊誤》，始援據史籍，訂其舛迕，徵實有據，昭昭然白黑分矣。……」

價，並且標舉元儒「篤實」的論學內涵及其「敦樸無門戶之成見」〔註172〕的論學襟懷適足為當代表率。館臣所謂「物有以少見珍者」徒為虛飾之辭而已，絕非著錄本書的充分與必要條件，重點在於透過肯定同屬異族政權統治之下的學術品性，進而令本朝意識形態主導的學術價值規範有其正當的銜接對象，讓崇實黜虛的文教精神能夠更順利地成為促成滿清政權穩定延展的政策環節。秉此，《總目》這種對於傳統學術內涵的詮釋與再現，在某種面相與程度上可說承擔了具有功能性的特殊任務與期許。此外，又如《總目》著錄《慶元黨禁》一卷，有學者直接轉譯四庫館臣的紙面書寫，斷然論定此書提要「是一篇深文周納的反朱宣言」〔註173〕，固然已切合乾隆朝纂修《四庫全書》的部分學術背景轉折取向與官方著錄思想趨勢，而余嘉錫《四庫提要辨證》亦深刻揭露了此一全然歸順於政權意識形態驅役的歷史詮釋與學術評論框架，甚至嚴辭痛斥「撰提要者乃憑空臆決，言之鑿鑿，真無稽之談也」〔註174〕。不過，倘若從理解的而非批判的角度閱讀此篇題要後半段的結論言說，除了意會《總目》身為官方學術好尚之喉舌，尚能體探四庫館臣對於士人社會角色與社會功能的教化寓意。提要云：

> 總之，儒者明體達用，當務潛修；致遠通方，當求實濟。徒博衛道之名，聚徒講學，未有不水火交爭，流毒及於宗社者。東漢不鑒戰國之橫議，南北部分而東漢亡；北宋不鑒東漢之黨錮，洛、蜀黨分而北宋亡；南宋不鑒元祐之敗，道學派盛而南宋亡；明不鑒慶元之失，東林勢盛而明又亡。皆務彼虛名，受其實禍。決裂潰覆之後，執門戶之見者猶從而巧為之詞，非公論也。

傳統士人個體透過其所參與的知識系統進而決定了所參與的社會系統，亦即以「儒者」的角色身分作為一種社會整體的結構要素。《總目》界定這個要素的取徑與眼光，

〔註172〕語出《總目》卷一六七，集部別集類二十《俟菴集》（元・李存撰）提要。

〔註173〕詳見司馬朝軍《四庫全書總目研究》，其論曰：「朱子為宋學之宗主，著述宏富，學術體系亦最為完整。《總目》編纂之日，正是朱學由盛轉衰之時。《總目》對朱子展開全面攻擊。……朱子力反雜學，自己竟涉入異端。《總目》揭其真相，陰寓貶意。最值得注意的是，《慶元黨禁》提要是一篇深文周納的反朱宣言。……眾所週知，朱子在慶元黨禁中被指為『偽學之魁』。《總目》反朱之用意，可謂司馬昭之心路人皆知。《總目》對朱子之全面攻擊，絕非偶然，乃貫串全書之一大主旨。朱子之學自宋理宗之後大行於世，被元、明、清奉為官方哲學，康熙更是大力表彰。至乾隆時風氣始為之一變，乾隆對朱子深表懷疑，以至不滿，每每形諸文字，《總目》對此心領神會，如『伏讀御題朱弁《曲洧舊聞》，致遺憾於洛黨。又御題顧憲成《涇皋藏稿》，示炯戒於東林，誠洞鑑情偽之至論』，遂將朱子定為攻擊之總目標。」頁201～206。

〔註174〕詳見《四庫提要辨證》卷六，史部四傳記類一，頁333～340。

並非直接指向儒者的角色特質，而是從釐清兩方面的關係切入：其一是「儒者」應以何種立場與姿態處身於社會整體結構形式中？此即「明體達用，當務潛修」；其二是「儒者」此一結構要素應當在維繫與推動社會整體結構的發展歷程中展現出什麼樣的功能意義？此即「致遠通方，當求實濟」。之後，《總目》歷數古來黨禍之鑑，姑不論史實屬性是否一致，其意在明喻這種社會角色自我認同的偏頗定義與異端強化所遭致的結構失序及循環〔註175〕，以貫徹破除門戶之見的基本理念，則是不言可喻的。

〔註175〕參考弗・茲納涅茨基（Florian Znaniecki, 1882～1958）著、鄭斌祥譯《知識人的社會角色（*The social role of the man of knowledge*）》（南京：譯林出版社，2000 年 5 月），第一章〈知識社會學和知識理論〉，頁 1～16。以及齊格蒙・鮑曼（Zygmunt Bauman）著、洪濤譯《立法者與闡釋者：論現代性、後現代性與知識分子（*Legislators and interpreters : on modernity, post-modernity and intellectuals*）》（上海：上海人民出版社，2000 年 11 月），〈保爾・雷丁：知識分子之探本溯源〉，頁 9～25。

第六章　結　論

　　本文針對清高宗纂修《四庫全書》與清初崇實思潮之間的關係進行探究，首先回顧了多種思想史、哲學史以及學術史類的研究論著對於清初學術思想的成果觀點，歸納出以梁啓超提出「厭倦主觀的冥想，而傾向於客觀的考察」所代表這種崇實黜虛的學術理念與知識品味，實是明清之際乃至漫衍於整個十八世紀學術思想形態的一大轉向；其次著眼於乾隆朝所擘畫推行的文教政策，從幾個措施面相討論崇實精神貫注其中的影響脈絡。之後，進入《四庫全書》對於傳統知識文化的重構工程與再現體系，以經部與史部作爲主要的觀察對象，先就《總目》的小序系統析論其著錄準則與思想取向的大體趨勢，再以提要當中的評論措辭作爲一種精神徵狀的閱讀理解，考求四庫館臣在詮釋其所面對知識對象的同時，如何呈顯「崇實」作爲群體共識的學術內涵與意態。所得初步結論如下：

　　一、崇實思潮不僅湧現於明末清初的知識界，「崇實黜虛（浮／華）」的思想觀點更是受到清初君主的深刻體悟與普遍重視，清高宗有系統地藉由聖諭的宣達，將崇實精神作爲制定國家文教政策的核心內涵，以及政策施行時激勸臣民的行動意識。從教育、取士乃至經筵典禮，文教措施的各個層面擔負起維繫滿洲固有文化、建立當代學術主流以及延續政權穩固發展的重要任務，而通經、修德、用世作爲崇實思潮的內在要求，也隨著文教政策的推行而相互運作，在強化政策功能的同時更轉移了原先激發崇實思潮的時代意義。

　　二、徵訪舊籍與纂修大型叢書、類書不僅是歷代統治者用以彰顯盛世景況的重要文教舉措，同時提供後人認識當時知識秩序與文化整體的必要門徑。滿洲君主掌握了此一進入漢民族文化言說場域並從而改塑集體記憶的歷史契機，《四庫全書》的纂修更充分再現了乾隆朝以「崇實」爲綱領的文教精神。

　　三、藉由對《總目》經部與史部小序系統的綜合理解，可以看出各部類分述的

著錄準則暨其內含的整體學術指向與思想趨勢，且顯然察覺到四庫館臣在經學論域與史學論域當中所散發出迥然異趣的學術活力與詮釋主導權。經部小序系統與書籍提要向來為學者公認最有可觀，小序呈顯出「切人事」、「崇實用」、「尊漢學」、「重徵實」、「通經義」等五個具體指向崇實精神的面相，且反覆圍繞、響應著〈經部總序〉所稱「徵實不誣」的總綱；經部提要更以睥睨飛揚之意態，展示了精英學者逞智爭勝的文化學術視野。而就「崇實黜虛」此一思想傾向的脈動而觀，史部小序系統所呈示的樣貌相對於經部小序系統以及提要富於熱忱活躍的研究精神與多端層出的諸般崇實面相，顯然保守與拘謹許多；清代前期朝野學林共同推重的經史之學中豐沛洋溢的崇實思潮，似乎在《總目》史部的論述場域中出現了一種趨於平淡的轉向——謹守著考證的精神標的，使得身處四庫館的學術精英在專業的論壇空間中依然呼吸不到議論發揮的舒暢氣息。也因此，傳統士人藉史學經世的理想在《四庫全書》所重構的知識世界中將稍掩隱於考據工程的背後而成為一種精神伏流，有待於時異與世變的衝擊將這種經世的熱情再度激越揚昇。

四、崇實內涵是如何從各類圖書的確實著錄情況與細部的學術批評觀點當中被開展、彰顯抑或轉化、沉澱？藉由對《總目》之提要措辭作一徵狀式的讀解，顯見崇實精神是採取多面相與多層次的散射方式進入經部與史部的學術批評當中，儘管各自偏重的措辭頻率與意義指向猶或稍異，然其對於崇實內涵的呈顯則是多元一體的。從人品學養、著作內涵、時代學風、知識指向等宏觀的體探，至於研究方法、取材觀點的細部考察，多樣化的崇實措辭未必各自坐擁壁壘分明的義界範圍，彼此關涉的意義指向則儼然有機聯繫成為一個內涵豐富且具有排他性（拒斥虛無玄渺之說）的意義網絡，為經史之學形塑出位居主流學術的價值邊界。

五、精神活動與思想徵狀的研究大抵無法完全倚賴計量數據的結果以為定論，但量化資料卻可以適當增加推論的說服力與徵信程度。本文所解析的提要措辭僅約百餘例，不及《總目》經、史二部所著錄書籍十分之一；但若結合顯性與隱性的崇實措辭觀之，則不但在經、史二部各類著錄書籍提要中佔有相當份量（詳見附錄二、三），其總合更達到經部 45.91% 與史部 44.79% 的比例。這樣的統計結果，或能輔助讀者理解四庫館臣的確以崇實思想作為擇存群書的支配準則，並從而形塑出《總目》協和清初「崇實黜虛」文教政策的學術批評基調。

六、纂修《四庫全書》之時，清高宗亦時時思維如何將此一知識博物館做更有效的推廣與流傳，於是對《全書》分貯地點之設置〔註1〕、各閣書冊之借閱管理作

〔註1〕乾隆四十七年七月初八日諭：「朕稽古右文，究心典籍，近年命儒臣編輯四庫全書，特建文淵、文溯、文源、文津四閣，以茲藏庋。現在繕寫頭分告竣，其二、三、四

出周密而完善的設想〔註 2〕，就是爲了達到「俾藝林多士，均得殫見洽聞，以副朕樂育人才、稽古右文之至意」〔註 3〕的文治用意。而如果結合西方學者對於文化作用的理論思考，或許能夠更清晰地認識這種「文治」的目的指向與運作模式。英國學者布萊恩・特納（Bryan S. Turner, 1945～）曾論道：

> 文化的作用在於將群體的集體再現施加到個體身上，通過集體義務和社會參與來限制激情。沒有文化的限制，個體在某種情況下就會受到過多期待的驅動而走向道德淪喪的自滅狀態〔註 4〕。

崇實思潮作爲一種思想文化的集體再現表徵，它不但成爲纂修《四庫全書》與《四庫全書總目》的思想基調，更以《全書》與《總目》爲文化知識傳播與流動的載體，將深蘊其中的價值取向——以通經求眞、以修德至善、以用世成美——浸滲入建構思想世界與知識秩序的核心，藉此暢通文化生命、形塑理想社會。

分限於六年內按期蕆事，所以嘉惠藝林，垂示萬世，典至鉅也。因思江浙爲人文淵藪，朕翠華臨莅，士子涵濡教澤，樂育漸摩，已非一日，其間力學好古之士、願讀中秘書者，自不乏人。茲四庫全書允宜廣布流傳，以光文治。如揚州大觀堂之文匯閣、鎮江金山寺之文宗閣、杭州聖因寺行宮之文瀾閣，皆有藏書之所，著交四庫館再繕寫全書三分，安置各該處，俾江浙士子得以就近觀摩謄錄，用昭我國家藏書美富、教思無窮之盛軌。……」見《纂修四庫全書檔案》，下冊，頁 1589。

〔註 2〕參考吳哲夫先生〈清四庫館臣對文獻文物管理方法之探尋〉，收入《兩岸四庫學——第一屆中國文獻學學術研討會論文集》，頁 326～328。

〔註 3〕乾隆四十九年二月二十一日諭：「前因江浙爲人文淵藪，特降諭旨，發給內帑，繕寫四庫全書三分，於揚州文匯閣、鎮江文宗閣、杭州文瀾閣各藏庋一分。原以嘉惠士林，俾得就近抄錄傳觀，用光文治。第恐地方大吏過於珍護，讀書嗜古之士，無由得窺美富，廣布流傳，是千緗萬帙，徒爲差架之供，無裨觀摩之實，殊非朕崇文典學，傳示無窮之意。將來全書繕竣，分貯三閣後，如有願讀中秘書者，許其陸續領出，廣爲傳寫。全書本有總目，易於檢查，祇須派委妥原董司其事，設立收發檔案，登註明晰，並曉諭借鈔士子加意珍惜，毋致遺失污損，俾藝林多士，均得殫見洽聞，以副朕樂育人才、稽古右文之至意。」見《纂修四庫全書檔案》，下冊，頁 1768。

〔註 4〕詳見《身體與社會（*The Body and Society*）》（馬海良、趙國新譯，瀋陽：春風文藝出版社，2000 年 3 月），第一章〈慾望方式〉，頁 78。

附錄一：兩岸四庫學研究論著目錄簡編（2000.03～2002.02）

　　1 ：丁紅新：〈發現文瀾閣《四庫全書》抗戰時期貯藏書庫貴陽地母洞照片〉，載於《圖書館研究與工作》，2000 年第 4 期，頁 11。

　　2 ：王永華：〈西學在《四庫全書》中的反映〉，載於《圖書館工作與研究》，2002 年第 1 期。

　　3 ：王傳明：〈《四庫全書總目提要》中的泰山要籍〉，載於《泰安教育學院學報岱宗學刊》，2000 年第 4 期。

　　4 ：司馬朝軍：〈呂冠蘇戴，文不對題──《四庫全書》勘誤舉例〉，載於《圖書館工作與研究》，2000 年第 5 期，頁 16～17。

　　5 ：朱剛：〈《四庫全書總目提要‧無錫縣志》辨証〉，載於《圖書館工作與研究》，2001 年第 5 期，頁 29～31。

　　6 ：吳平：〈《四庫全書總目》方志提要述評〉，載於《圖書館工作與研究》，2001 年第 1 期。

　　7 ：李共前、菊秋芳：〈試論《四庫禁毀書叢刊》的文獻學價值〉，載於《圖書館理論與實踐》，2001 年第 4 期。

　　8 ：李杰：〈四庫文化淺說〉，載於《圖書館工作與研究》，2000 年第 4 期，頁 17～22。

　　9 ：李海英：〈《續修四庫全書總目提要》「永嘉叢書」條辨正〉，載於《圖書館雜誌》，2001 年第 5 期，頁 63～59。

　　李海英：〈續修四庫全書總目「籀膏述林」條補正〉，載於《圖書館雜誌》，2001 年第 9 期，頁 95。

　　10：李祚唐：〈余集《四庫全書》提要稿研究價值淺論〉，載於《學術月刊》，2001 年第 1 期。

　　李祚唐：〈余集《四庫全書》提要稿疏証〉，載於《天府新論》，2001 年第 2 期，頁 70～75。

　　11：李國慶：〈金梁四庫全書纂修考跋及相關內容考釋〉，載於《圖書館工作與研究》，2001 年第 3、4、5 期，頁 38～39；47；32～33。

　　12：李劍亮：〈試論《四庫全書總目》詞籍提要的詞學批評成就〉，載於《文學

遺產》，2001 年第 5 期，頁 86～93。

13：杜澤遜：〈四庫採進本之存貯及命運考略〉，載於《圖書館工作與研究》，2001 年第 2 期，頁 30～32。

杜澤遜：〈吳慰祖校訂《四庫採進書目》舉正〉，載於《圖書館工作與研究》，2000 年第 3 期，頁 51～53。

14：周生春：〈四庫全書總目子部釋家類、道家類提要補正〉，載於《世界宗教研究》，2000 年第 1 期，頁 86～92。

15：周郢正：〈續四庫總目中泰山著述提要述評〉，載於《書目季刊》，第 35 卷第 3 期，民國 90 年 12 月，頁 33～40。

16：周積明：〈《四庫全書總目》與十八世紀中國文化的流向〉，載於《社會科學戰線》，2000 年第 3 期。

周積明：〈《四庫全書總目》與乾嘉「新義理學」〉，載於《中國史研究》，2002 年第 1 期。

17：周鵬程：〈《四庫全書總目提要》人名考辨一例〉，載於《四川師範大學學報》，2001 年第 1 期。

18：金鎬：〈《四庫全書》本《雪山集》〉，載於《中國文學研究》，第 14 期，民國 89 年 5 月，頁 115～131。

19：柳斌、馮春生：〈文瀾閣《四庫全書》記略〉，載於《浙江檔案》，2002 年第 2 期，頁 23。

20：胡元玲：〈余嘉錫《四庫提要辨證》探析〉，載於《書目季刊》，第 35 卷第 1 期，民國 90 年 6 月，頁 13～21。

21：旅見：〈《纂修四庫全書檔案》的編纂及其史料價值〉，載於《歷史檔案》，2001 年第 1 期。

22：張升：〈《四庫全書存目叢書》失敗一題〉，載於《圖書館工作與研究》，2001 年第 4 期，頁 45～46。

23：張紅：〈四庫全書收錄余杭、錢塘、仁和籍人士著作目錄及作者簡歷輯錄〉，載於《圖書館研究與工作》，2001 年第 3 期，頁 62～64。

24：張樹忠：〈四庫全書與揚州〉，載於《圖書館雜誌》，2001 年第 1 期，頁 60～61。

25：戚福康：〈《四庫全書》乾隆諭旨平議〉，載於《古籍整理研究學刊》，2001 年第 6 期。

26：許華峰：〈《四庫全書總目》對宋、元之際「尚書學」的評述〉，載於《中

央大學人文學報》，第22期，民國89年12月，頁97～136。

27：陳先行：〈《翁方綱纂四庫提要稿》的價值〉，載於《澳門雜誌》，第19期，民國89年11月，頁31～36。

28：陳東輝：〈對四庫全書厥功至偉的華籍韓人金簡〉，載於《故宮文物月刊》，第19卷第2期，民國90年5月，頁104～107。

29：陳棟：〈滬澳出版濠江藏文獻《翁方綱纂四庫提要稿》〉，載於《澳門雜誌》，第19期，民國89年11月，頁28～30。

30：眭駿：〈略評《四庫未收書目提要》〉，載於《圖書館雜誌》，2001年第8期，頁49～50。

31：湯華泉：〈徽州人與《四庫全書》〉，載於《安徽史學》，2001年第3期，頁18～20。

32：楊然：〈從《漢志·諸子略》到《四庫全書總目·子部》──中國學術演進歷程概觀〉，載於《古籍整理研究學刊》，2001年第5期。

33：趙達雄：〈《四庫全書》體系的構建及其價值評說〉，載於《情報資料工作》，2000年第4期，頁43～45。

趙達雄：〈影印宜止，比勘當行──讀蔡元培、袁同禮先生「對于影印《四庫全書》的建議」有感〉，載於《出版發行研究》，2001年第8期。

34：劉美玲：〈四庫全書總目分類體系中藝術相關類目之探析〉，載於《國立中央圖書館臺灣分館館刊》，第7卷第4期，民國90年12月，頁78～90。

35：劉興超：〈《四庫提要·昌谷集》補正〉，載於《四川師範大學學報》，2001年第4期，頁108。

36：潘樹廣：〈《掾曹名臣錄》撰者考──兼談《四庫全書存目叢書》的一點失誤〉，載於《圖書館雜誌》，2001年第2期，頁56～57。

37：蔡妙眞：〈由《日知錄》談編纂《四庫全書》的政治目的〉，載於《故宮學術季刊》，第17卷第4期，民國89年夏季，頁145～178。

38：鄭驪：〈《四庫全書總目提要》淺說〉，載於《武鋼職工大學學報》，2000年第2期。

39：魏崇武：〈《四庫全書》之《貞素齋集》提要辨正〉，載於《北京師範大學學報》，2001年第4期。

40：顧關元：〈《續修四庫全書》與《四庫全書》〉，載於《國文天地》，第16卷第7期，民國89年12月，頁35～36。

附錄二：《四庫全書總目》經部提要崇實措辭匯表

類（屬）	書名（撰者）	提　要　措　辭	崇實指向
易　一	周易鄭康成注 （宋王應麟編）	傳易之正脈。	通經
	新本鄭氏周易 （清惠棟編）	考核精密，實勝原書。應麟固鄭氏之功臣，棟之是編，亦可謂王氏之功臣矣。	通經
	周易注 （魏王弼、晉韓康伯撰）	闡明義理，使易不雜於術數者，弼、康伯深為有功；祖尚虛無，使易竟入於老莊者，弼、康伯亦不能無過。瑕瑜不掩，是其定評。	黜虛
	周易正義 （魏王弼、晉韓康伯註， 唐孔穎達疏）	詮釋文句，多用空言。	黜虛
易　二	溫公易說 （宋司馬光撰）	其意在深闢虛無元渺之說。	黜虛
	東坡易傳 （宋蘇軾撰）	多切人事。	用世
	易傳 （宋程頤撰）	程子此傳則言理，一闡天道，一切人事。	用世
	吳園易解 （宋張根撰）	泰卦論一篇於人事天道倚伏消長之機，尤三致意。	用世
	周易新講義 （宋耿南仲撰）	切實有裨，究勝於高語元虛。	黜虛
	讀易詳說 （宋李光撰）	切實近理，為有益於學者。	通經
	漢上易集傳 （宋朱震撰）	救莊老虛無之失。	黜虛

易 三	周易窺餘 （宋鄭剛中撰）	闡發經義，則具有理解。	通經
	復齋易說 （宋趙彥肅撰）	其沈潛於易中，猶勝支離於易外矣。	通經
	楊氏易傳 （宋楊簡撰）	流於恍惚虛無。	黜虛
	周易玩辭 （宋項安世撰）	經學深矣。	通經
	易說 （宋趙善譽撰）	貫通六爻之義而為之說。	通經
	誠齋易傳 （宋楊萬里撰）	舍人事而談天道，正後儒說易之病。	用世
	古周易 （宋呂祖謙編）	非竊據人書者。	修德
	易裨傳 （宋林至撰）	所論多中說易之弊。	通經
	童溪易傳 （宋王宗傳撰）	似高深而幻眇。	黜虛
	周易總義 （宋易祓撰）	於經義實多所發明。	通經
	丙子學易編 （宋李心傳撰）	經術亦頗究心。	通經
	易通 （宋趙以夫撰）	以不易、變易二義明人事動靜之準。	用世
	周易要義 （宋魏了翁撰）	折衷於漢學、宋學之間。……採掇謹嚴，別裁精審。	通經
	東谷易翼傳 （宋鄭汝諧撰）	於先儒乃為有功。	通經
	周易輯聞 （宋趙汝楳撰）	明白篤實。	通經
	周易詳解 （宋李杞撰）	尊經太過，反入於虛無之域，無以見經為萬世有用之學。	用世
	淙山讀周易記 （宋方實孫撰）	主於爻象，不設空談。……較諸家為淳實。	黜虛
	周易集說 （宋俞琰撰）	有冥心獨造，發前人所未發者，固不可廢也。	通經
	讀易舉要 （宋俞琰撰）	琰於易苦思力索，積平生之力為之，意所獨契，亦往往超出前人。	通經

易　四	易纂言 （元吳澄撰）	在元人說易諸家，固終爲巨擘焉。	通經
	易纂言外翼 （元吳澄撰）	非元、明諸儒空談妙悟者可比。	黜虛
	周易衍義 （元胡震撰）	視言理而空談妙悟，言數而漫衍奇偶者，猶爲此善於彼。	黜虛
	易學濫觴 （元黃澤撰）	足爲說易之圭臬。	通經
	大易輯說 （元王申子撰）	言轉平正切實，多有發明。	通經
	學易記 （元李簡撰）	始博終約，蓋非苟作，故所言多淳實不支。	通經
	周易集傳 （元龍仁夫撰）	異乎游談無根者。……於經義有所裨焉。	黜虛
	讀易考原 （元蕭漢中撰）	視黑白奇偶曼衍而不可極者，固有殊焉。	黜虛
	易精蘊大義 （元解蒙撰）	詮釋明晰，亦殊有裨於後學。	通經
	易學變通 （元曾貫撰）	在說易諸家，可謂明白而篤實。且其成仁取義，無愧完人，……今蒐輯遺文，著之於錄，非惟其書足重，亦因以表章大節，發潛德之幽光焉。	修德 通經
	周易圖說 （元錢義方撰）	獨識其眞。	通經
	周易爻變義蘊 （元陳應潤撰）	大旨謂義理元妙之談墮於老、莊，……在宋、元人易解之中，亦翹然獨秀者矣。	黜虛
	周易參義 （元梁寅撰）	言理而不涉虛無，言象而不涉附會。大都本日用常行之事，以示進退得失之機。	黜虛 用世
	周易文詮 （元趙汸撰）	於天道人事、吉凶悔吝之際，反覆推闡，亦頗明暢。	用世

易　五	易經蒙引 （明蔡清撰）	醇儒心得之學，所由與爭門戶者異歟。	修德
	讀易餘言 （明崔銑撰）	篤實近理，固不失爲洛、閩之傳。	通經
	易經存疑 （明林希元撰）	研究義理，持論謹嚴。	通經
	周易辨錄 （明楊爵撰）	其說多以人事爲主，頗剴切著明。蓋以正直之操，處杌隉之會，幽居遠念，寄托良深，……自始至終，無一字之怨尤，其所以爲純臣歟。	用世 修德
	易象鈔 （明胡居仁撰）	不渺支離幽渺之談。	黜虛
	周易象旨決錄 （明熊過撰）	義必考古，實勝支離恍惚之談。	黜虛
	易象鈎解 （明陳士元撰）	所論雖或穿鑿，而犁然有當者爲多，要勝於虛談名理、荒蔑古義者矣。	黜虛
	讀易紀聞 （明張獻翼撰）	平正通達，篤實不支，挑莊老之元虛，闡程朱之義理，凡吉凶悔吝進退存亡，足爲人事之鑒者，多所發明，得聖人示戒之旨。	黜虛 用世
	八白易傳 （明葉山撰）	借易以言人事，不必盡爲經義之所有。	用世
	像象管見 （明錢一本撰）	即卦、爻以求象，即象以明人事，……由辭得象，而後無虛懸說理之病，……雖間有支蔓，而篤實近理者爲多。	用世 黜虛
	周易易簡說 （明高攀龍撰）	其說主於學易以檢心，非如楊簡、王宗傳等引易以歸心學，引心學以歸禪學，務屏棄象數，離絕事物，遁於恍惚窅冥，以爲不傳之祕也。	黜虛
	易義古象通 （明魏濬撰）	博考舊文，兼存古義。	通經
	易用 （明陳祖念撰）	務以切於人事爲主。	用世
	易象正 （明黃道周撰）	忠節之士，當因人以重其書。	修德

易　五	兒易內儀以 （明倪元璐撰）	憂時感世，借易以抒其意。		用世
	卦變考略 （明董守諭撰）	其言率有根據，不同他家之穿鑿。		黜虛
	古周易訂詁 （明何楷撰）	詞必有據，亦不爲懸空臆斷、穿鑿附會之說。		黜虛
	周易玩辭困學記 （明張次仲撰）	持論最爲篤實，……大旨切於人事，於學者較爲有裨。		用世
易　六	日講易經解義 （康熙22年御定）	於觀象之中深明經世之道。		用世
	御纂周易折中 （康熙54年御纂）	一切支離幻渺之說，咸斥不錄。		黜虛
	御纂周易述義 （乾隆20年勅撰）	大旨以切於實用爲本。		用世
	讀易大旨 （清孫奇逢撰）	大意發明義理，切近人事。		用世
	周易稗疏 （清王夫之撰）	不空談幻渺、附合老莊之旨，故言必徵實，義必切理，……不失爲徵實之學焉。		黜虛
	易酌 （清刁包撰）	推闡易理，亦大抵明白正大，足以羽翼程朱。		通經
	易學象數論 （清黃宗羲撰）	持論皆有依據，……非但據理空談、不中窾要者比也。		黜虛
	周易筮述 （清王宏撰撰）	雖專爲筮蓍而設，……立論悉推本於經義。		通經
	仲氏易 （清毛奇齡撰）	不同於冥心臆測者。		黜虛
	春秋占筮書 （清毛奇齡撰）	因春秋諸占以推三代之筮法，可謂能探其本。		通經
	易小帖 （清毛奇齡撰）	使儒者不敢以空言說經，實奇齡開其先路。		黜虛
	喬氏易俟 （清喬萊撰）	解經多推求人事，參以古今之治亂得失，……理關法戒，終勝莊老之虛談也。		用世 黜虛
	周易通論 （清李光地撰）	以消息盈虛觀天道而修人事。		用世

易　六	周易淺述 （清陳夢雷撰）	持論多切於人事，無諸家言心言天、幻窅支離之說。	用世 黜虛
	易經衷論 （清張英撰）	以經釋經，一掃紛紜輵轇之見。	通經
	易圖明辨 （清胡渭撰）	有功於經學。	通經
	周易傳注 （清李塨撰）	每卦亦皆以人事立言。	用世
	周易玩辭集解 （清查慎行撰）	其言皆明白篤實，足破外學附會之疑。	黜虛
	周易箚記 （清楊名時撰）	詮解經、傳，則純以義理為宗，……在宋學之中，可謂明白而篤實矣。	通經
	易說 （清惠士奇撰）	有意矯王弼以來空言說經之獘。	黜虛
	易箋 （清陳法撰）	大旨以為易專言人事。	用世
	楚蒙山房易經解 （清晏斯盛撰）	不為理氣心性之空談，在近日說易之家，猶可云篤實近理焉。	黜虛
	周易孔義集說 （清沈起元撰）	多能推驗舊說，引伸新義。	通經
	周易洗心 （清任啟運撰）	其詮釋經義，則多發前人所未發。	通經
	豐川易說 （清王心敬撰）	推闡易理，最為篤實。……皆切近人事，於學者深為有裨。	用世
	周易述 （清惠棟撰）	視空談說經者則相去遠矣。	黜虛
	易漢學 （清惠棟撰）	採輯遺聞，鉤稽考證，使學者得略見漢儒之門徑，於易亦不為無功矣。	通經
	易象大意存解 （清任陳晉撰）	大抵切人事立言。	用世
	周易辨畫 （清連斗山撰）	與高談性道以致惝怳無歸者，尚較有實際焉。	黜虛
文淵閣著錄 169 部，以上表列 91 部約佔 53.84%。			

書　一	洪範口義 （宋胡瑗撰）	瑗生於北宋盛時，學問最為篤實。	修德
	東坡書傳 （宋蘇軾撰）	軾究心經世之學，明於事勢，又長於議論。	用世
	禹貢論 （宋程大昌撰）	以詁經而論，則考證不為無功。	通經
	尚書說 （宋黃度撰）	以義理談經者，固有取焉。	通經
	尚書詳解 （宋陳經撰）	往往發先儒所未發。	通經
	洪範統一 （宋趙善湘撰）	生當分朋講學之時，而超然不預於門戶。	修德
	尚書要義 （宋魏了翁撰）	一切考證之實學，已精華畢擷。	通經
書　二	讀書叢說 （元許謙撰）	宋末元初說經者多尚虛談，而謙於詩考名物，於書考典制，猶有先儒篤實之遺，是足貴也。	通經 黜虛
	尚書通考 （元黃鎮成撰）	猶為以實用求書，不以空言求書者。	用世
	尚書句解 （元朱祖義撰）	視附會穿鑿、浮文妨要，反以晦蝕經義者，此猶有先儒篤實之遺。	黜虛
	尚書疑義 （明馬明衡撰）	時盈庭附和新局，而明衡惓惓故君，……可謂不愧於經術。	修德 通經
	尚書日記 （明王樵撰）	於經旨多所發明，而亦可用於科舉。	通經
	尚書疏衍 （明陳第撰）	非師心臆斷，以空言說經者比。	黜虛
	洪範明義 （明黃道周撰）	其文不盡合於經義，其意則與經義深有合焉。	通經
	日講書經解義 （康熙19年御定）	大旨在敷陳政典，以昭宰馭之綱維；闡發心源，以端慎修之根本。而名物訓詁，不復瑣瑣求詳。	用世 修德
	欽定書經傳說彙纂 （康熙末敕撰）	三禮則名物度數，不可辨論以空言。	黜虛
	書經稗疏 （清王夫之撰）	詞有根據，不同游談。	黜虛

書　二	古文尙書疏證 （清閻若璩撰）	引經據古，一一陳其矛盾之 故，古文之僞乃大明。	通經
	禹貢錐指 （清胡渭撰）	宋以來傅寅、程大昌、毛晃而 下，註禹貢者數十家。精核典 贍，此爲冠矣。	通經
	洪範正論 （清胡渭撰）	切中舊說之失。	通經
	尙書解義 （清李光地撰）	實有考證之言，非講學家之據 理懸揣者矣。	黜虛
	書經衷論 （清張英撰）	平正通達，勝支離曼衍者多矣。	黜虛
	尙書地理今釋 （清蔣廷錫撰）	考訂精核，足証往古之訛，釋 後儒之惑。	通經
文淵閣著錄 57 部，以上表列 23 部約佔 40.35%。			
詩　一	毛詩陸疏廣要 （吳陸璣撰、明毛晉注）	雖傷冗碎，究勝空疏。……言 言徵實。	黜虛
	毛詩指說 （唐成伯璵撰）	決別疑似，於說詩亦深有功矣。	通經
	詩補傳 （宋范處義撰）	篤信舊文，務求實證。	通經
	續呂氏家塾讀詩記 （宋戴溪撰）	平實簡易，求聖賢用心，不爲 新奇可喜之說。	通經
	絜齋毛詩經筵講義 （宋袁燮撰）	於振興恢復之事，尤再三致意。	用世
	毛詩講義 （宋林岊撰）	融會貫通，要無枝言曲說之病。	黜虛
	詩緝 （宋嚴粲撰）	深得詩人本意。	通經
詩　二	詩傳通釋 （元劉瑾撰）	議論亦頗篤實，於詩人美刺之 旨尙有所發明。	通經
	詩演義 （元梁寅撰）	猶勝虛談高論、橫生臆解者。	黜虛
	詩解頤 （明朱善撰）	較諸儒之爭競異同者爲有裨於 人事。……非後來空談高論者 比也。	用世 黜虛

	詩說解頤 （明季本撰）	語率有徵，尚非王學末流以狂禪解經者比也。	黜虛
	讀詩私記 （明李先芳撰）	與鑿空臆撰者殊。	黜虛
	六家詩名物疏 （明馮應京撰）	議論皆有根柢，猶爲徵實之學者。	通經
	詩經世本古義 （明何楷撰）	典據精確，實非宋以來諸儒所可及。	通經
	待軒詩記 （明張次仲撰）	在近代經解之中，猶爲典實。	通經
	讀詩略記 （明朱朝瑛撰）	足決千古之疑。	通經
	田間詩學 （清錢澄之撰）	考證之切實。	通經
詩　二	毛詩稽古編 （清陳啟源撰）	明代說經，喜騁虛辨；國朝諸家，始變爲徵實之學，以挽頹波。古義彬彬，於斯爲盛，此編尤其最著也。	黜虛 通經
	詩所 （清李光地撰）	其言皆明白切實，足闡朱子未盡之義。	通經
	詩說 （清惠周惕撰）	與枵腹說經、徒以臆見決是非者固有殊焉。	黜虛
	讀詩質疑 （清嚴虞惇撰）	以推求詩意爲主，頗略於名物訓詁。	通經
	毛詩類釋 （清顧棟高撰）	發明經義，與但徵故實、體同類書者有殊，於說詩亦不爲無裨。	通經
	詩瀋 （清范家相撰）	持論一出於和平，不敢放言高論。……依據確鑿，不同附會。	修德 黜虛
	詩序補義 （清姜炳璋撰）	篤實近裏之學。	通經
	虞東學詩 （清顧鎮撰）	於讀詩者不無裨。	通經
文淵閣著錄 63 部，以上表列 25 部約佔 39.68%。			

禮 一 （周 禮）	禮經會元 （宋葉時撰）	大旨醇正，多能闡發體國經野之深意。	用世
	周官總義 （宋易祓撰）	以經釋經，非鑿空杜撰。	黜虛
	周禮註疏刪翼 （明王志長撰）	在經學荒蕪之日，臨深爲高，亦可謂研心古義者。	通經
	欽定周官義疏 （乾隆13年御定）	博徵約取，持論至平。	通經
	周禮述注 （清李光坡撰）	足爲初學之津梁。	通經
	周禮訓纂 （清李鍾倫撰）	得諸實測，非同講學家之空言。	黜虛
	周官集注 （清方苞撰）	訓詁簡明，持論醇正，於初學頗爲有裨。	通經
	禮說 （清惠士奇撰）	在近時說禮之家，持論最有根柢。	通經
	周官祿田考 （清沈彤撰）	其說精密淹通，於鄭賈注疏以後，可云特出。	通經
	周禮疑義舉要 （清江永撰）	融會鄭注，參以新說，於經義多所闡發。	通經
禮 二 （儀 禮）	儀禮釋宮 （宋李如圭撰）	治儀禮者之圭臬。	通經
	儀禮圖 （宋楊復撰）	可粗見古禮之梗概，於學者不爲無裨。	通經
	儀禮要義 （宋魏了翁撰）	梳爬剔抉，於學者最爲有功。	通經
	儀禮集說 （元敖繼公撰）	非徒騁虛詞者。……猶有先儒謹嚴之遺。	黜虛
	欽定儀禮義疏 （乾隆13年御定）	全爲名物度數之學，不可空言騁辨。	黜虛
	儀禮鄭注句讀 （清張爾岐撰）	於學者可謂有功。	通經
	儀禮商 （清萬斯大撰）	學本淹通，用思尤銳，其合處往往發明前人所未發。	通經
	儀禮述注 （清李光坡撰）	足爲說禮之初津。	通經

禮　二 （儀　禮）	補饗禮 （清諸錦撰）	錦之所補，非屬鑿空。……勝於空談臆斷之學。	黜虛
	禮經本義 （清蔡德晉撰）	辨析精密，爲前儒所未及。	通經
	儀禮釋宮增註 （清江永撰）	非同影響剽掇之學。	黜虛
禮　三 （禮　記）	月令解 （宋張虙撰）	未嘗非通經適用之一助。	用世
	禮記大全 （明胡廣等奉勅撰）	諸經之作，……皆不可以空言說，而禮爲尤甚。	黜虛
	月令明義 （明黃道周撰）	意存規戒，非漫爲推衍機祥。	黜虛
	表記集傳 （明黃道周撰）	議論正大，發揮深切，往往關於世教。	用世
	坊記集傳 （明黃道周撰）	意存鑒戒，於君臣父子夫婦兄弟之間，原其亂之所自生，究其禍之所終極，頗爲剴切。	用世
	緇衣集傳 （明黃道周撰）	格正君心，以權衡進退，所重在君子小人消長之間。	用世
	儒行集傳 （明黃道周撰）	其切於實用，則亦不失聖人垂教之心。	用世
	日講禮記解義 （清聖祖御定）	大旨歸於謹小愼微、皇自敬德以納民於軌物。	用世
	禮記訓義擇言 （清江永撰）	持義多允，非深於古義者不能也。	通經
	大戴禮記 （漢戴德撰）	先王舊制，時有徵焉，固亦禮經之羽翼爾。	通經
	夏小正戴氏傳 （宋傅崧卿撰）	俾讀者有徑之可循，固考古者之所必資。	通經
禮　四 （三禮通義、 通禮、雜禮書）	參讀禮志疑 （清汪紱撰）	多深得經義。	通經
	禮書 （宋陳祥道撰）	貫通經傳，縷析條分，前說後圖，考訂詳悉。	通經
	儀禮經傳通解 （宋朱子撰）	考禮者所不廢也。	通經
	禮書綱目 （清江永撰）	未嘗曲相附合。	黜虛

禮　四 （三禮通義、 通禮、雜禮書）	五禮通考 （清秦蕙田撰）	非剿竊餖飣、挂一漏萬者可比。	黜虛
	書儀 （宋司馬光撰）	考禮最精。	通經
	泰泉鄉禮 （明黃佐撰）	皆簡明切要，可見施行。	用世
	朱子禮纂 （清李光地撰）	於學禮者亦爲有功。	通經
文淵閣著錄 83 部，以上表列 40 部約佔 48.19%。			
春秋一	春秋左傳正義 （周左丘明傳、晉杜預 注、唐孔穎達疏）	傳與注、疏，均謂有大功於春 秋。	通經
	春秋公羊傳註疏 （漢公羊壽傳、何休解 詁、唐徐彥疏）	講學家臆斷之詞，更不足與辨。	黜虛
	箴膏肓、起廢疾、發墨守 （漢鄭元撰）	究心古義者之所爲。	通經
	春秋釋例 （晉杜預撰）	考古之津梁，窮經之淵藪。	通經
	春秋集傳辨疑 （唐陸淳述）	與鑿空杜撰、橫生枝節者異矣。	黜虛
	春秋皇綱論 （宋王皙撰）	言多明白平易，無穿鑿附會之 習。	黜虛
	春秋權衡 （宋劉敞撰）	依經立義，……說貴徵實。	通經
	春秋傳 （宋劉敞撰）	得經意者爲多。	通經
	春秋意林 （宋劉敞撰）	大義微言，灼然得聖人之意者 亦頗不少。	通經
	春秋傳說例 （宋劉敞撰）	大致精核，多得經意。	通經
	春秋集解 （宋蘇轍撰）	用心勤懇，愈於奮臆遽談者遠 矣。	黜虛
	春秋辨疑 （宋蕭楚撰）	持論正大，實有合尼山筆削之 義。	通經

春秋二	春秋經解 （宋崔子方撰）	推本經義。	通經
	春秋本例 （宋崔子方撰）	猶愈於放言高論，逞私臆而亂聖經。	黜虛
	春秋傳 （宋葉夢得撰）	參考三傳以求經。……更相發明，頗爲精核。	通經
	春秋考 （宋葉夢得撰）	所言皆論次周典以求合於春秋之法。	通經
	春秋集解 （宋呂本中撰）	經學深邃乃如此。	通經
	春秋後傳 （宋陳傅良撰）	於臆鑿說起之日，獨能根據舊文，研求聖人之微旨。	黜虛
	春秋左氏傳續說 （宋呂祖謙撰）	祖謙邃於史事，知空談不可以說經。	黜虛
	春秋分紀 （宋程公說撰）	本末源流犁然具見，以杜虛辨之口舌。	黜虛
	春秋通說 （宋黃仲炎撰）	立義明白正大，深得聖人之意。	通經
	春秋說 （宋洪咨夔撰）	考據事勢，推勘情僞，尤多前人所未發。	通經
	春秋經筌 （宋趙鵬飛撰）	主於據經解經。	通經
	春秋或問 （宋呂大圭撰）	足以維綱常而衛名教。	用世
	春秋詳說 （宋家鉉翁撰）	春秋主乎垂法，不主乎記事。	用世
	讀春秋編 （宋陳深撰）	不爲虛憍恃氣、廢傳求經之高論，可謂篤實君子。	通經
春秋三	春秋或問 （元程端學撰）	宋代諸儒一切深刻瑣碎之談、附會牽合之論，轉能一舉而摧陷之。	黜虛
	春秋諸傳會通 （元李廉撰）	忠義之士，非以空言說經者。	修德

春秋三	春秋經傳闕疑 （元鄭玉撰）	其論皆洞達光明，深得解經之要。	通經
	春秋集傳 （元趙汸撰）	筆削之義既明，則凡以虛詞說經者，皆不攻而自破。	黜虛
	春秋師說 （元趙汸撰）	虛詞說經之無益。	黜虛
	春秋左氏傳補注 （元趙汸撰）	筆削義例，觸類貫通，傳注得失，辨釋悉當。	通經
	春秋屬辭 （元趙汸撰）	憑臆說經者知情狀不可揜。	黜虛
	春秋大全 （胡廣等奉敕撰）	見前代學術之陋，而聖朝經訓之明也。	黜虛
	春秋正傳 （明湛若水撰）	舉向來穿鑿破碎之列，一掃空之。	黜虛
	春秋胡氏傳辨疑 （明陸粲撰）	其有功於春秋固不尟也。	通經
	春秋正旨 （明高拱撰）	大義凜然，多得經意。	通經
	春秋輯傳 （明王樵撰）	差爲篤實，其在當日，亦可云不移於俗學者。	通經
	春秋億 （明徐學謨撰）	多得經意，實勝宋元諸儒之穿鑿。	黜虛
	春秋事義全考 （明姜寶撰）	闡筆削之微意，立名教之大防。	通經
	春秋孔義 （明高攀龍撰）	意主於以經解經。……猶說經之謹嚴者。	通經
	春秋辨義 （明卓爾康撰）	明白正大，足破諸說之拘牽。	黜虛
	讀春秋略記 （明朱朝瑛撰）	置其偏僻，擇其警策。	黜虛
	春秋四傳質 （明王介之撰）	能援據古義，糾胡安國之失。	黜虛

	日講春秋解義 （清世宗考論編次）	以經世之樞要具在斯。	用世
	御纂春秋直解 （乾隆 23 年敕撰）	諸家所說，穿鑿破碎者悉斥不採。	黜虛
	左傳杜解補正 （清顧炎武撰）	炎武甚重杜解，而又能彌縫其闕失。	通經
	春秋四傳 （清俞汝言撰）	言言皆治春秋者之藥石，亦可謂深得經意者矣。	通經
	春秋平義 （清俞汝言撰）	簡汰精審，多得經意。	通經
	左傳事緯 （清馬驌撰）	專門之學與涉獵者相去遠矣。	通經
	春秋屬辭比事記 （清毛奇齡撰）	就經說經，不相繳繞，尤爲特識。	通經
春秋四	春秋管窺 （清徐庭垣撰）	大旨醇正，多得經意。	通經
	三傳折諸 （清張尚瑗撰）	猶爲摭實之言。……視虛談褒貶者固勝之遠矣。	黜虛
	春秋闕如編 （清焦袁熹撰）	足破穿鑿之說。……於經學深爲有裨。	黜虛
	春秋宗朱辨義 （清張自超撰）	非南宋以來穿鑿附會之說。	黜虛
	春秋通論 （清方苞撰）	掃公穀穿鑿之談，滌孫胡鍥薄之見……以經求經。	黜虛
	春秋長曆 （清陳厚耀撰）	於考證之學極爲有裨，治春秋者固不可少此編矣。	通經
	半農春秋說 （清惠士奇撰）	言必據典，論必持平，所謂元元本本之學。	通經
	春秋左氏傳小疏 （清沈彤撰）	於讀左傳者亦有所裨也。	通經
	三正考 （清吳鼐撰）	足以破疑似之見。……於經學亦爲有功。	黜虛
	春秋究遺 （清葉酉撰）	準情度理，得經意者爲多。	通經
	文淵閣著錄 114 部，以上表列 61 部約佔 53.50%。		

孝經	孝經正義 （唐玄宗御注、宋邢昺疏）	眾說喧呶，皆揣摩影響之談，置之不論不議可矣。	黜虛
	孝經大義 （元董鼎撰）	於初學亦不為無益。	通經
	孝經述註 （明項霦撰）	說經家之不支蔓者。	通經
	孝經集傳 （明黃道周撰）	為聖賢學問根本，……為帝王致治淵源。	用世
	御注孝經 （順治13年御撰）	義必精粹，而詞無深隱，期家喻戶曉也。	用世
	御纂孝經集注 （雍正5年御定）	衡鑒眾論，得所折衷，於以建皇極而立人紀。	用世
	孝經問 （清毛奇齡撰）	意主謹守舊文，不欲啟變亂古經之習。	通經
文淵閣著錄11部，以上表列7部約佔63.63%。			
五經總義	鄭志 （鄭元弟子撰）	後之臆斷談經而動輒排斥鄭學者，亦多見其不知量。	黜虛
	經典釋文 （唐陸元朗撰）	研經之士終以是為考證之根柢。	通經
	六經正誤 （宋毛居正撰）	校勘異同，訂正訛謬，殊有補於經學。	通經
	刊正九經三傳沿革例 （宋岳珂撰）	實為有功於經學。	通經
	融堂四書管見 （宋錢時撰）	時則以篤實為宗，……不為離析支蔓之言。	黜虛
	四如講稿 （宋黃仲元撰）	時出新義，發前儒所未發。	通經
	五經說 （元熊朋來撰）	於禮經尤疏證明白，在宋學之中，亦可謂切實不支。	通經
	簡端錄 （明邵寶撰）	儒者日就虛無，寶所學獨篤實不支。	黜虛
	五經稽疑 （明朱睦㮮撰）	足破穿鑿附會之論。	黜虛

五經總義	經典稽疑 （明陳耀文撰）	嘉、隆之間，心學盛而經學衰，耀文獨能遠討遐搜。	黜虛
	欽定繙譯五經、四書 （乾隆年間）	有裨於文教，均為至大。	用世
	十三經義疑 （清吳浩撰）	徒以大言臆斷者，則勝之遠矣。	黜虛
	九經古義 （清惠棟撰）	元元本本、精核者多。	通經
	十三經註疏正字 （清沈廷芳撰）	較諸訓詁未明而自謂能窮理義者，固有虛談、實際之分。	黜虛
	群經補義 （清江永撰）	非空談者所及，亦非捃拾為博者所及。	黜虛
	經咫 （清陳祖范撰）	學問篤實。	通經
	九經辨字瀆蒙 （清沈炳震撰）	於經學頗為有裨。	通經
文淵閣著錄 32 部，以上表列 17 部約佔 53.12%。			
四書一	孟子正義 （漢趙岐註）	開闢荒蕪，俾後來得循途而深造，其功要不可泯。	通經
	論語正義 （魏何晏註，宋邢昺疏）	先有是疏，而後講學諸儒得沿溯以窺其奧。	通經
	孟子音義 （宋孫奭撰）	其有功典籍，亦不細矣。	通經
	孟子傳 （宋張九成撰）	其言亦切近事理，無由旁涉於空寂。	黜虛
	石鼓論語問答 （宋戴溪撰）	研究經意，闡發微言，於學者不為無補。	通經
	癸巳孟子說 （宋張栻撰）	於王霸之辨、義利之分，言之最明。	通經
	大學疏義 （宋金履祥撰）	其言切實，與後來時文講義異也。	黜虛

四書二	四書集義精要 （元劉因撰）	芟削浮詞，標舉要領，使朱子之說不惑於多岐。	黜虛
	讀四書叢說 （元許謙撰）	敦繹義理，惟務平實。	通經
	四書纂箋 （元詹道傳撰）	大致皆有根柢，猶元儒之務實學者。	通經
	四書蒙引 （明蔡清撰）	人品端粹，學術亦醇。……猶有宋人講經講學之遺。	修德
	四書因問 （明呂柟撰）	多因四書之義，推而證諸躬行，見諸實事。	用世
	論語類考 （明陳士元撰）	凡一切杜撰浮談，……悉為糾正。	黜虛
	孟子雜記 （明陳士元撰）	謹嚴有體，不為泛濫之卮言。	黜虛
	學庸正說 （明趙南星撰）	端方勁直，……所見篤實過於講學者多。	修德
	論語商 （明周宗建撰）	其人與日月爭光，則其書亦自足不朽。	修德
	論語學案 （明劉宗周撰）	鍼砭良知之末流，最為深切。	黜虛
	四書眹書 （明章世純撰）	未嘗如講良知者至於滉漾以自恣。	黜虛
	日講四書解義 （康熙16年御定）	所推演者，皆作聖之基、為治之本。	用世
	四書近指 （清孫奇逢撰）	讀其書者知反身以求實行實用。	用世
	孟子師說 （清黃宗羲撰）	案諸實際，推究事理，不為空疏無用之談。	黜虛
	大學翼真 （清胡渭撰）	引據精核，考證詳明，非空疏游談者可比。	黜虛
	四書講義困勉錄 （清陸隴其撰）	一切支離影響之談，刊除略盡。	黜虛
	松陽講義 （清陸隴其撰）	融貫舊說，亦多深切著明，剖析精密。	通經
	大學古本說 （清李光地撰）	不似近代講章，惟以描寫語氣，為時文敷衍地也。	黜虛

四書二	四書釋地 （清閻若璩撰）	事必求其根柢，言必求其依據，旁參互證多所貫通。	通經
	四書劄記 （清楊名時撰）	中庸立論切實。	通經
	此木軒四書說 （清焦袁熹撰）	鑿然有當於人心。……其言之篤實。	用世
	鄉黨圖考 （清江永撰）	可謂邃於三禮者矣。	通經
文淵閣著錄 62 部，以上表列 29 部約佔 46.77%。			
樂	瑟譜 （元熊朋來撰）	與儒者不通宮調而坐談樂理者，尚屬有殊。	黜虛
	苑洛志樂 （明韓邦奇撰）	本經據史，具見學術，與不知而妄作者究有逕庭。	通經
	御定律呂正義 （康熙 52 年御定）	迥出昔人論義之外，而一一莫不與經史所載相發明。	通經
	御製律呂正義後編 （乾隆 11 年敕撰）	御製律呂正義殫窮理數之蘊，妙契聲氣之元者，至是而被諸金石，形諸歌頌，一一徵實用焉。	用世
	古樂經傳 （清李光地撰）	與一切師心臆度者，固自有間矣。	黜虛
文淵閣著錄 22 部，以上表列 5 部約佔 22.72%。			
小學一 （訓詁）	爾雅注 （宋鄭樵撰）	絕無穿鑿附會之失。	黜虛
	群經音辨 （宋賈昌朝撰）	俾學者易於尋省，不爲無益。	通經
	埤雅 （宋陸佃撰）	不能不謂之博奧。	通經
	爾雅翼 （宋羅願撰）	考據精博，而體例謹嚴，在陸佃埤雅之上。	通經
	字詁 （清黃生撰）	根據博奧，與穿鑿者有殊。	黜虛
	續方言 （清杭世駿撰）	引據典核，在近時小學家猶最有根柢者。	通經
	別雅 （清吳玉搢撰）	猶可以攷見漢魏以前聲音文字之槩。	通經

	干祿字書 （唐顏元孫撰）	酌古準今，實可行用。	用世
小學二 （字書）	鐘鼎款識 （宋薛尚功撰）	頗有訂訛刊悮之功，非鈔撮蹈襲者比也。	通經
	班馬字類 （宋婁機撰）	實有裨於小學。	通經
	六書故 （元戴侗撰）	以六書明字義，謂字義明則貫通群籍，理無不明。	通經
	字鑑 （元李文仲撰）	悉本說文以訂後來沿襲之謬，於小學深為有裨。	通經
	篆隸考異 （清周靖撰）	盡斥鄙俚杜撰之文，而亦不為怪僻難行之論。	黜虛
小學三 （韻書）	古今韻會舉要 （元熊忠撰）	無臆斷偽撰之處。	黜虛
	古音叢目 （明劉慎撰）	援据繁富，究非明人空疏者所及。	黜虛
	毛詩古音考 （明陳第撰）	開除先路，則此書實為首功。	通經
	欽定葉韻彙輯 （乾隆 15 年敕撰）	不復旁牽博辨，致枝蔓橫生。解結釋紛，尤為得要。	黜虛
	欽定音韻述微 （乾隆 38 年敕撰）	此書所重在字義，故考證務期核實。	通經
	音論 （清顧炎武撰）	探討本原，推尋經傳。	通經
	詩本音 （清顧炎武撰）	南宋以來，隨意葉讀之謬論，至此始一一廓清。	通經
	韻補正 （清顧炎武撰）	不悖是非之正，亦不涉門戶之爭。	通經
	古韻標準 （清江永撰）	古韻之有條理者，當以是編為最。	通經
文淵閣著錄 84 部，以上表列 22 部約佔 26.19%。			

附錄三：《四庫全書總目》史部提要崇實措辭匯表

類（屬）	書 名（撰者）	提 要 措 辭	崇實指向
正史一	讀史記十表 （清汪越撰）	考校頗爲精密，於讀史者尚屬有裨。	考史
	史記疑問 （清邵泰衢撰）	所論多精確不移。	考史
	班馬異同 （宋倪思撰）	二書互勘，長短較然，於史學頗爲有功。	考史
	補後漢書年表 （宋熊方撰）	使讀者按部可稽，深爲有裨於史學。	考史
	兩漢刊誤補遺 （宋吳仁傑撰）	引據賅洽，考証詳晰，原元本本。	考史
	三國志 （晉陳壽撰）	鑿空語怪，……深於史法有礙，殊爲瑕纇。	黜虛
	三國志辨誤 （不著撰人名氏）	抉摘精審。	考史
	三國志補註、諸史然疑 （清杭世駿撰）	愛博嗜奇，故蔓引厄詞，多妨體要。……訂訛考異，所得爲多，於史學不爲無補。	黜虛 考史
	晉書 （唐房喬等奉敕撰）	其所褒貶，略實行而獎浮華。	黜虛
	周書 （唐令狐德棻等奉敕撰）	旁徵簡牘，意在摭實。	考史
正史二	南史 （唐李延壽撰）	符命之說，告天之詞，皆沿襲虛言，無關實證。	黜虛
	北史 （唐李延壽撰）	徵北朝之故實者，終以是書爲依據。	考史
	新唐書糾謬 （宋吳縝撰）	不可謂無裨史學。	考史

正史二	舊五代史 （宋薛居正等奉敕撰）	實足爲考古者參稽之助。…… 有裨於文獻。	考史
	新五代史記 （宋歐陽修撰）	一筆一削，尤具深心，其有裨 於風教者甚大。	用世
	宋史 （元托克托等奉敕撰）	考兩宋之事，終以原書爲據。	考史
	遼史 （元托克托等奉敕撰）	以實錄爲憑，無所粉飾。	考史
	遼史拾遺 （清厲鶚撰）	凡有異同，悉分析考證，綴以 按語。	考史
	金史 （元托克托等奉敕撰）	切中事機，意存殷鑒，卓然有 良史之風。	用世
文淵閣著錄38部，以上表列19部佔50%。			
編　年	竹書統箋 （清徐文靖撰）	引證諸書，皆著出典，較孫之 騄爲切實。	考史
	大唐創業起居注 （唐溫大雅撰）	據事直書，無所粉飾。	考史
	資治通鑑 （宋司馬光撰）	參証明確，而不附會以求其 合。	黜虛
	資治通鑑考異 （宋司馬光撰）	裨官既喜造虛言，正史亦不皆 實錄。	黜虛
	通鑑地理通釋 （宋王應麟撰）	於史學最爲有功。	考史
	資治通鑑釋文辨誤 （元胡三省撰）	援據精核，多足爲讀史者啓發 之助。	考史
	稽古錄 （宋司馬光撰）	洵有國有家之炯鑒，有裨於治 道者甚深。	用世
	皇王大紀 （宋胡宏撰）	切實多矣。	考史
	續資治通鑑長編 （宋李燾撰）	淹貫詳贍，固讀史者考証之 林。	考史
	綱目續麟 （明張自勳撰）	足破陋儒附會之說。	黜虛

	綱目分註拾遺 （清芮長恤撰）	非逞臆私談，憑虛肆辨，如姚江末流所爲者。	黜虛
	綱目訂誤 （清陳景雲撰）	於搰實之學，亦可云愈推愈密。	考史
編　年	大事紀 （宋呂祖謙撰）	講學之家，惟祖謙博通史傳，不專言性命。	黜虛
	建炎以來繫年要錄 （宋李心傳撰）	在宋人諸野史中，最足以資考證。	考史
	通鑑前編 （宋金履祥撰）	在講學諸家中，猶可謂究心史籍，不爲游談者。	黜虛
	文淵閣著錄 38 部，以上表列 15 部約佔 39.47%。		
	炎徼紀聞 （明田汝成撰）	於邊地情形，得諸身歷。	黜虛
	綏寇紀略 （清吳偉業撰）	記事尚頗近實。	考史
	滇考 （清馮甦撰）	所言形勢，往往足以資考證。	考史
紀事本末	明史紀事本末 （清谷應泰撰）	於一代事實，極爲淹貫。	考史
	繹史 （清馬驌撰）	蒐羅繁富，詞必有徵。	考史
	平臺紀略 （清藍鼎元撰）	可謂有用之書，非紙上談兵者。	用世
	文淵閣著錄 22 部，以上表列 6 部約佔 27.27%。		
	東觀漢記 （漢班固等撰）	其有資考證，良非淺鮮，尤不可不亟爲表章。	考史
	通志 （宋鄭樵撰）	非游談無根者可及。	黜虛
	續後漢書 （元郝經撰）	經敦尚氣節，學有本原，故所論說多有裨於世教。	用世
別　史	歷代史表 （清萬斯同撰）	於史學殊爲有助。	考史
	春秋戰國異辭 （清陳厚耀撰）	以切實可據者爲正文，而百家小說、悠謬荒唐之論，皆降一格附於下，亦頗有體例。	黜虛
	文淵閣著錄 20 部，以上表列 5 部佔 25%。		

	貞觀政要 （唐吳兢撰）	有裨治道。	用世
	五代史補 （宋陶岳撰）	網羅散失，裨益缺遺，於史學 要不爲無助。	考史
	北狩見聞錄 （宋曹勛撰）	紀事大都近實，足以証北狩日 記諸書之妄。	考史
	松漠紀聞 （宋洪皓撰）	非鑿空妄說者比。	黜虛
	燕翼詒謀錄 （宋王栐撰）	誠雜史中之最有典據者。	考史
雜　史	咸淳遺事 （不著撰人名氏）	足以資考訂而明鑑戒也。	考史
	汝南遺事 （元王鶚撰）	皆所身親目擊之事，故紀載最 爲詳確。	黜虛
	錢塘遺事 （元劉一清撰）	革代之際，目擊償敗，較傳聞 者爲悉。	黜虛
	弇山堂別集 （明王世貞撰）	辨析精覈，有裨考証。	考史
	欽定蒙古源流 （乾隆 42 年奉敕譯進）	不同歷代史官摭拾影響附會 之詞。	黜虛
文淵閣著錄 22 部，以上表列 10 部約佔 45.45%。			
	政府奏議 （宋范仲淹撰）	史贊所稱於毅之器，足任斯責 者，亦庶幾乎無愧矣。	修德
	包孝肅奏議 （宋包拯撰）	拯之剛正，豈逐人而覷其位 者。	修德
	盡言集 （宋劉安世撰）	其精神自足以千古。	修德
詔令奏議 （詔令、奏議）	讜論集 （宋陳次升撰）	剛直之氣，凜然猶可想見。	修德
	左史諫草 （宋呂午撰）	午兩爲諫官，以風節自勵。	修德
	馬端肅奏議 （明馬文升撰）	有關國計，不似明季臺諫惟事 囂爭。	黜虛
	胡端敏奏議 （明胡世寧撰）	皆有裨於世務，非空言也。	黜虛

詔令奏議 （詔令、奏議）	楊文忠三錄 （明楊廷和撰）	言雖質直而義資啓沃，固與春華自炫者異。	黜虛
	何文簡疏議 （明何孟春撰）	生平以氣節自許。	修德
	垂光集 （明周璽撰）	可謂食其祿、不避其難者。	修德
	孫毅菴奏議 （明孫懋撰）	可謂彈劾權貴，奮不顧身者。	修德
	玉坡奏議 （明張原撰）	力折權倖，不避禍患，言人所不能言。	修德
	訥谿奏疏 （明周怡撰）	其志百折不改，勁直忠亮，卓然為一代完人。	修德
	潘司空奏疏 （明潘季馴撰）	深切當時弊政。	用世
	兩河經略 （明潘季馴撰）	均為有裨實用之言。	用世
	兩垣奏議 （明逯中立撰）	皆錚錚不阿，無愧封駁之職。	修德
	周忠愍奏疏 （明周起元撰）	其人足重，斯其言可傳。……表章忠義之氣。	修德
	文襄奏疏 （清靳輔撰）	指陳原委，言之鑿鑿，至今論治河者猶稱輔焉。	用世
	諸臣奏議 （宋趙汝愚編）	為經世者計。	用世
	名臣經濟錄 （明黃訓編）	輯洪武至嘉靖九朝名臣經世之言。	用世
	文淵閣著錄 39 部，以上表列 20 部約佔 51.28%。		
傳記一 （聖賢、名人、 總錄）	孔子編年 （宋胡仔撰）	一切詭異神怪之說，率託諸孔子，大抵誕謾不足信。仔獨依據經傳，考尋事實。	黜虛
	魏鄭公諫錄 （唐王方慶撰）	以伉直自見。	修德
	李相國論事集 （唐李絳撰）	其所爭皆磊磊有直臣風概，讀之令人激起忠義。	修德

	紹陶錄 （宋王質撰）	人品既高，神思自別。	修德
	象臺首末 （宋胡知柔編）	徒以夢昱（知柔父）氣節足重，故流傳至今。	修德
	魏鄭公諫續錄 （不著撰人名氏）	於治道頗爲有補，要非他小說雜記比也。	用世
	忠貞錄 （明李維樾、林增志同編）	死節慷慨，震耀千古。	修德
	諸葛忠武書 （明楊時偉編）	援据正史，糾其附會，較他本特爲詳審。	考史
	朱子年譜 （清王懋竑撰）	原原本本，條理分明，無程曈、陳建之浮囂。	黜虛
	春秋列國諸臣傳 （宋王當撰）	於經傳則實有補。	考史
傳記一 （聖賢、名人、總錄）	廉吏傳 （宋費樞撰）	大旨以風屬廉隅爲主。	修德
	名臣言行錄 （宋朱子等撰）	有補於世教，而深以虛浮怪誕之說爲非。	黜虛
	名臣碑傳琬琰集 （宋杜大珪編）	往往補正史所不及，故講史學者恆資考證焉。	考史
	錢塘先賢傳贊 （宋袁韶撰）	是書較爲得實。……非後來地志家夸飾附會之比。	黜虛
	慶元黨禁 （不著撰人名氏）	儒者明體達用，當務潛修；致遠通方，當求實濟。	用世
	寶祐四年登科錄 （宋文天祥榜進士題名）	以孤忠勁節，揩拄綱常。數百年後，睹其姓名，尚凜然生敬。	修德
	京口耆舊傳 （不著撰人名氏）	事實多可依據，於史學深爲有裨。	考史
	昭忠錄 （不著撰人名氏）	一代忠臣義士未發之幽光，復得以彰顯於世。	修德
傳記二 （總錄、襍錄）	古今列女傳 （明解縉等奉敕撰）	闡幽微顯，頗留意風教。	用世
	殿閣詞林記 （明廖道南撰）	採掇黃佐翰林記之文，不沒所自，猶有前輩篤實之遺。	考史

傳記二 （總錄、雜錄）	嘉靖以來首輔傳 （明王世貞撰）	所紀則大抵近實，可與正史相參證。	考史
	明名臣琬琰錄 （明徐紘編）	非小說家言掇拾傳聞，構虛無據者比。	黜虛
	今獻備遺 （明項篤壽撰）	可爲博考參稽之助，於史學亦未嘗無裨。	考史
	元儒考略 （明馮從吾撰）	元儒篤實，不甚近名。	修德
	欽定宗室王公功績表傳 （乾隆 46 年敕撰）	事必具其始末，語必求其徵信。	考史
	欽定勝朝殉節諸臣錄 （乾隆 41 年敕撰）	闡明風教，培植彝倫，不以異代而歧視。	修德
	明儒學案 （清黃宗義撰）	知明季黨禍所由來，是亦千古之炯鑑。	用世
	中州人物攷 （清孫奇逢撰）	意在黜華藻、勵實行。	用世
	東林列傳 （清陳鼎撰）	俾讀者論世知人，得以辨別賢姦。	用世
	儒林宗派 （清萬斯同撰）	除排擠之私，以消朋黨，其持論獨爲平允。	黜虛
	史傳三編 （清朱軾撰）	不失爲有裨世教之書。	用世
	驂鸞錄 （宋范成大撰）	自中書舍人出知靜江府時，紀途中所見。	考史
	吳船錄 （宋范成大撰）	隨日記所閱歷，作爲此書。……於古蹟形勝言之最悉，亦自有所考證。	考史
	入蜀記 （宋陸游撰）	述其道路所經，以爲是記。……於考訂古跡，尤所留意。	考史
	保越錄 （不著撰人名氏）	所錄張正蒙妻韓氏、女池奴、馮道二妻抗節事。	修德
	閩粵巡視紀略 （清杜臻撰）	據所目見言之，與摭拾輿記者固異。	黜虛
文淵閣著錄 60 部，以上表列 36 部佔 60%。			

史　鈔	——	——	——
載　記	鄴中紀 （唐馬溫撰）	敘述典核，頗資考證。	考史
	十六國春秋 （明屠喬孫、項琳撰）	考十六國之事者，固宜以是編 爲總匯焉。	考史
	蠻書 （唐樊綽撰）	親見蠻事，……實輿志中最古 之本。	考史
	江南別錄 （宋陳彭年撰）	其爲司馬光所採用者甚夥，固 異乎傳聞影響之說。	黜虛
	蜀檮杌 （宋張唐英撰）	足以資考證。	考史
	文淵閣著錄 23 部，以上表列 5 部約佔 21.73%。		
時　令	歲時廣記 （宋陳元靚撰）	大抵爲啓劄應用而設。	用世
	欽定月令輯要 （康熙 54 年御定）	敬天出治，敦本重農之淵衷， 具見於是。	用世
	文淵閣著錄 2 部，以上表列 2 部佔 100%。		
地理一 （宮殿簿、總志、 都會郡縣）	三輔黃圖 （不著撰人名氏）	所紀宮殿苑囿之制，條分縷析 至爲詳備，考古者恆所取資。	考史
	乾道臨安志 （宋周淙撰）	留心於地利，故所著述亦具有 條理。	用世
	淳熙三山志 （宋梁克家撰）	主於紀錄掌故，……固亦核實 之道。	考史
	景定建康志 （宋周應合撰）	援据該洽，條理詳明。凡所考 辨，俱見典覈。	考史
	大德昌國州圖志 （元馮復京、郭薦等同撰）	大旨在於刊削浮詞，故其書簡 而有要。	黜虛
	延祐四明志 （元袁桷撰）	志中考核精審，不支不濫，頗 有良史之風。	考史
	齊乘 （元于欽撰）	較諸他地志之但據輿圖憑空 言以論斷者，所得究多。	黜虛
	至大金陵新志 （元張鉉撰）	無後來地志家附會叢雜之病。	黜虛
	嶺海輿圖 （明姚虞撰）	較之侈山水誇人物輯詩文 者，其有用無用則迥殊。	用世

地理一	吳興備志	影響附會之談、剽竊搗諸之	黜虛
（宮殿簿、總志、都會郡縣）	（明董斯張撰）	習，實能一舉而空之。	
	欽定熱河志	考古證今，辨疑傳信，既精且	考史
	（乾隆 46 年奉敕撰）	博，蔚爲興記之大觀。	
	欽定日下舊聞考	原本所列古蹟，……皆一一履	考史
	（乾隆 39 年奉敕撰）	勘遺蹤，訂妄以存眞，闕疑以傳信。	
	欽定滿洲源流考	證以地形之方位，驗以舊俗之	考史
	（乾隆 43 年奉敕撰）	流傳，博徵詳校。	
	欽定皇輿西域圖志	記載者依稀影響，無由核其實	黜虛
	（乾隆 21 年奉敕撰）	也。	
	陝西通志	視他志之搗附會者較爲勝	黜虛
	（清劉於義等監修）	之。	
	廣西通志	於昭代良規分析具載指掌鳌	考史
	（清金鉷等監修）	然，尤足爲稽考之助。	
地理二	吳中水利書	明永樂中夏原吉疏吳江水	用世
（河渠、邊防）	（宋單鍔撰）	門、濬宜興百瀆，正統中周忱修築溧陽二壩，皆用鍔說。	
	四明它山水利備覽	足以糾正唐志之謬，不得以史	考史
	（宋魏峴撰）	異文爲疑。	
	河防通議	準今酌古，矩矱終存，固亦講	用世
	（元沙克什撰）	河務者所宜參考而變通。	
	治河圖略	取其經略之詳而置其考據之	用世
	（元王喜撰）	疏可也。	
	浙西水利書	斟酌形勢頗爲詳審，不徒採紙	黜虛
	（明姚文灝撰）	上之談云。	
	河防一覽	後來雖時有變通，而言治河者	用世
	（明潘季馴撰）	終以是書爲準的。	
	三吳水利錄	言蘇松水利者，是書固未嘗不	用世
	（明歸有光撰）	可備考核也。	
	北河紀	具載河流原委及歷代治河利	用世
	（明謝肇淛撰）	病，其必有以取之。	
	敬止集	以是地之人言是地之利病，終	黜虛
	（明陳應芳撰）	愈於臨時相度隨事揣摩。	
	三吳水考	務切實用，不主著書。	用世
	（明張內蘊、周大韶同撰）		

	書名	評語	分類
地理三 （山川、古蹟、 雜記）	吳中水利書 （明張國維撰）	指陳詳切，頗為有用之言。	用世
	欽定河源紀略 （乾隆 47 年奉敕撰）	考徵實驗，參訂舊文。	考史
	兩河清彙 （清薛鳳祚撰）	其學出鹿善繼、孫奇逢，講求實用。	用世
	居濟一得 （清張伯行撰）	伯行平生著述，惟此書切於實用。	用世
	治河奏績書 （清靳輔撰）	非紙上之空談也。	黜虛
	直隸河渠志 （清陳儀撰）	敷陳利病之議多，而考證沿革之文少。	用世
	行水金鑑 （清傅澤洪撰）	談水道者觀此一編，宏綱巨目，亦見其大凡。	用世
	水道提綱 （清齊召南撰）	其源流分合，方隅曲折，則統以今日水道為主。	用世
	海塘錄 （清翟均廉撰）	足以昭示後來。	用世
	鄭開陽雜著 （明鄭若曾撰）	順之求之於空言，若曾得之於閱歷。	黜虛
	廬山記 （宋陳舜俞撰）	晝則山行，夜則發書考證。	考史
	西湖遊覽志 （明田汝成撰）	非惟可廣見聞，併可以考文獻。	考史
	桂故 （明張鳴鳳撰）	不至如他志書人物名宦附會牽合。	黜虛
	雍錄 （宋程大昌撰）	隱寓經略西北之意，此書猶此志焉耳。	用世
	長安志圖 （元李好文撰）	渠涇圖說詳備明晰，尤有裨於民事。	用世
	武林梵志 （明吳之鯨撰）	足為考古談藝之資，正不徒為伽藍增故實。	考史
	江城名蹟 （清陳宏緒撰）	事皆目歷，非徒按籍而登。	考史

	營平二州地名記 （清顧炎武撰）	於考證之學不爲無補。	考史
	石柱記箋釋 （清鄭元慶撰）	亦徵文考獻者所不廢。	考史
	嶺表錄異 （唐劉恂撰）	不特圖經之圭臬，抑亦蒼雅之支流。	考史
	岳陽風土記 （宋范致明撰）	皆確有引據，異他地志之附會。	黜虛
	六朝事跡編類 （宋張敦頤撰）	與江東十鑑之虛張形勢者，較爲切實。	黜虛
地理三 （山川、古蹟、 雜記）	會稽三賦 （宋王十朋撰）	耳聞目見，言必有徵，視後人想像考索者亦特所詳贍。	黜虛
	嶺外代答 （宋周去非撰）	實足補正史所未備。	考史
	夢梁錄 （宋吳自牧撰）	措詞質實，與武林舊事詳略互見，均可稽考遺聞。	考史
	吳中舊事 （元陸友仁撰）	雖篇帙無多，要與委巷之談異也。	黜虛
	江漢叢談 （明陳士元撰）	非空談無根者比。	黜虛
	龍沙紀略 （清方式濟撰）	據所見聞，考核古蹟。	考史
	臺海使槎錄 （清黃叔璥撰）	裒輯諸書，參以目見，以成此書。	考史
	遊城南記 （宋張禮撰）	皆能據所目見而考辨之，其徵據頗爲典核。	考史
	河朔訪古記 （不著撰人名氏）	流風遺俗，一皆考訂。	考史
地理四 （游記、外紀）	徐霞客遊記 （明徐宏祖撰）	以耳目所親，見聞較確。……尤爲有資考證。	考史
	諸蕃志 （宋趙汝适撰）	是書所記，皆得諸見聞，親爲詢訪。	考史
	島夷志略 （元汪大淵撰）	此書則皆親歷而手記之，究非空談無徵者比。	黜虛

地理四 （游記、外紀）	朝鮮賦 （明董越撰）	所言與明史朝鮮傳皆合，知其信而有徵，非鑿空也。	黜虛
	海語 （明黃衷撰）	非山海經、神異經等純搆虛詞、誕幻不經者比。	黜虛
	東西洋考 （明張燮撰）	水程、針路諸篇，尤切於實用。	用世
	朝鮮志 （不著撰人名氏）	中國史書所未詳者，往往而在，頗足以資考證。	考史
	海國聞見錄 （清陳倫炯撰）	積父子兩世之閱歷，參稽考驗，言必有徵。	考史
文淵閣著錄 151 部，以上表列 65 部約佔 43.04%。			
職　官 （官制、官箴）	翰林志 （唐李肇撰）	於一代詞臣職掌，最為詳晰。	考史
	麟臺故事 （宋程俱撰）	足以考證異同，補綴疏略，於掌故深為有裨。	考史
	南宋館閣錄 （宋陳騤撰）	典故條格，纖悉畢備，亦一代文獻之藪。	考史
	宋宰輔編年錄 （宋徐自明撰）	有裨於文獻。	考史
	祕書監志 （元王士點、商企翁同撰）	於史學亦多所裨。	考史
	太常續考 （不著撰人名氏）	數典者所不可廢。	考史
	土官底簿 （不著撰人名氏）	建置原委，一一可徵，存之亦足資考證。	考史
	欽定歷代職官表 （乾隆 45 年奉敕撰）	歷朝官制，典籍具存。……庶前規可鑑，法戒益昭。	用世
	州縣提綱 （不著撰人名氏）	於防姦釐獘之道，抉摘最明。	用世
	官箴 （宋呂本中撰）	於修己治人之道，具有條理，蓋亦頗留心經世者。	用世
	百官箴 （宋許月卿撰）	具列官邪，風戒有位，指陳善敗，觸目警心。	用世
	晝簾緒論 （宋胡太初撰）	大旨以潔己清心，愛民勤政為急務。	用世

職　官 （官制、官箴）	三事忠告 （元張養浩撰）	其言皆切實近理，而不涉於迂闊。	黜虛
	御製人臣儆心錄 （順治12年御撰）	推論古今來姦臣惡跡，訓誡群臣，俾其知炯鑑。	用世
	文淵閣著錄21部，以上表列14部約佔66.66%。		
政書一 （通制）	通典 （唐杜佑撰）	皆爲有用之實學，非徒資記問者可比。	用世
	宋朝事實 （宋李攸撰）	又嘗上書秦檜，戒以居寵思危，尤爲侃侃不阿。	修德
	東漢會要 （宋徐天麟撰）	實深有裨於考證。	考史
	漢制考 （宋王應麟撰）	較南宋末年諸人侈空談而鮮實徵者，其分量相去遠矣。	黜虛
政書二 （典禮、邦計、軍政、法令、考工）	大唐開元禮 （唐蕭嵩等奉敕撰）	朝廷有大疑，稽是書而可定；國家有盛舉，即是書而可行。	用世
	謚法 （宋蘇洵撰）	斟酌損益，審定字義，皆確有根據，故爲禮家所宗。	考史
	政和五禮新儀 （宋鄭居中等奉敕撰）	北宋一代典章，……惟是書僅存。	考史
	大金集禮 （不著撰人名氏）	數金源之掌故者，此爲總匯。	考史
	大金德運圖說 （金尚書省會官集議德運所存案牘之文）	俾天下後世曉然知驪衍以下皆妄生臆解，用以祛曲說之惑。	黜虛
	廟學典禮 （不著撰人名氏）	足以見一朝養士之典，固考古者所必稽。	考史
	頖宮禮樂疏 （明李之藻撰）	稽故証今，考辨頗爲賅悉。	考史
	明謚記彙編 （明郭良翰撰）	茲編輯有明一代謚法，最爲詳備。	考史
	明宮史 （明呂毖校次）	義主勸懲，言資法戒，非徒以雕華浮艷，爲藏弄之富。	用世
	萬壽盛典 （康熙52年內直諸臣纂錄）	俾萬世臣民仰見至聖持盈保泰之盛心。	用世

	欽定大清通禮 （乾隆元年奉敕撰）	與前代禮書鋪陳掌故，不切實用者迴殊。	用世
	欽定皇朝禮器圖式 （乾隆 24 年奉敕撰）	是編所述，則皆昭代典章，事事得諸目驗。	考史
	國朝宮史 （乾隆 7 年奉敕撰）	修齊治平之道，並具於斯。	用世
	欽定滿洲祭神祭天典禮 （乾隆 12 年奉敕撰）	視漢儒議禮附會緯書，宋儒議禮紛更錯簡，強不知以為知者，尤迴乎殊焉。	黜虛
	南巡盛典 （乾隆 35 年高晉等撰進）	俾守土者有所遵循，而服疇者有所感發。	用世
	八旬萬壽盛典 （乾隆 54 年阿桂等修）	茲編所載，事皆徵實。	考史
	北郊配位議 （清毛奇齡撰）	考辨精核，援引博贍，於宋明以來議禮之家要為特出。	考史
政書二 （典禮、邦計、軍政、法令、考工）	廟制圖考 （清萬斯同撰）	不可謂非通經之學	通經
	救荒活民書 （宋董煟撰）	古書中之有裨實用者。	用世
	捕蝗考 （清陳芳生撰）	頗有裨於實用。	用世
	荒政叢書 （清俞森編）	俾司牧者便於簡閱，亦可云念切民瘼者。	用世
	欽定康濟錄 （乾隆 4 年御定）	有裨於實用。	用世
	歷代兵制 （宋陳傅良撰）	追言致弊之本，可謂切於時務者。	用世
	補漢兵志 （宋錢文子撰）	所論切中宋制之弊，而又可補漢志之闕。	用世
	馬政紀 （明楊時喬撰）	目擊其艱，身親其事，……所言深中時病。	用世
	欽定武英殿聚珍版程式 （乾隆 41 年金簡撰進）	一一得諸試驗，故一一可見諸施行。	用世
文淵閣著錄 57 部，以上表列 30 部約佔 52.63%。			

目錄一 （經籍）	崇文總目 （宋王堯臣等奉敕撰）	數千年著作之目，總匯於斯。百世而下，藉以驗存佚、辨眞贗、核同異。	用世
	郡齋讀書志 （宋晁公武撰）	終爲考證者所取資。	考史
	遂初堂書目 （宋尤袤撰）	固考證家之所必稽。	考史
	子略 （宋高似孫撰）	終非焦竑經籍志之流，輾轉販鬻，徒搆虛詞者比。	黜虛
	直齋書錄解題 （宋陳振孫撰）	古書之不傳於今者，得藉是以求其崖略；其傳於今者，得藉是以辨其眞僞、核其異同。	考史
	文淵閣書目 （明楊士奇編）	藉此編之存，尚得略見一代祕書之名數。	考史
	千頃堂書目 （清黃虞稷撰）	考明一代著作者，終以是書爲可據。	考史
	經義攷 （清朱彝尊撰）	上下二千年間，元元本本，使傳經源委一一可稽。	考史
目錄二 （金石）	法帖刊誤 （宋黃伯思撰）	（湯）垕亦空談鑒別而不以考證爲事者。	黜虛
	隸釋 （宋洪适撰）	是書爲考隸而作，……兼核著其關切史事者爲之論證。	考史
	寶刻叢編 （宋陳思撰）	於徵文考獻之中，寓補葺圖經之意。	考史
	寶刻類編 （不著撰人名氏）	深足爲考據審定之資，固嗜古者之所取證。	考史
	名蹟錄 （明朱珪編）	足見其有資考證。	考史
	吳中金石新編 （明陳暐撰）	於頌德之文、諛墓之作，並削而不登。	黜虛
	求古錄 （清顧炎武撰）	其中官職、年月，多可與正史相參。	考史
	金石文字記 （清顧炎武撰）	抉剔史傳，發揮經典，頗有歐陽、趙氏二錄之所未具者。	考史
文淵閣著錄 47 部，以上表列 16 部約佔 34.04%。			

	通鑑問疑 （宋劉義仲撰）	猶有先儒質直之遺。	修德
	經幄管見 （宋曹彥約撰）	旁證經史而歸之於法誡，亦可謂不失啓沃之職者。	用世
	六朝通鑑博議 （宋李燾撰）	得失兼陳，法戒具備，主於修人事以自強。	用世
	大事記講義 （宋呂中撰）	足資史學之參證。	考史
	兩漢筆記 （宋錢時撰）	能滌講學家胸無一物，高談三代之窠臼。	黜虛
	舊聞證誤 （宋李心傳撰）	其間決疑訂舛，於史學深爲有裨。	考史
史　評	學史 （明邵寶撰）	非胡寅輩之刻深、尹起莘輩之黨附所可擬。	黜虛
	史糾 （明朱明鎬撰）	明代史論至多，大抵徒侈遊談，務翻舊案。	黜虛
	御批通鑑綱目 （康熙 47 年御批）	糾正其悖妄乖戾之失，以闢誣傳信。	黜虛
	御製評鑑闡要 （乾隆 36 年劉統勳等編進）	斥前代矯誣之行，闢史家誕妄之詞。	黜虛
	欽定古今儲貳金鑑 （乾隆 48 年敕纂）	爲綿福祚而基萬年之要道。	用世
文淵閣著錄 24 部，以上表列 11 部約佔 45.83%。			

參考書目

（依編著者或出版建置單位名稱筆劃數排序）

原始典籍：

1. 中國第一歷史檔案館編，《纂修四庫全書檔案》（上海：上海古籍出版社，1997年7月）。

2. （清）永瑢、紀昀等奉敕撰，《四庫全書總目》（臺北：藝文印書館，民國86年9月）。

3. （清）永瑢、紀昀等奉敕撰，《四庫全書總目》（臺北：臺灣商務印書館，據國立故宮博物院藏武英殿本影印，民國90年2月）。

4. （清）江藩，《漢學師承記》（北京：生活·讀書·新知三聯書店，1998年6月）。

5. （清）紀昀，《閱微草堂筆記》（重慶：重慶出版社，1996年）。

6. 孫致中等校點，《紀曉嵐文集》（石家莊：河北教育出版社，1995年12月）。

7. 徐珂編撰，《清稗類鈔》（北京：中華書局，1996年6月）。

8. （清）特登額等奉敕纂，《欽定禮部則例》（臺北：成文出版社，據清道光年間刊本景印，民國55年）。

9. （清）崑岡等奉敕撰，《欽定大清會典事例》（臺北：臺灣中文書局，據光緒二十五年刻本景印，民國52年）。

10. （清）梁國治等奉敕纂，《欽定國子監志》（臺北：臺灣商務印書館，據國立故宮博物院藏文淵閣四庫全書本影印，民國72年）。

11. 清史稿校註編纂小組編，《清史稿校註》（新店：國史館，民國79年2月）。

12. （清）清高宗，《御製樂善堂全集定本》（臺北：臺灣商務印書館，據國立故宮博物院藏文淵閣四庫全書本影印，民國72年）。

13. 陳金林等主編，《清代碑傳全集》（上海：上海古籍出版社，1987年）。

14. （清）嵇璜等奉敕撰，《清朝文獻通考》（臺北：臺灣商務印書館，據清光緒間浙江刊本縮印，民國76年）。

15. （梁）蕭統編、（唐）李善注，《文選》（臺北：華正書局，據嘉慶十四年胡刻本景印，民國 83 年 9 月）。

16. （清）覺羅勒德洪等奉敕修，《大清世祖章皇帝實錄》（臺北：華聯出版社，民國 53 年 10 月）。

17. （清）覺羅勒德洪等奉敕修，《大清世宗憲皇帝實錄》（臺北：華聯出版社，民國 53 年 10 月）。

18. （清）覺羅勒德洪等奉敕修，《大清高宗純皇帝實錄》（臺北：華聯出版社，民國 53 年 10 月）。

研究專書：

1. 王育濟，《理學・實學・樸學——宋元明清思想文化的主流》（濟南：山東友誼出版社，1993 年 12 月）。

2. 王俊義、黃愛平，《清代學術文化史論》（臺北：文津出版社，民國 88 年 11 月）。

3. 王茂等，《清代哲學》（合肥：安徽人民出版社，1992 年 1 月）。

4. 王家儉，《清史研究論藪》（臺北：文史哲出版社，民國 83 年 7 月）。

5. 王德昭，《清代科舉制度研究》（香港：中文大學出版社，1982 年）。

6. 皮錫瑞，《經學歷史》（臺北：藝文印書館，民國 55 年 9 月）。

7. 朱漢民，《宋明理學通論——一種文化學的解釋》（長沙：湖南教育出版社，2000 年 9 月）。

8. 牟潤孫，《海遺雜著》（香港：中文大學出版社，1990 年）。

9. 何冠彪，《明清人物與著述》（香港：香港教育圖書公司，1996 年）。

10. 何懷宏，《選舉社會及其終結——秦漢至晚清歷史的一種社會學闡釋》（北京：生活・讀書・新知三聯書店，1998 年 12 月）。

11. 余英時，《中國知識階層史論——古代篇》（臺北：聯經出版事業公司，民國 69 年）。

12. 余英時，《猶記風吹水上鱗——錢穆與現代中國學術》（臺北：三民書局，民國 80 年 10 月）。

13. 余英時，《論戴震與章學誠——清代中期學術思想史研究》（臺北：東大圖書公司，民國 85 年 11 月）。

14. 余嘉錫，《四庫提要辨證》（臺北：藝文印書館，民國 86 年 9 月）。

15. 余嘉錫，《余嘉錫說文獻學》（上海：上海古籍出版社，2001 年 3 月）。

16. 余慶蓉、王晉卿，《中國目錄學思想史》（湖南：湖南教育出版社，1998 年 4 月）。

17. 吳哲夫，《四庫全書纂修之研究》（臺北：故宮博物院，民國 79 年 6 月）。

18. 吳懷祺，《中國史學思想史》（合肥：安徽人民出版社，1996 年 12 月）。

19. 呂元驄、葛榮晉，《清代社會與實學》（香港：香港大學出版社，2000 年）。

20. 宋至明、梅良勇，《馮友蘭學術思想評傳》（北京：北京圖書館出版社，1999 年 7 月）。

21. 李中華，《馮友蘭評傳》（南昌：百花洲文藝出版社，1996 年 12 月）。

22. 李世愉，《清代科舉制度考辯》（北京：中央廣播電視大學出版社，1999 年 11 月）。

23. 李治安、杜家驥，《中國古代官僚政治——古代行政管理及官僚病剖析》（北京：書目文獻出版社，1994 年 3 月）。

34. 李國鈞主編，《中國書院史》（湖南：湖南教育出版社，1994 年 6 月）。

25. 杜維運，《清代史學與史家》（臺北：東大圖書有限公司，民國 73 年 8 月）。

26. 杜維運，《清乾嘉時代之史學與史家》（臺北：臺灣學生書局，民國 78 年 4 月）。

27. 杜維運，《中國史學史（第二冊)》（臺北：三民書局。民國 87 年 1 月）。

28. 周積明，《紀昀評傳》（南京：南京大學出版社，1994 年 9 月）。

29. 周積明，《文化視野下的四庫全書總目》（北京：中國青年出版社，2001 年 10 月）。

30. 林保淳，《經世思想與文學經世——明末清初經世文論研究》（臺北：文津出版社，民國 87 年 12 月）。

31. 林聰舜，《明清之際儒家思想的變遷與發展》（臺北：臺灣學生書局，民國 79 年 10 月）。

32. 邱永君，《清代翰林院制度》（北京：社會科學文獻出版社，2002 年 1 月）。

33. 金觀濤、劉青峯，《興盛與危機：論中國封建社會的超穩定結構》（臺北：風雲時代出版公司，民國 83 年 4 月）。

34. 南炳文等，《清代文化——傳統的總結和中西大交流的發展》（天津：天津古籍出版社，1991 年 10 月）。

35. 姜勝利，《清人明史學探研》（天津：南開大學出版社，1997 年 6 月）。

36. 姜廣輝，《走出理學——清代思想發展的內在理路》（瀋陽：遼寧教育出版社，1997 年 5 月）。

37. 香港嶺南學院翻譯系，《學科‧知識‧權力》（香港：牛津大學出版社，1996 年）。

38. 倉修良，《史家‧史籍‧史學》（濟南：山東教育出版社，2000 年 3 月）。

39. 馬鏞，《中國教育制度通史（第五卷清代上)》（濟南：山東教育出版社，2000 年 7 月）。

40. 高翔，《康雍乾三帝統治思想研究》（北京：中國人民大學出版社，1995 年 10 月）。

41. 高翔，《近代的初曙——18 世紀中國觀念變遷與社會發展》（北京：社會科學文獻出版社，2000 年）。

42. 高路明，《古籍目錄與中國古代學術研究》（南京：江蘇古籍出版社，1997 年 10 月）。

43. 張三夕，《批判史學的批判——劉知幾及史通研究》（臺北：文津出版社，民國81年9月）。

44. 張維屏，《紀昀與乾嘉學術》（臺北：臺灣大學出版委員會，民國87年6月）。

45. 張麗珠，《清代義理學新貌》（臺北：里仁書局，民國88年5月）。

46. 戚志芬，《中國的類書政書與叢書》（臺北：臺灣商務印書館，民國84年12月）。

47. 曹之，《中國古籍編撰史》（武漢：武漢大學出版社，2001年3月）。

48. 梁啓超，《中國近三百年學術史》（臺北：里仁書局，民國89年5月）。

49. 許冠三，《劉知幾的實錄史學》（香港：中文大學出版社，1983年）。

50. 許寶強、袁偉編選，《語言與翻譯的政治》（香港：牛津大學出版社，2000年）。

51. 郭松義主編，《清代全史》（瀋陽：遼寧人民出版社，1995年2月）

52. 郭松義等，《中國政治制度通史——清代》（北京：人民出版社，1996年12月）。

53. 陳少明，《漢宋學術與現代思想》（廣州：廣東人民出版社，1995年12月）。

54. 陳金陵，《清代乾嘉文人與文化》（北京：人民教育出版社，2001年3月）。

55. 陳祖武、汪學群，《清代文化志》（上海：上海人民出版社，1998年10月）。

56. 陳祖武，《清初學術思辨錄》（北京：中國社會科學出版社，1992年6月）。

57. 陳祖武，《中國學案史》（臺北：文津出版社，民國83年4月）。

58. 陳捷先，《清史論集》（臺北：東大圖書公司，民國86年11月）。

59. 陳鼓應等主編，《明清實學思潮史》（濟南：齊魯書社，1989年7月）。

60. 陳鼓應等主編，《明清實學簡史》（北京：社會科學文獻出版社，1994年9月）。

61. 陳鵬鳴，《梁啓超學術思想評傳》（北京：北京圖書館出版社，1999年5月）。

62. 陸江兵，《技術·理性·制度與社會發展》（南京：南京大學出版社，2000年6月）。

63. 章權才，《宋明經學史》（廣州：廣東人民出版社，1999年9月）。

64. 喬治忠，《清朝官方史學研究》（臺北：文津出版社，民國83年3月）。

65. 馮友蘭，《三松堂自序》（北京：生活·讀書·新知三聯書店，1984年12月）。

66. 黃愛平，《四庫全書纂修研究》（北京：中國人民大學出版社，1989年1月）。

67. 黃愛平，《18世紀的中國與世界——思想文化卷》（瀋陽：遼海出版社，1999年6月）。

68. 楊國榮，《善的歷程——儒家價值體系的歷史衍化及其現代轉換》（上海：人民出版社，2000年5月）。

69. 楊學琛，《清代民族史》（成都：四川民族出版社，1996年8月）。

70. 葛兆光，《中國思想史第一卷——七世紀前中國的知識、思想與信仰世界》（上海：復旦大學出版社，1998年4月）。

71. 葛兆光，《中國思想史第二卷——七世紀至十九世紀中國的知識、思想與信仰》（上海：復旦大學出版社，2000年12月）。

72. 葛榮晉主編，《中日實學史研究》（北京：中國社會科學出版社，1992 年 6 月）。

73. 葛榮晉主編，《中國實學思想史》（北京：首都師範大學出版社，1994 年 9 月）。

74. 漆永祥，《乾嘉考據學研究》（北京：中國社會科學出版社，1998 年 12 月）。

75. 劉兆祐，《中國目錄學》（臺北：五南圖書出版公司，民國 87 年 7 月）。

76. 鄭宗義，《明清儒學轉型探析——從劉蕺山到戴東原》（香港：中文大學出版社，2000 年）。

77. 蕭一山，《清代學者著述表》（重慶：商務印書館，民國 32 年）。

78. 錢穆，《中國近三百年學術史》（北京：商務印書館，1997 年 12 月）。

79. 戴景賢，《胡適‧梁漱溟‧錢穆》（臺北：臺灣商務印書館，民國 88 年 10 月）。

80. 羅炳良，《18 世紀中國史學的理論成就》（北京：北京師範大學出版社，2000 年 11 月）。

81. Benjamin A. Elman 著；趙剛譯，《從理學到樸學——中華帝國晚期思想與社會變化面面觀》（*From philosophy to philology*）（南京：江蘇人民出版社，1995 年 9 月）。

82. Bryan S. Turner 著；馬海良、趙國新譯，《身體與社會》（*The Body and Society*）（瀋陽：春風文藝出版社，2000 年 3 月）。

83. Diane Macdonell 著；陳璋津譯，《言說的理論》（*Theories of Discourse:An Introduction*）（臺北：遠流出版事業股份有限公司，1995 年 2 月）。

84. Florian Znaniecki 著；鄭斌祥譯，《知識人的社會角色》（*The social role of the man of knowledge*）（南京：譯林出版社，2000 年 5 月）。

85. Frank Lentricchia, Thomas McLaughlin 合編；張京媛等譯，《文學批評術語》（*Critical terms for literary study*）（香港：牛津大學出版社，1994 年）。

86. Gilles Deleuze 著；楊凱麟譯，《德勒茲論傅柯》（*Foucault*）（臺北：麥田出版社，民國 89 年 1 月）。

87. Keith Jenkins 著；賈士蘅譯，《歷史的再思考》（*Re-thinking history*）（臺北：麥田出版社，1999 年 3 月）。

88. Michel Foucault 著；錢翰譯，《必須保衛社會》（*Il faut défendre la société*）（上海：人民出版社，2000 年 2 月）。

89. Thomas S. Kuhn 著；王道還等譯，《科學革命的結構》（*The Structure of Scientific Revolutions*）（臺北：遠流出版公司，民國 89 年 5 月）。

90. Zygmunt Bauman 著；洪濤譯，《立法者與闡釋者：論現代性、後現代性與知識分子》（*Legislators and interpreters : on modernity, post-modernity and intellectuals*）（上海：上海人民出版社，2000 年 11 月）。

單篇論文：

1. 山井湧著、盧瑞容譯，〈明末清初的經世致用之學〉，《史學評論》，第 12 期，民國 75 年 7 月，頁 141～157。

2. 王汎森,〈「心即理」說的動搖與明末清初學風之轉變〉,《中央研究院歷史語言研究所集刊》,第 65 本第 2 分,民國 83 年 6 月,頁 333～373。

3. 王汎森,〈清初思想中形上玄遠之學的沒落〉,《中央研究院歷史語言研究所集刊》,第 69 本第 3 分,民國 87 年 9 月,頁 557～587。

4. 王金凌,〈易繫辭三陳九卦的制度理論〉,《中山人文學報》,第 1 期,民國 82 年 4 月,頁 1～18。

5. 王家儉,〈晚明的實學思潮〉,《漢學研究》,第 7 卷第 2 期,民國 78 年 12 月,頁 279～302。

6. 王記錄,〈《四庫全書總目》史學批評的特點〉,《史學史研究》,1999 年第 4 期,頁 41～49。

7. 古清美,〈清初經世之學與東林學派的關係〉,《孔孟月刊》,第 24 卷第 3 期,民國 74 年 11 月,頁 44～51。

8. 何佑森,〈明末清初的實學〉,《臺大中文學報》,第 4 期,民國 80 年 6 月,頁 37～51。

9. 何冠彪,〈明末清初思想家對經學與理學之辨析〉,《九州學刊》,第 3 卷第 2 期,民國 78 年 6 月,頁 1～30。

10. 何冠彪,〈清代前期君主對官私史學的影響〉,《漢學研究》,第 16 卷第 1 期,民國 87 年 6 月,頁 155～184。

11. 何冠彪,〈清高宗御批歷代通鑑輯覽編纂考釋〉,《嶺南學報》,第 2 期,民國 89 年 10 月,頁 131～167。

12. 何冠彪,〈清高宗御撰資治通鑑綱目三編的編纂與重修〉,《中央研究院歷史語言研究所集刊》,第 70 本第 3 分,民國 88 年 9 月,頁 671～697。

13. 何冠彪,〈清初君主與資治通鑑及資治通鑑綱目〉,《中國文化研究所學報》,第 7 期,民國 87 年,頁 103～132。

14. 何冠彪,〈清高宗綱目體史籍編纂考〉,《國立編譯館館刊》,第 24 卷第 1 期,民國 84 年 6 月,頁 129～150。

15. 吳仁安,〈明清庶吉士制度述論〉,《史林》,1997 年第 4 期,頁 33～39。

16. 吳哲夫,〈縹緗羅列,連楹充棟——四庫全書特展詳實〉,《故宮文物月刊》,第 5 卷第 5 期,民國 76 年 8 月,頁 14～30。

17. 吳哲夫,〈四庫全書修纂動機的探討〉,《故宮文物月刊》,第 7 卷第 4 期,民國 78 年 7 月,頁 62～71。

18. 吳哲夫,〈四庫全書經部春秋類圖書著錄之評議〉,《故宮學術季刊》,第 9 卷第 3 期,民國 81 年春季,頁 1～18。

19. 吳哲夫,〈四庫全書所表現的傳統文化特色考探〉,《故宮學術季刊》,第 12 卷第 2 期,民國 83 年冬季,頁 1～20。

20. 吳哲夫,〈四庫全書子部小說家類圖書著錄之評議〉,《故宮學術季刊》,第 13 卷

第 1 期，民國 84 年 10 月，頁 1～26。

21. 吳哲夫，〈四庫全書館臣處理叢書方法之研究〉，《故宮學術季刊》，第 17 卷第 2 期，民國 88 年 12 月，頁 19～40。

22. 宋秉仁，〈明代的經筵日講〉，《史耘》第 2 期，民國 85 年 9 月，頁 41～66。

23. 李國榮，〈清代殿試抑文重字之弊〉，《歷史檔案》，1998 年第 2 期，頁 130～131+136。

24. 李國榮，〈清朝最大的科場夾帶作弊案〉，《歷史檔案》，2001 年第 1 期，頁 85～89。

25. 杜維運，〈清乾嘉時代流行於知識分子間的隱退思想〉，《國立政治大學歷史學報》，第 7 期，民國 79 年 1 月，頁 63～71。

26. 杜維運，〈邵晉涵之史學〉，《政治大學歷史學報》，第 11 期，民國 83 年 1 月，頁 35～51。

27. 汪惠敏，〈「四庫全書提要」對宋儒春秋學評騭之態度〉，《書目季刊》，第 22 卷第 3 期，民國 77 年 12 月，頁 71～77。

28. 辛冠潔，〈漫說明清實學思潮〉，《國文天地》，第 4 卷第 3、4、5 期，民國 77 年 8、9、10 月，頁 74～78、72～75、72～75。

29. 周積明，〈「四庫學」通論〉，《故宮學術季刊》，第 17 卷第 3 期，民 89 年春季，頁 1～21。

30. 昌彼得，〈武英殿本四庫全書總目考〉，《中國圖書館學會會報》，第 35 期，民國 72 年 12 月，頁 161～170。

31. 昌彼得，〈「四庫學」的展望〉，《書目季刊》，第 32 卷第 1 期，民國 87 年 6 月，頁 1～4。

32. 林慶彰，〈「實學」概念的檢討〉，《中國文哲研究通訊》，第 2 卷第 4 期，民國 81 年 12 月，頁 25～26。

33. 林樂昌，〈實學觀念的歷史考察和現代詮釋——兼評明清思想史研究中的實用化價值取向〉，《哲學與文化》，第 20 卷第 2 期，民國 82 年 2 月，頁 209～219。

34. 姜廣輝，〈明清實學研究現況述評〉，《中國文哲研究通訊》，第 2 卷第 4 期，民國 81 年 12 月，頁 10-15。

35：胡玉冰，〈宋朝漢文西夏史籍及其著者考述〉，《寧夏大學學報》，2001 年第 3 期，頁 11～15。

36. 唐亦男，〈從《中國哲學史》的新舊編——看馮友蘭先生哲學思想的辯證發展〉，《鵝湖月刊》，第 21 卷第 12 期，民國 85 年 6 月，頁 1～11。

37. 張火慶，〈清初學風與乾嘉考證之學〉，《中華文化復興月刊》，第 15 卷第 6 期，民國 71 年 6 月，頁 38～44。

38. 張啓成，〈對六經爲儒家經典說的再思考——兼論六經的其它問題〉，《貴州大學學報》，第 18 卷第 5 期，2000 年 9 月，頁 74～78。

39. 張壽安，〈乾嘉實學研究展望〉，《中國文哲研究通訊》，第 2 卷第 4 期，民國 81

年 12 月，頁 19-21。

40. 許崇德，〈「御用史學」理論對《四庫全書》史部「敕撰本」編纂的影響〉，《故宮學術季刊》，第 16 卷第 1 期，民國 87 年秋季，頁 19～57。

41. 陳祖武，〈從經筵講論看乾隆時期的朱子學〉。收入楊儒賓主編《朱子學的開展——東亞篇》，臺北：漢學研究中心，民國 91 年 6 月，頁 107～123。

42. 陳錫洪，〈由四庫全書的聖諭看四庫全書的編纂〉，《圖書館學刊》，第 9 期，民國 69 年 11 月，頁 32～35。

43. 陳瓊，〈清初士大夫反滿之探討〉，《中正嶺學術研究集刊》，第 6 期，民國 76 年 6 月，頁 19～45。

44. 程玉鳳，〈清初順康兩朝對於知識份子的籠絡政策〉，《史學會刊》，第 15 期，民國 65 年 2 月，頁 33～45。

45. 黃進興，〈清初政權意識形態之研究——政治化的「道統觀」〉，《中央研究院歷史語言研究所集刊》，第 58 本第 1 分，民國 76 年 3 月，頁 105～131。

46. 楊晉龍，〈「四庫學」研究的反思〉，《中國文哲研究集刊》，第 4 期，1994 年 3 月，總頁 349～394。

47. 溝口雄三，〈論明末清初時期在思想史上的歷史意義〉，《史學評論》，第 12 期，民國 75 年 7 月，頁 99～140。

48. 葉建華，〈論清初明史館館臣的史學思想〉，《史學史研究》，1994 年第 4 期，頁 24～34。

49. 葉高樹，〈清初言論控制政策中的漢文化因素〉，《史耘》，第 2 期，民國 85 年 9 月，頁 67～88。

50. 葛玉紅、闞紅柳，〈清初的實學與史學〉，《遼寧大學學報》，第 29 卷第 3 期，2001 年 5 月，頁 59～61。

51. 葛榮晉，〈「實學」是什麼？〉，《國文天地》第 6 卷第 4、5、6 期，民國 79 年 9、10、11 月，頁 74～78、74～79、61～63。

52. 葛榮晉，〈明清實學與中國傳統價值觀念的轉變〉，《哲學雜誌》，第 12 期，民國 84 年 4 月，頁 164～183。

53. 葛榮晉，〈中國實學研究及其前瞻〉，《哲學雜誌》，第 31 期，民國 89 年 1 月，頁 38～51。

54. 詹海雲，〈明清實學研究現況與未來展望〉，《中國文哲研究通訊》，第 2 卷第 4 期，民國 81 年 12 月，頁 16-18。

55. 路新生，〈從援佛入儒和儒釋之辨看理學的興衰與乾嘉考據學風的形成〉，《哲學與文化》，第 240 期，民國 83 年 5 月，頁 443～460。

56. 鄒逸麟，〈歷代正史河渠志淺析〉，《復旦學報》，1995 年第 3 期，頁 158～164。

57. 劉仲華，〈試析清代考據學中以子證經、史的方法〉，《清史研究》，2001 年第 1 期，頁 85～94。

58. 劉兆祐，〈民國以來的四庫學〉，《漢學研究通訊》，第 2 卷第 3 期，民國 72 年 7 月，頁 146～151。

59. 劉家駒，〈清高宗纂輯四庫全書與禁燬書籍〉，《大陸雜誌》，第 75 卷第 2、3 期，民國 76 年 8、9 月，頁 5～21、6～18。

60. 劉家駒，〈經筵日講——康熙皇帝青年時期所受的公開教育〉，《東吳文史學報》第 10 期，民國 81 年 3 月，頁 109～143。

61. 劉桂騰，〈清代乾隆朝宮廷禮樂探微〉，《中國音樂學》，2001 年第 3 期，頁 43～67。

62. 蔣義斌，〈劉知幾的語言觀〉，《華岡文科學報》，第 20 期，民國 84 年 4 月，頁 99～121。

63. 羅炳良，〈邵晉涵史學批評述論〉，《北方工業大學學報》，第 9 卷第 2 期，1997 年 6 月，頁 59～65。

64. Benjamin A. Elman 著；張琰譯：The Inter-Relation Between Changes In Ch'ing Classical Studies & Changes In Policy Questions on Civil Examinations；〈清代科舉與經學的關係〉。收入《清代經學國際研討會論文集》，臺北：中央研究院中國文哲研究所籌備處，民國 83 年 6 月，頁 31～80〔英〕、81～102〔中〕。

學位論文：

1. 司馬朝軍，《四庫全書總目研究》（武漢：武漢大學圖書館學博士論文，2001 年 4 月）。

2. 宋秉仁，《清代前期翰林院體制與儒生官僚格局》（臺北：臺灣師範大學歷史研究所博士論文，民國 90 年 6 月）。

3. 曾聖益，《四庫全書總目經部類敘之研究》（臺北：政治大學中國文學研究所碩士論文，民國 85 年 5 月）。

4. 葉高樹，《清朝前期的文化政策》（臺北：臺灣師範大學歷史研究所博士論文，民國 90 年 6 月）。

網路資源：

1. 中央研究院漢籍電子文獻。
   （http://www.sinica.edu.tw/~tdbproj/handy1/）
2. 中央研究院歷史語言研究所內閣大庫檔案。
   （http://saturn.ihp.sinica.edu.tw/~mct/newpage1.htm）
3. 故宮博物院宮中檔及軍機處檔摺件檢索系統。
   （http://www.npm.gov.tw/gct.htm）
4. 故宮博物院寒泉古典文獻全文檢索資料庫。
   （http://libnt.npm.gov.tw/s25/index.htm）